新时代中国精神价值传承

韩喜平　主编

延安精神

冯建玫　著

东北大学出版社

Ⓒ　冯建玫　　2023

图书在版编目（CIP）数据

延安精神 / 冯建玫著. -- 沈阳：东北大学出版社，
2023.12
（新时代中国精神价值传承 / 韩喜平主编）
ISBN 978-7-5517-3498-1

Ⅰ. ①延… Ⅱ. ①冯… Ⅲ. ①延安精神—青少年读物
Ⅳ. ①D648.4-49

中国国家版本馆CIP数据核字（2023）第255995号

出 版 者：东北大学出版社
　　　　　　地址：沈阳市和平区文化路三号巷 11 号
　　　　　　邮编：110819
　　　　　　电话：024-83680267（社务室）　83687331（市场部）
　　　　　　传真：024-83680265（办公室）　83680178（出版部）
　　　　　　网址：http：//www.neupress.com
　　　　　　E-mail：neuph@neupress.com
印 刷 者：辽宁一诺广告印务有限公司
发 行 者：东北大学出版社
幅面尺寸：170 mm × 240 mm
印　　张：15.5
字　　数：261 千字
出版时间：2023 年 12 月第 1 版
印刷时间：2023 年 12 月第 1 次印刷
责任编辑：张德喜
责任校对：郎　坤
封面设计：潘正一
责任出版：唐敏志

ISBN 978-7-5517-3498-1　　　　　　　　　　　定价：70.00 元

人无精神不立，国无精神不强。一个国家要有精神，它是国本；一个民族要有精神，它是脊梁。习近平总书记强调指出："精神是一个民族赖以长久生存的灵魂，唯有精神上达到一定的高度，这个民族才能在历史的洪流中屹立不倒、奋勇向前。"在几千年的历史流变中，中华民族生生不息、绵延发展，饱受挫折又不断浴火重生，其中很重要的一点就是我们的民族积淀了自身最深沉的价值追求和精神烙印。习近平总书记指出，"中华民族在几千年历史中创造和延续的中华优秀传统文化，是中华民族的根和魂"，"中华优秀传统文化是中华民族的精神命脉"。翻开中华民族精神图谱，无数耳熟能详的诗词诠释了中华民族精神脉络的核心内涵，例如："天行健，君子以自强不息"的奋斗精神，"天下兴亡，匹夫有责""先天下之忧而忧，后天下之乐而乐"的爱国情怀，"人生自古谁无死，留取丹心照汗青""为有牺牲多壮志，敢教日月换新天"的牺牲精神，"鞠躬尽瘁，死而后已"的奉献精神，"苔花如米小，也学牡丹开"的自强精神，"革故鼎新""徙木为信"的创新思想，"老吾老以及人之老，幼吾幼以及人之幼""扶危济困"的公德意识，等等。中华民族既坚守本根又不断与时俱进，始终保持着坚定的民族自信和强大的修复能力，培育了共同的情感和价值、共同的理想和精神。这些千百年传承下来的精神理念、精神文化，成为积淀中国精神的价值内核。

中国共产党在领导中国革命、建设和改革的伟大历史进程中，之所以创造了惊天地、泣鬼神的辉煌业绩，就在于坚守初心使命、就在于不畏艰难险阻、就在于有一大批革命先驱、有一大批英雄人物，形成了伟大精神激励与指引，这种逐步积累和形成的思想结晶和精神谱系，是中国共产党人精神境界、精神风貌、精神力量的集中写照，是中国共产党百年历史经验的总结。把马克思主义基本原理同中国具体实际、同中华优秀传统文化相结合是必由之路，谱写了马克思主义中国化时代化的最新篇章。中国精神包含的独一无二的理念、智慧、气度和价值，增添了中国人民内心深处的自信和自豪。这种强大的精神支撑，成为中华民族战胜一切艰难困苦的有力武器和实现中华民族伟大复兴的动力之源。

伟大事业需要伟大精神。在我们全面建成小康社会，向着社会主义现代化强国奋进的新征程中，党的二十大报告要求我们弘扬伟大建党精神，自信自强、守正创新，踔厉奋发、勇毅前行。深入研究和广泛宣传中国精神，传承民族精神、弘扬时代正气、培育时代新人，要求理论工作者把中国精神阐释好。《新时代中国精神价值传承》（以下简称《丛书》）正是这样一套回应时代关切、弘扬中国精神的书籍。《丛书》选取中国共产党带领广大人民进行革命、建设、改革的奋斗历程中凝练形成的井冈山精神、长征精神、延安精神、东北抗联精神、抗美援朝精神、雷锋精神、铁人精神、"两弹一星"精神、特区精神、女排精神、劳模精神、科学家精神等为源，由全国高校十余位知名教授、专家集体撰著，以历史的视角，放置于实现中华民族伟大复兴中国梦的大背景下，阐释中国精神的具体样式，立足近代以来中华民族伟大复兴历程，特别是中国共产党带领中国人民从站起来、富起来到强起来所展现出来的民族集聚、动员和感召效应的精神及其气象，从党的领导特点和大党风范入手，追溯和解读中华民族悠久的历史传统和中华儿女可歌可泣的历史经历，研究中国精神形成的历史背景、形成过程，挖掘其科学内涵和新时代的重要价值，展现当代中华民族精神的历史穿透力和生命冲击力。《丛书》包括12分册，分别是：《井冈山精神》《长征精神》《延安精神》《东北抗联精神》《抗美援朝精神》《雷锋精神》《铁人精神》《"两弹一星"精神》《特区精神》《女排精神》《劳模精神》《科学家精神》。这些共同构成了中国精神的重要内容，是社会主义核心价值观的精髓和具体体现，昭示着中国共产党人的初心和使命，镌刻着中华民族砥砺前行的优秀品格，是迄今为止学术界和出版界反映以爱国主义为核心的民族精神和以改革创新为核心的时代精神的大型学术普及类系列著作，是中国文化软实力的重要显示。

伟大精神铸就伟大梦想。今天，我们比历史上任何时期都更接近中华民族伟大复兴的目标，比历史上任何时期都更有信心有能力实现这个目标。实现中华民族伟大复兴不仅需要强大的物质力量，更需要强大的精神力量。要把这种精神力量汇聚成14亿多中华儿女强大的奋进合力，就不能把中国精神存放在"博物馆"内、停留在"象牙塔"中。推出《丛书》，可以推进中国精神时代化、大众化，永续传承，把它变为新时代的实践伟力。站在新时代的历史基点上，立足精神对事件的辐射和普照，阐释一定历史时期的民族精神对重大社会事件、历史发展进程甚至个人事业与生活的重大影响；立足事件对精神的折射和反映，分析历史事件、个人事迹对民族精神的具体呈现，以期在精神与史实的双向观照中，使中国精神触动整个民族情结和个体心理情感，凝聚中华儿女奋斗的精神动力。从普适性来讲，中国精神不仅是中国共产党成就伟大事业的宝贵精神财富，也是全体中华儿女在实践中总结、凝练和形成的价值理想。《丛书》定位于普及性学术著作，力求以通俗易懂、生动鲜活地讲述故事的形式呈现，引领新时代精神风尚，激发中华儿女特别是青年一代干事创业的热情。从价值层面看，《丛书》重点挖掘在中国特色社会主义新时代的价值，这对于汇聚中国力量，弘扬中华优秀传统文化，践行社会主义核心价值观，坚守中国共产党人精神谱系，提升中国文化软实力，培养担负民族复兴大任的时代新人具有重大意义。

"求木之长者，必固其根本；欲流之远者，必浚其泉源。"我们坚信，这套极具学术性、知识性、资料性和可读性的《新时代中国精神价值传承》，能够成为铸牢中华民族共同体团结奋斗的精神纽带，为凝聚起中华民族的磅礴力量，建设中华民族现代文明贡献一份力量。

韩喜平

2023年6月

韩喜平，国家级领军人才计划入选者，哲学社会科学领军人才，中央马克思主义理论与建设工程首席专家。

前言

2020年6月27日，习近平总书记在给复旦大学《共产党宣言》展示馆党员志愿服务队全体队员的回信中，寄语新时代年轻人："心有所信，方能行远。面向未来，走好新时代的长征路，我们更需要坚定理想信念、矢志拼搏奋斗。希望广大党员特别是青年党员认真学习马克思主义理论，结合学习党史、新中国史、改革开放史、社会主义发展史，在学思践悟中坚定理想信念，在奋发有为中践行初心使命，努力为实现'两个一百年'奋斗目标、实现中华民族伟大复兴的中国梦贡献智慧和力量。"[①]

在中国共产党接续奋斗的历史进程中，延安时期无疑是其中浓墨重彩的一笔。延安，见证了中国共产党缔造辉煌历史的延安时期，孕育了光耀千秋的延安精神！延安的黄土地，承载着厚重的历史记忆和宝贵的精神财富，以其跨越时代的历史魅力和精神魅力，深刻影响着今日中国的道路、理论、制度和文化，迄今依然吸引着全世界关注的目光。对于新时代青年而言，中国共产党延安时期的历史及凝结其中的精神，是学习党史、新中国史最好的教科书，是认识当今中国与世界最好的清醒剂，也是树立"四个自信"最好的营养剂。

从1935年10月19日中央红军长征落脚陕北，到1948年3月23日党中央东渡黄河前往华北，中共中央在以延安为中心的陕北地区生活和战斗了13个春秋，中共党史中称之为"延安时期"。中国共产党的延安时期，经历了土地

---

① 习近平：《习近平给复旦大学〈共产党宣言〉展示馆党员志愿服务队全体队员的回信》，新华网，2020年6月30日。

革命战争后期、抗日战争和解放战争前期三个不同阶段。这一时期，中国共产党以自我革命的勇气推进党的建设伟大工程，在思想上、理论上、政治上、组织上日臻成熟，迅速成长为足以承担中国革命和建设领导责任的伟大政党；这一时期，中国共产党不断积累执政经验，领导能力不断提升，实现了由弱变强、转败为胜的历史性转折；这一时期，中国共产党在以延安为中心的陕甘宁边区实践自己的政治理念，将延安锻造成"未来中国的雏形"，赢得了全国绝大多数民众的衷心拥戴和矢志追随，从延安局部执政逐渐发展到全国执政；这一时期，无数仁人志士、爱国青年投身于延安这一革命的大熔炉，成长为拥有坚定共产主义信仰的革命者，成长为中国革命和新中国建设的栋梁之才；这一时期，中国共产党在延安的革命实践孕育了伟大的延安精神，成为历史留给我们的一笔至为宝贵的精神财富。

所谓延安精神，就是以毛泽东同志为代表的中国共产党人，在延安时期为争取民族独立和人民解放事业的伟大斗争实践中，培育、形成和发展起来的理想追求、精神风貌、思想品德、工作作风的精华与结晶。其基本内涵包括：坚定正确的政治方向、解放思想实事求是的思想路线、全心全意为人民服务的根本宗旨、自力更生艰苦奋斗的创业精神。延安精神是对建党精神、井冈山精神、苏区精神、长征精神的继承和发展，是中国共产党人精神谱系中至为重要的组成部分。

当今世界正面临百年未有之大变局，当今中国正处于"比历史上任何时期都更接近、更有信心和能力实现中华民族伟大复兴目标"的新时代。一个民族的复兴不仅需要强大的物质力量，也需要强大的精神力量，今天的中国比任何时候都更需要先进文化的引领、核心价值的凝聚。习近平总书记指出，文化自信，是更基础、更广泛、更深厚的自信。在五千多年文明发展中孕育的中华优秀传统文化，在党和人民伟大斗争中孕育的革命文化和社会主义先进文化，积淀着中华民族最深层的精神追求，代表着中华民族独特的精神标识。作为中国革命文化最具典范意义的组成部分，延安精神始终都是中华民族伟大复兴道路上不可或缺的强大精神动力。

2020年4月，习近平总书记在陕西考察期间，再一次对继承和弘扬延安精神提出了新的要求："延安精神培育了一代代中国共产党人，是我们党的宝贵精神财富。要坚持不懈用延安精神教育广大党员、干部，用以滋养初心、淬炼灵魂，从中汲取信仰的力量、查找党性的差距、校准前进的方向。"如何才能用延安精神滋养初心、淬炼灵魂？"历史是最好的老师，它忠实记录下每一个国家走过的足迹，也给每一个国家未来的发展提供启示。"[1]

延安精神凝结于真实的历史之中。走进历史、触摸历史，方能感受历史的温度、精神的力量。回望历史，是为了更好地启迪现实。只有立足当下，在对历史的思考中承担时代赋予的使命、做好现实的工作，真正从历史中汲取信仰的力量、查找党性的差距、校准前进的方向，切实做到"心有所信"，才能更好地奋斗新时代，更好地走向未来，达到"远行"的目标。

冯建玫

2023 年 7 月

---

[1] 习近平：《习近平总书记在德国科尔伯基金会的演讲》，《人民日报》2014 年 3 月 30 日，第 3 版。

目录
CONTENTS

上篇

陕北：落脚点和出发点

第一章 **01**

落 脚 陕 北

　　有人说，陕北这地方不好，地瘠民贫。但是我说，没有陕北那就不得下地。我说陕北是两点，一个落脚点，一个出发点。[1]

——毛泽东

---

[1] 毛泽东：《毛泽东文集》第3卷，人民出版社，1996，第297页。

一 长征：亘古未有的伟大征程

　　冒险、探索、发现、勇气和胆怯、胜利和狂喜、艰难困苦、英勇牺牲、忠心耿耿，这些千千万万青年人的经久不衰的热情、始终如一的希望、令人惊诧的革命乐观情绪，像一把烈焰，贯穿着这一切。他们不论在人力面前，或者在大自然面前、上帝面前、死亡面前都绝不承认失败——所有这一切以及还有更多的东西，都体现在现代史上无与伦比的一次远征的历史中了。

　　红军说到它时，一般都叫"二万五千里长征"，从福建的最远的地方开始，一直到遥远的陕西西北部道路的尽头为止，期间迂回曲折，进进退退，因此有好些部分的长征战士所走过的路程肯定有那么长，甚至比这更长。根据一军团按逐个阶段编的一张精确的旅程表，长征的路线共达一万八千零八十八里，折合英里为六千英里，大约为横贯美洲大陆的距离的两倍，这个数字大约是主力部队的最低行军长度。不要忘记，整个旅程都是步行的，有些是世界上最难通行的小道，大多数无法通行车辆轱辘，还有亚洲最高的山峰和最大的河流。从头到尾都是一场旷日持久的战斗。

——埃德加·斯诺《西行漫记》[1]

（一）艰辛的探索之路

　　中国共产党探索中国革命正确道路的过程，筚路蓝缕，是一条成功与失败交织的艰辛之路。1945年，毛泽东在中国共产党第七次全国代表大会上对这一历程有过极为生动的描述：在这24年之中，经过共产主义的小组，经过北

---

[1] 埃德加·斯诺：《西行漫记》，董乐山译，解放军文艺出版社，2002，第145页。

伐战争，轰轰烈烈壮大起来了。但中间被人家拦腰一枪打在地上，爬将起来又和他打，叫做土地革命。从1921年至1927年主要是北伐战争，从1927年至1937年是国内战争，1937年至现在是8年抗日战争……我们党尝尽了艰难困苦，轰轰烈烈，英勇奋斗。从古以来，中国没有一个集团，像共产党一样，不惜牺牲一切，牺牲多少人，干这样的大事[①]。

1927年大革命失败后，在极其艰苦的条件下，中国共产党为挽救革命、寻找革命新道路进行了艰难探索。以毛泽东同志为主要代表的一批共产党人，经过创建、发展红军和农村革命根据地的实践，探索实行工农武装割据，逐步形成在农村建立根据地，以农村包围城市、武装夺取政权道路的思想，为复兴中国革命和争取中国革命的胜利指明了唯一正确的道路。到1930年夏，全国建立大小十几块农村革命根据地，红军发展到约7万人，连同地方革命武装共约10万人，分布在湖南、湖北、江西、福建、广东、河南、安徽、江苏、浙江、四川等十多个省的边界地区或远离中心城市的偏僻山区。[②]这些地区交通不便，经济、文化落后，这种特殊的地理环境和社会条件，有利于革命力量的存在和发展。中国共产党逐步从极其严重的困境中摆脱出来，革命事业开始走向复兴。在农村，红军和根据地进一步巩固和扩大。在根据地内，中国共产党领导人民广泛地开展土地革命，消灭封建土地所有制，实现"耕者有其田"的制度，在实践中探索适合中国实际的土地革命的路线、方针和政策，制定并坚决执行革命的土地纲领，使得农民迅速地分清共产党和国民党及其两种政权的优劣，极大地调动起他们支援革命战争、保卫和建设根据地的积极性。在城市，中共中央在部署各地武装起义的同时，还努力整顿遭受严重打击的党在国民党统治区的组织，指导党组织转变斗争形式，建立起一套秘密工作制度，收拢党的队伍，恢复和发展当地组织，从而使国民党统治区党的组织和党的工作也有了一定程度的恢复与发展。

然而，处于幼年时期的中国共产党，在思想上、理论上、政治上均不成熟，许多人对马克思主义理论和中国革命实际仍然缺乏完整的、统一的理解，对自身力量与中国革命形势、世界革命形势都缺乏准确的认知与判断，常常对

---

① 毛泽东：《毛泽东文集》第3卷，人民出版社，1996，第293页。
② 中共中央党史研究室：《中国共产党历史》第1卷上册，中共党史出版社，2011，第280页。

自身力量和中国革命形势做出过高估计，导致党在内外目标设定上严重脱离实际。同时，20世纪20年代后期和30年代前期，在国际共产主义运动中和中国共产党内盛行着把马克思主义教条化、把共产国际决议和俄国革命经验神圣化的错误倾向，严重阻碍了中国共产党人对中国革命规律的认识。加之共产国际这一时期对中共党内直接的、强加于人的、不正确的干预，20世纪30年代初，在中国革命形势出现复兴的有利形势下，中共党内却先后形成史称"立三路线"的"左"倾冒险错误和以王明为代表的"左"倾教条主义错误，其中以王明为代表的"左"倾教条主义错误在中共中央占据统治地位长达四年之久，给中国革命带来了极为惨重的损失，直接导致了中央苏区丧失。

（二）中央红军被迫长征

中国共产党第六次全国代表大会之后，各地红军和根据地不断巩固和扩

图1-1　中央红军长征出发地——江西瑞金

大，其中影响最大的，首推毛泽东、朱德领导开辟的赣南、闽西根据地。红一方面军连续取得三次反"围剿"的胜利，使得赣南、闽西根据地进一步巩固和发展。1931年11月，中华苏维埃第一次全国代表大会在瑞金叶村坪举行，宣告成立中华苏维埃共和国临时中央政府，选举毛泽东为中央执行委员会主席、人民委员会主席，项英、张国焘任副主席，临时中央政府设在江西瑞金。1933年1月，临时中央机关因为难以在上海立足，也迁入中央根据地。

一方面，红军和根据地的发展，特别是李立三"左"倾冒险错误时期红军攻打中心城市的冒险行动，引发了国民党统治集团针对各革命根据地尤其是中央苏区的大规模军事"围剿"。从1930年10月至1934年10月，蒋介石统一调动全国军事力量对红军展开多达五次的"围剿"。另一方面，中共临时中央到达中央根据地后，即在根据地内全面贯彻其"左"倾教条主义方针，开展了反对"罗明路线"和邓、毛、谢、古的斗争，并为此打击了一大批坚持正确意见、有实践经验的领导干部，加重了根据地的困难局面，也对反"围剿"斗争尤其是第五次反"围剿"斗争产生了极为不利的影响。

从1930年冬到1931年秋，中央根据地和红一方面军在毛泽东、朱德指挥下，采取"诱敌深入""避敌主力，打其虚弱"等战术，进行了三次胜利的反"围剿"斗争，不仅打退了数倍于自己的敌军，还使赣西南、闽西根据地基本连成一片，并扩大到跨20余县的广大地区。1932年5月至1933年3月，周恩来、朱德等运用和发展以往反"围剿"的成功经验，没有机械地执行苏区中央局冒险进攻的命令，率领中央红军取得了第四次反"围剿"的胜利。

1933年9月，经过半年周密准备，蒋介石再度调集100万兵力，自任总司令，首先集中50万兵力，发动了对中央根据地红军的第五次"围剿"。这时，中央根据地有红军主力8万多人，地方红军和赤卫队等群众武装也有了发展，若能灵活运用历次反"围剿"的成功经验，并非没有取得胜利的可能。然而，由于临时中央"左"倾教条主义错误的严重危害，红军在此次反"围剿"斗争中遭到空前严重的失败。担任第五次反"围剿"最高军事领导者的是共产国际军事顾问李德，他是一位来到中国帮助中国人民解放事业的外国人，对中国的实际情况缺乏最基本的了解，对于中国革命斗争的残酷性认识不清，在与中共临时中央负责人博古共同领导第五次反"围剿"的过程中，抛弃了前四次反"围剿"中行之有效的军事战略和积极防御方针，转而实行军事冒险主义方针，主张"御敌于国门之外"。连战失利后，又采取消极防御的战略方针和"短促突击"的战术，强令装备很差的红军与装备精良的国民党军队打正规战、阵地战、堡垒战。结果是敌人步步推进，红军节节抵御，屡次遭受严重损失。1934年4月，博古、李德不顾毛泽东、张闻天等人的坚决反对，命令红军坚守瑞金北大门广昌。红军英勇奋战18天，付出巨大牺牲后，广昌最终失守。之后，国民党军队加紧对根据地中心地区的"围剿"。红军虽然顽强抵抗，但节节失利，根据地日益缩小，军力、民力和物力消耗巨大，陷入困境。在这种情况下，中央红军不得不被迫撤离中央根据地。

（三）艰苦卓绝的二万五千里长征

1934年5月，中央书记处作出撤离根据地的决定并报告共产国际，不久取得共产国际同意。1934年10月，国民党军队已经推进到中央苏区腹地。10月10日晚，中央红军开始实行战略转移。10月16日，部队集结完毕。10月17日开始，中央红军主力以及中央机关、军委机关和直属部队共8.6万余人，踏上战略转移的漫漫征途。

按照原定计划，中央红军准备转移到湖南西部同红二、红六军团会合。察觉红军意图的国民党当局提前部署四条封锁线重兵进行堵截。红军通过第四条封锁线时，在湘江遭遇国民党25个师数十万大军尾追堵截。为保护中央机关和其他部队顺利过江，湘江两岸担任掩护任务的部队与敌人展开殊死激战，付出极大的牺牲。其中红五军团第三十四师和红三军团第十八团被阻止在湘江东岸，最后弹尽粮绝，大部分将士壮烈牺牲。红五军团第三十四师师长陈树湘负伤被俘，

图1-2 遵义会议旧址

用手从腹部伤口处绞断自己的肠子壮烈牺牲。湘江战役是中央红军长征途中最为悲壮的一战，红军将士苦战五昼夜，虽然突破敌人第四道防线，却付出了极为惨重的代价。此役过后，中央红军和中央机关人员由长征出发时的8.6万余人锐减至3万余人。

在生死存亡的危急关头，毛泽东提出放弃原定计划转为向西开往敌人统治力量薄弱的贵州。1934年12月，中央负责人先后在湖南通道、贵州黎平、乌江南岸的猴场召开三次会议，决定首先在以遵义为中心的黔北地区然后向川南创建川黔边根据地，部队于1935年1月7日占领黔北重镇遵义城。此时，广大干部特别是高级干部，包括周恩来、朱德、张闻天、王稼祥等，面对屡屡失利几乎濒临绝境的现状，对于中央军事指挥错误的问题基本上取得一致意见，召开会议纠正错误的条件已经成熟。

1935年1月15日至17日，中央政治局在遵义召开扩大会议，史称遵义会议。这次会议是中国共产党在与共产国际失去联系后独立召开的，会议就红军战略战术方面的是非问题做出明确回答，指出了博古、李德在军事指挥上的严重错误，产生了新的中央领导特别是军事领导，解决了当时最迫切的组织问题和军事问题，结束了"左"倾教条主义错误在中央的统治，确立了毛泽东在中共中央和红军的领导地位。遵义会议，在极端危急的历史关头挽救了党，挽救了红军，挽救了中国革命，在中国革命史上占据十分重要的地位。会后，中央红军在新的中央领导的指挥下，展开了机动灵活的运动战，四渡赤水、巧渡金沙江，并在二渡赤水过程中再占遵义，歼敌2个师8个团，俘敌3000余人，取得长征以来最大的一次胜利，极大地鼓舞了红军的斗志。在北上途中经过少数民族聚居区时，纪律严明的红军得到了少数民族群众的支持与帮助。红军总参谋长刘伯承同彝族果基部落首领小叶丹歃血为盟，使红军顺利通过大凉山彝族地区，留下一段民族团结的佳话。5月下旬，红军强渡大渡河，飞夺泸定桥，翻越终年积雪、人迹罕至的夹金山。6月中旬，中央红军主力与红四方面军在四川西北部的懋功会师。

由于川西北地区大多是少数民族聚居地，人烟稀少，经济贫困，不利于红军的生存发展，而北部的陕甘地区，地域宽阔，物产较为丰富，又是敌人统治力量较为薄弱地区，特别是邻近抗日斗争的华北前线，中共中央研究决定，部队继续北上，建立川陕甘根据地，以便在北方建立抗日的前沿阵地，领导全国抗日民族运动。红四方面军负责人张国焘则主张西进至新疆、青海、西康等地以避开国民党的主要力量，与中央北上的主张发生分歧，加之张国焘自恃红四方面军有8万余人，枪多势众，公然向党争权，企图分裂和危害党中央。毛泽东、张闻天、周恩来、博古等经紧急磋商后，率右路军中的红一、红三军和军委纵队先行北上，攻克腊子口，越过岷山，于9月18日到达甘肃境内的哈达铺。从当地找到的报纸上获悉陕北红军和根据地依然存在，毛泽东提出去陕北。9月27日，中央政治局在榜罗镇召开会议，正式决定前往陕北。中央红军于10月19日抵达陕北的吴起镇。1936年10月，红四、红二方面军先后完成长征，到达陕甘根据地，三大主力红军实现大会师。

　　1935年底，毛泽东在总结长征对于中国革命的意义时，用了几个生动的比喻进行了极为精彩的概括："长征是历史纪录上的第一次，长征是宣言书，长征是宣传队，长征是播种机。自从盘古开天地，三皇五帝到于今，历史上曾经有过我们这样的长征吗？十二个月光阴中间，天上每日几十架飞机侦察轰炸，地下几十万大军围追堵截，路上遇着了说不尽的艰难险阻，我们却开动了每人的两只脚，长驱二万余里，纵横十一个省。请问历史上曾有过我们这样的长征吗？没有，从来没有的。长征又是宣言书。它向全世界宣告，红军是英雄好汉，帝国主义者和他们的走狗蒋介石等辈则是完全无用的。长征宣告了帝国主义和蒋介石围追堵截的破产。长征又是宣传队。它向十一个省内大约两万万人民宣布，只有红军的道路，才是解放他们的道路。不因此一举，那么广大的民众怎会如此迅速地知道世界上还有红军这样一篇大道理呢？长征又是播种机。它散布了许多种子在十一个省内，发芽、长叶、开花、结果，将来是会有收获的。总而言之，长征是以我们胜利、敌人失败的结果而告结束。谁使长征胜利的呢？是共产党。没有共产党，这样的长征是不可能设想的。"[1]

　　1936年初，美国记者埃德加·斯诺辗转来到陕北，见到了长征后到达陕北的共产党人。从党的领袖到红军将领再到普通的红军战士，他与他们进行了最为直接的接触，听他们讲述长征途中的亲身经历。作为一个来自美国的新闻记者，埃德加·斯诺在《西行漫记》中对长征、对长征中的红军战士毫不掩饰

---

[1]　毛泽东：《毛泽东选集》第1卷，人民出版社，1991，第149–150页。

自己的崇敬之情，给予了无保留的褒扬与赞美，他用极具文学色彩的文字表达了对这支队伍的最高礼赞："冒险、探索、发现、勇气和胆怯、胜利和狂喜、艰难困苦、英勇牺牲、忠心耿耿，这些千千万万青年人的经久不衰的热情、始终如一的希望、令人惊诧的革命乐观情绪，像一把烈焰，贯穿着这一切。他们不论在人力面前，或者在大自然面前、上帝面前、死亡面前都绝不承认失败——所有这一切以及还有更多的东西，都体现在现代史上无与伦比的一次远征的历史中了。"①历史已经证明，无论是过去、现在还是未来，无论是国内还是国外，无论你是否信仰共产主义，长征都是一曲理想主义的赞歌，都是人类历史上"无与伦比的一次远征"！

长征一结束，中国革命的新局面就开始了。

二　陕北：漫漫征途的落脚点

陕北是我在中国见到的最贫困的地区之一……陕西的农田可以说是倾斜的，有许多也可以说是滑溜溜的，因为经常发生山崩。农田大部分是地缝和小溪之间的条状小块。在许多地方，土地看来是够肥沃的，但是所种作物受到很陡的斜坡的严格限制，无论是从数和质上来说都是这样。很少有真正的山脉，只有无穷无尽的断山孤丘，连绵不断，好像詹姆斯·乔伊斯的长句，甚至更加乏味。然而其效果却常常像毕加索一样触目，随着阳光的转移，这些山丘的角度陡峭的阴影和颜色起着奇异的变化，到黄昏时分，紫色的山巅连成一片壮丽的海洋，深色的天鹅绒般的褶层从上而下，好像满族的百褶裙，一直到看去似乎深不及底的沟壑下。②

——埃德加·斯诺《西行漫记》

---

① 埃德加·斯诺：《西行漫记》，董乐山译，解放军文艺出版社，2002，第145页。
② 同上书，第48页。

（一）西北革命根据地

红军长征落脚的陕北，是西北革命根据地的核心组成部分。土地革命时期，西北地区的根据地建设发生在陕西、甘肃、宁夏的广大地区，包括陕西北部和关中地区，甘肃东部即陇东、宁夏的东南部。

陕北，包括陕西的延安和榆林地区。因为地处陕西北部，相对于陕西的关中与陕南两地，故称为陕北。陕北地处黄土高原腹地，地形复杂，沟壑纵横，耕地以陡峭的山地为主，气候干旱少雨，风沙肆虐，且地处偏远、交通不便，生产和经济发展十分落后，人民生活极其贫困。乔治·克莱因在《中国的地貌及其人民》一书中对黄土高原的描述非常切合当时陕北的实际情况："一个人如果不顺道路走，许多黄土地区就是不可穿越的。这些道路形成此地农村特色之一。每过一辆车或一群动物，就搅起黄土。黄土如此之轻，可轻易升入云中。由于持续的水土流失，一些路或小径变成了真正的峡谷，宽度仅够一辆车通过，几乎像矗立的墙，高度达40英尺以上。"[1]20世纪初期，国家的内忧外患进一步加剧了陕北地区的动荡，自然灾害和无休止的军阀、土匪导致的战乱，消耗着并不富足的粮食以及其他资源。农民们面临着饥饿、战争和土匪的破坏、长期恶化的债务、沉重的税收和灾难性的干旱，生活被压迫到不能忍受的边缘。黄土高原长久以来孕育的革命火种，终于在20世纪20年代被一批接受了共产主义信仰的、年轻的共产党人点燃了。

五四运动之后，尤其是1921年中国共产党成立之后，一批受到新文化思想熏陶并接受马克思主义的先进分子魏野畴、李子洲、刘天章、王懋廷等人，开始在陕西传播马克思主义。他们以学校为基地传播革命思想，在陕西建立党

图1-3　西北革命根据地创始人之一刘志丹

---

[1] 转引自马克·塞尔登：《革命中的中国：延安道路》，魏晓明、冯崇义译，社会科学文献出版社，2002，第11页。

团组织，影响了大批青年投身革命，锻炼和造就了谢子长、刘志丹、习仲勋等一大批领导骨干。他们在大革命的浪潮中成长为坚定的共产主义者，并在土地革命时期领导了陕甘、陕北的根据地建设，为西北革命根据地创建作出了卓越的贡献。

在大革命失败的白色恐怖中，在中共中央八七会议精神指导下，中共陕西省委确立了反对西北军阀的方针，开始筹划武装斗争。1927年下半年和1928年，在陕西北部和中部，共产党领导和发动了3次武装起义，其中1927年10月由唐澍、李象九、谢子长领导的清涧起义，打响了陕北武装反对国民党集团的第一枪，1928年4月由刘志丹、唐澍、谢子长领导的渭华起义是其中规模最大的一次。这些起义虽然都以失败告终，但却点燃了这一地区的革命火种，在实际的斗争中锻炼了队伍，促使这些年轻的共产党人在失败中探索农村革命运动的可行路径。1928年7月，中共陕西省委任命刘志丹为中共陕北特委军委书记，谢子长为军委委员，先后到陕北领导创建革命武装的工作。

图1-4　西北革命根据地创
　　　始人之一谢子长

在组织兵运屡屡受挫之后，刘志丹、谢子长着手建立了由中共独立领导的革命武装——南梁游击队，1932年发展为中国工农红军陕甘游击队，成为陕甘边区第一支红军游击队。同年12月，这支游击队正式改编为红二十六军，以照金为中心开展创建根据地和壮大红军力量的斗争，逐步形成以薛家寨为中心的照金根据地。照金根据地曾先后成立中共陕甘边特委、陕甘边区革命委员会，金理科任书记，习仲勋任特委军委书记、革命委员会副主任。后在国民党军对薛家寨形成四面包围的形势下，红军主力和各部撤离照金根据地，北上至合水一带，创建以南梁为中心的新的根据地。1934年2月，习仲勋、张策在南梁主持召开工农兵代表大会，选举成立陕甘边区革命委员会，习仲勋任主席，以南梁为中心的陕甘边革命根据地正式形成。同年11月，南梁成立陕甘边区苏维埃政府，为进一步促成西北革命根据地的统一发展奠定了坚实的基础。

陕北的工农武装斗争，是与陕甘边的革命武装斗争紧密联系和相互呼应的。至1934年，陕北的游击战争在11个县境开展起来。随着陕北根据地武装力量的迅速发展壮大，1935年1月，陕北特委组织成立红二十七军第八十四师。至此，陕北有1个红军主力师，几十个红军游击支队以及上千人的区游击队、突击队和特务队，保障着陕北根据地的稳固。1月25日，陕北特委召开陕北苏区第一次工农兵代表大会，正式成立陕北省苏维埃政府，很快建立起16个县苏维埃政府，开展了轰轰烈烈的土地革命。

为协调统一陕甘边、陕北两块根据地领导问题，中共陕甘边特委、陕北特委在赤源县周家硷召开联席会议，决定成立中国共产党西北工作委员会和中国工农红军西北革命军事委员会，统一领导两块根据地和红二十六军、红二十七军以及地方武装。这次会议将西北的革命斗争推上了一个崭新的发展阶段。会后，在刘志丹等领导下，陕甘红军粉碎了国民党对西北根据地的军事"围剿"，巩固和发展了根据地，将陕甘边、陕北两块根据地连成一片，正式形成西北革命根据地。西北革命根据地的创建、巩固和扩大，为实行战略转移的中共中央和中央红军提供了落脚点，使得中央和红军得以重新出发，为开启中国革命新局面贡献卓著。

（二）西北革命根据地的危机

在中央红军到达陕北前夕，西北革命根据地正在经历着一场严峻的内外危机。

就外部而言，根据地遭到了敌人优势兵力的大规模"围剿"，面临空前严重的军事压力。国民党政府为彻底根除一路北上的中央红军在西北可能的目的地，逼迫中共中央无处落脚。1935年7月，国民党军事委员会在西安设立西北"剿匪"总司令部，蒋介石兼任总司令，张学良任副总司令，调集东北军2个军7个师，宁夏马鸿逵部3个骑兵团以及原来参加第二次"围剿"的国民党军队，总兵力达15万人，开始对西北根据地的军事"围剿"。刘志丹以其卓越的军事才能，领导根据地军民英勇作战，运用灵活机动的游击战与敌周旋，首先将国民党晋军主力赶出陕北，赢得了初步胜利。9月，最早开始长征的中国工农红军第二十五军，在鄂豫陕省委书记程子华和军长徐海东率领下，到达中共西北工委所在地陕北的延川县永坪镇，与红二十六军、红二十七军会师。三支队伍合编为中国工农红军第十五军团，军团长徐海东、副军团长兼参谋长刘志丹、政委程子华。中国工农红军第十五军团的成立，极大地增强了西北革命根据地红军的战斗力，先后取得劳山战役、榆林桥战役的胜利，歼灭东北军主力1个师又5个营，在反"围剿"中赢得了又一个军事胜利，挫败了敌军锐气，暂时缓解了中国工农红军第十五军团反"围剿"的压力。

在军事节节胜利的同时，根据地内部受到"左"倾路线的严重影响，发生了错误的"肃反"事件。在当时艰苦的战争环境下，遵义会议决议并没有能够及时传达到陕北，中共上海临时中央局代表于1935年7月到达陕北，继续推行错误的"左"倾路线，下达了一系列严重脱离根据地实际、不利于根据地巩固和发展的政治、军事命令，严重干扰了根据地反"围剿"军事行动，遭到当地党政军领导人坚决抵制后，开始施行残酷斗争、无情打击，很快上升到进行错误的肃反。至10月，"左"倾路线的执行者抓捕了刘志丹、高岗、杨森、习仲勋、刘景范等一大批根据地的高级党政军干部，造成极大混乱。此时的陕北，外部大兵压境，内部由于错误的肃反导致军心动摇、组织混乱，西北根据地面临严重的危机。

（三）中共中央落脚陕北的"奠基礼"

长征伊始，战略转移的落脚点就是中共中央面临的最为迫切的问题之一。长征途中，中央先后选择了湘西、川黔边、川滇黔、川西等地作为落脚点，都没有能够实现。中共中央北上途中，由于西北革命根据地军民反"围剿"取得节节胜利，在全国范围内引发比较大的震动，相关报道多次出现在媒体报端。1935年9月，中央红军长征到达哈达铺，从搜集到的《大公报》《晋阳日报》等报纸上看到了相关消息。据报载，"陕北刘志丹赤匪部占领六座县城，拥有正规军五万多人。他们飘忽不定，行去无踪，窥视晋西北，随时有东渡黄河之可能。""全陕北二十三县几无一县不赤化，完全赤化者八县，半赤化者十余县。现在共党力量已有不用武力既能扩大区域之威势。"①中央通过对以上消息

---

① 张闻天：《张闻天文集》第1卷，中共党史资料出版社，1990，第569页。

的分析，确定陕北革命力量及其根据地得以保存壮大，特别是得知红二十五军已经先期到达陕北，这极大地鼓舞了正在寻找落脚点的中共中央和中央红军。榜罗镇会议后，中共中央率领中央红军直奔陕北。

在陕北保安县吴起镇，中央政治局召开会议，毛泽东作《关于目前的行动的方针》政治报告，指出："现在全国革命的总指挥部到达这里，成为反革命进攻的中心。我们的任务是保卫和扩大陕甘根据地，以陕甘根据地领导全国大革命。"张闻天作了总结发言："一个历史时期已经完结，一个新的历史时期开始了。"陕北作为全国红军长征落脚点和中国革命大本营的特殊地位由此确立。

此时的陕甘根据地，仍然处于国民党优势兵力的军事"围剿"之中。中共中央要想在陕北立足，就必须打好中央红军和西北红军会师后的第一仗。1935年11月6日，毛泽东在甘泉象鼻子湾西北军委总部主持召开红一方面军军团以上干部会议，坚定了进行直罗镇战役的决心，并将此次战役的胜利作为红军立足陕北的重要一仗。直罗镇战役为期4天，于24日以红军大获全胜而结束。此役，红军歼灭东北军1个师又1个团，俘敌5800人，缴获大量武器弹药，极大地鼓舞了根据地军民，在当地群众中掀起了参加红军的热潮。1935年12月，毛泽东在陕北瓦窑堡党的活动分子会议上说："直罗镇一仗，中央红军同西北红军兄弟般的团结，粉碎了卖国贼蒋介石向着陕甘边区的'围剿'，给党中央

图1-5　长征到达陕北的红一、二、四方面军团以上干部合影

把全国革命大本营放在西北的任务，举行了一个奠基礼。"①

中共中央在举行军事"奠基礼"的同时，也在政治上迅速消除了"左"倾错误对西北革命根据地造成的危机。张闻天、博古、王稼祥、刘少奇等同志率领中央机关到达瓦窑堡，组成中共西北中央局，立即着手查明陕北"肃反"真相，释放刘志丹等三四十名红二十六军和西北革命根据地的主要领导干部。1935年11月底，中央组织部主持召开了平反会。至此，陕北错误肃反基本上得到纠正。中央迅即着手调整西北根据地党政军机构，组建西北中央局、西北办事处、西北军事委员会，标志着西北革命根据地历史地位的根本转变——由地方性根据地转变为中央根据地。

中共中央和中央红军能够落脚陕北，彰显了坚定正确政治方向的重要性。无论面对多么严重的艰难险阻，老一辈革命家"为中国人民谋幸福、为中华民族谋复兴"的初心与使命坚定不移，坚持北上抗日路线绝不动摇，终于带领中国革命走出危机；同时，中央能够落脚陕北，在于西北革命根据地的创建者们坚韧不拔的信念和不屈不挠的斗志。以刘志丹、谢子长、习仲勋等为代表的中国共产党人，在极其艰苦的自然环境和物质条件下，在长期的游击斗争中，表现出卓越的军事才能和非凡的群众工作本领，创建并不断巩固和扩大西北革命根据地，在中国革命处于低谷时期，在全国各根据地纷纷丧失的艰难时刻，"硕果仅存"地为中国革命保留了一块形态完整的根据地，使中国革命得以在这里开启新的征程。1936年，刘志丹在红军东征中不幸牺牲，毛泽东为他题词"群众领袖，民族英雄"，这既是对刘志丹个人的高度肯定，也是对整个西北革命根据地军民的高度肯定，更是对西北人民为中国革命作出巨大贡献的高度褒扬。

图1-6 东征红军号兵

---

① 毛泽东：《毛泽东选集》第1卷，人民出版社，1991，第150页。

第二章 02

| 开启新征程 |

　　为了和平、民主和抗战，为了建立抗日的民族统一战线，中国共产党曾在致国民党三中全会电中向他们保证下列四项：（1）共产党领导的陕甘宁革命根据地的政府改名为中华民国特区政府，红军改名为国民革命军，受南京中央政府及军事委员会的指导；（2）在特区政府区域内，实行彻底的民主制度；（3）停止武力推翻国民党的方针；（4）停止没收地主的土地。这些保证，是必需的和许可的。因为只有如此，才能根据民族矛盾和国内矛盾在政治比重上的变化而改变国内两个政权敌对的状态，团结一致，共同赴敌。这是一种有原则有条件的让步，实行这种让步是为了去换得全民族所需要的和平、民主和抗战。①

——毛泽东

---

① 毛泽东：《毛泽东选集》第1卷，人民出版社，1991，第258页。

一 大变动的前夜：变化的形势与我们的任务

> 目前是大变动的前夜。党的任务就是把红军的活动和全国的工人、农民、学生、小资产阶级、民族资产阶级的一切活动汇合起来，成为一个统一的民族革命战线。[①]
>
> ——毛泽东

（一）政治策略的转变：高举抗日民族统一战线的旗帜

中共中央结束长征到达陕北之时，正是日本策动华北事变，华北局势处于严重危机的时刻。日本想要变中国为其殖民地的狼子野心昭然若揭，中华民族陷入空前严重的民族危机。1935年12月9日，一二·九运动爆发，北平、天津的大学生喊出了全国爱国青年的共同呼声："华北之大，已经安放不得一张平静的书桌！"中国人民掀起了抗日救亡民族运动的新高潮。在中华民族面临生死存亡的紧要关头，如何才能担负起挽救民族危亡的历史使命？如何才能凝聚起中华民族争取民族独立的磅礴之力？中国共产党迎来了一场全新的大考。

1935年8月1日，根据民族危机加深的国内形势和共产国际建立反帝统一战线的新精神，中国共产党驻共产国际代表团以中华苏维埃中央政府、中国共产党中央委员会名义发表《为抗日救国告全体同胞书》，通称《八一宣言》。《八一宣言》称："今当我亡国灭种大祸迫在眉睫之时，共产党再一次向全体同胞呼吁：无论各党派间在过去和现在有任何政见和利害的不同，无论各界同胞间有任何意见上或利益上的差异，无论各军队间过去和现在有任何敌对行动，大家都应当有'兄弟阋于墙外御其侮'的真诚觉悟，首先大家都应当停止内

[①] 毛泽东：《毛泽东选集》第1卷，人民出版社，1991，第151页。

战，以便集中一切国力（人力、物力、财力、武力等）去为抗日救国的神圣事业而奋斗。共产党特再一次郑重宣言：只要国民党军队停止进攻红军的行动，只要任何部队实行对日抗战，不管过去和现在他们与红军之间有任何旧仇宿怨，不管他们与红军之间在对内问题上有何分歧，红军不仅立刻对之停止敌对行为，而且愿意与之亲密携手共同救国。""共产党愿意作成立这种国防政府的发起人，共产党愿意立刻与中国一切愿意参加抗日救国事业的各党派，各团体（工会、农会、学生会、商会、教育会、新闻记者联合会、同乡会、致公堂、民族武装自卫会、反日会、救国会等等），各名流学者、政治家，以及一切地方军政机关，进行谈判共同成立国防政府问题。""共产党号召全体同胞：有钱的出钱，有枪的出枪，有粮的出粮，有力的出力，有专门技能的贡献专门技能，以便我全体同胞总动员，并用一切新旧式武器，武装起千百万民众来。"①《八一宣言》明确扩大建立抗日民族统一战线的范围，呼吁全国各党派、各军队、各界同胞，集中一切国力去为抗日而奋斗。此宣言的发表，表明中国共产党的政治策略开始发生新的转变。

图2-1　中共中央政治局瓦窑堡会议会场（内景）

正在长征途中的中共中央无从得知《八一宣言》发表情况。但是在落脚陕北之后，遵义会议之后形成的党的新的领导集体，几乎马上开始了独立自主的形势研判与任务确定。在得知共产国际政策转变的同时，1935年12月17日至25日，中共中央在瓦窑堡召开政治局会议，讨论全国政治形势与党的策略路线、军事战略，确定了建立抗日民族统一战线的新策略，并着手调整各项具体政策与工作方针。12月27日，毛泽东在《论反对日本帝国主义的策略》报告中，开宗明义地指出：目前的政治形势已经发生了很大的变化！根据这种变化的形势，我

---

① 毛泽东：《毛泽东选集》第1卷，人民出版社，1991，第265页。

们的党已经规定了自己的任务。在这篇报告中，毛泽东对中华民族所处的形势作了明确判定，那就是日本帝国主义要变中国为它的殖民地。

在这一变化了的形势面前，随着民族危机日益深重，中国各阶级的关系已经和正在发生深刻变化，即"在日本帝国主义打进中国本部来了这一个基本的变化上面，变化了中国各阶级之间的相互关系，扩大了民族革命营垒的势力，减弱了民族反革命营垒的势力。""革命的阵势，是由局部性转变到全国性，由不平衡状态逐渐地转变到某种平衡状态。目前是大变动的前夜。党的任务就是把红军的活动和全国的工人、农民、学生、小资产阶级、民族资产阶级的一切活动汇合起来，成为一个统一的民族革命战线。""党的基本策略任务是什么？不是别的，就是建立广泛的民族革命统一战线。"毛泽东接着对新形势下党的策略任务作了进一步说明："当着革命的形势已经改变的时候，革命的策略，革命的领导方式，也必须跟着改变。日本帝国主义和汉奸卖国贼的任务，是变中国为殖民地；我们的任务，是变中国为独立、自由和领土完整的国家。"①毛泽东的报告与瓦窑堡会议通过的《中共中央关于目前政治形势与党的任务的决议》，明确发动、团结和组织全中国和全民族一切革命力量去反对当前的主要敌人日本帝国主义是党的根本任务，在民族危亡的关键时刻，中国共产党高举起了抗日民族统一战线的旗帜，为迎接全民族抗战奠定了政治基础。

（二）对外宣传的转变：展示真实的中国共产党

伴随根本任务的转变，革命的策略、革命的领导方式都要随之改变。要建立抗日民族统一战线并成为其中的领导力量，中国共产党需要得到全国各阶层民众更多的了解、支持与信任。然而，作为一支政治力量，远在西北偏僻一隅的中国共产党此时在世人的眼里是怎样的一种存在呢？第一个到访陕北苏区的美国记者埃德加·斯诺这样描述："一直以来，他们遭到铜墙铁壁一样严密的新闻封锁而与世隔绝。千千万万敌军所组成的一道活动长城时刻包围着他们。他们的地区比西藏还要难以进入。自从1927年11月中国的第一个苏维埃在湖

---

① 毛泽东：《毛泽东选集》第1卷，人民出版社，1991，第149、151、152页。

南省东南部茶陵成立以来，还没有一个人自告奋勇，穿过那道长城，再回来报道他的经历。"[①]可见，无论是对于中国还是对于世界，当时的中国共产党都是极为神秘的政治力量。

图2-2　斯诺在陕西保安

1936年，当埃德加·斯诺决定启程前往神秘的红色陕北时，他为自己罗列了上百个想要获得答案的问题："中国共产党究竟是什么样的人？他们同其他地方的共产党人或社会党人有哪些地方相像，哪些地方不同？旅游者问的是，他们是不是留着长胡子，是不是喝汤的时候发出咕嘟咕嘟的响声，是不是在皮包里夹带土制炸弹。认真思索的人想知道，他们是不是'纯正的'马克思主义者。他们读过《资本论》和列宁的著作没有？他们有没有一个彻底的社会主义经济纲领？他们是斯大林派还是托洛茨基派？或者两派都不是呢？他们的运动真是世界革命的有机部分吗？他们是真正的国际主义者吗？还是'不过是莫斯科的工具'，或者主要是为中国的独立而斗争的民族主义者？""共产党人自称是为实现土地革命，为反对帝国主义，为争取苏维埃民主和民族解放而斗争。南京却说，红军不过是由'文匪'领导的新式流寇。究竟谁是谁非？""他们到底是什么样的人？是什么使他们那样地战斗？是什么支持他们？他们的运动的革命基础是什么？是什么样的希望，什么样的目标，什么样的理想，使他们成为顽强到令人难以置信的战士呢？""毛泽东，南京统计名单上的第一号'赤匪'，蒋介石悬赏25万银洋不论死活要缉拿到他，他是怎样的人呢？那个价值这么高昂的东方人脑袋里到底有些什么名堂呢？或者像南京官方宣布的那样，毛泽东真的已经死了吗？"斯诺的问题从共产党的政治纲领到共产党人的穿衣吃饭，从兵力多少到领导人是谁，再到共产主义运动在中国的前景及其对世界可能发生的影响，这些问题吸引着他，令他有足够的勇气前往神秘的红色中国。但与此同时，他对于中国共产党能否敞开大门欢迎他这个美国记者则毫无信心，对于地处陕北一隅的共产党人是否具备与外界沟通的能力也充满怀疑，甚至他对于自己能否安全返回毫无把握。

---

①　埃德加·斯诺：《西行漫记》，董乐山译，解放军文艺出版社，2002，第1页。

　　为了获得真实而非杜撰的答案，1936年6月，美国人埃德加·斯诺终于战胜自己内心的恐惧，决定"拿一个外国人的脑袋去冒一下险"，他勇敢地出发了。当然，后来发生的事情证明，斯诺的所有问题都得到了几乎圆满的回答，远远超出了他最初的预期。他的陕北之行相当成功。此后陆续发表的系列报道尤其是著作《西行漫记》（又名《红星照耀中国》），让埃德加·斯诺名满天下，在全中国乃至世界面前展示了真实的中国共产党人群体，同时也相当程度上引发了外部世界试图了解中国共产党的热潮。

　　这位美国记者的成功到访并非偶然，而是中国共产党政治策略转变在对外宣传方面的具体体现，也是中国共产党新的领导集体实事求是思想路线的最初成果。1921年，当中国共产党作为一支独立的政治力量登上历史舞台时，中华民族正处于无以复加的外交困境当中。一方面，整个世界被列强所构建的殖民体系囊括其中，他们用武力强加给中国的不平等条约体制将中华民族推入了半殖民地的深渊，中国已经被抛入了世界秩序的最底层。另一方面，晚清之后的历届政府，既没有能够获得民众足够的支持，更没有能力消除内部的重重矛盾，中国一直处于事实上的分裂状态。软弱的统治者不得不依靠外来力量来达到自己的政治目标，维护自身统治地位；各国列强因此可以通过支持不同的统治者，轻而易举达到干预中国内政、不断扩大自身权益的目的。这样的现实在国民政府时期也没有得到真正的改观。

　　面对这样的历史与现实，中国共产党自诞生之日起，就清楚地意识到，在半殖民地半封建的中国，要领导人民实现中华民族彻底的独立与解放，中国共产党必须学会正确认识和处理中国革命与国际政治变化之间的关系，学会正确认识和处理与国内外各种力量之间的斗争与合作。但是，中国共产党的幼年时期，一方面，残酷的斗争环境严重限制了中国共产党获取信息的渠道，自身思想上、理论上的不成熟也束缚了中国共产党独立认识中国革命力量对比和革命形势的视野与能力；另一方面，作为共产国际的一个支部，中国共产党完全接受了苏联和共产国际对于世界政治所作出的判断，认为世界正处于资本主义危机加剧、世界革命形势趋于成熟的历史时期，坚信中国革命是世界革命中"最主要最具有决定意义的成分"。在这一基本判断指导下的目标设置和任务规定，既不符合国际政治的实际状态，更严重脱离了中国革命的现实①。1931年，九一八事变爆发后，面对日益严峻的民族危机和全国范围内的抗日救亡运动，当时的中共领导人却认为，日本进攻的最终目标不是中国而是苏联，并提出了"武装保卫苏联"的口号。这样的目标设定、政治口号严重脱离中国革命的实际，很难为中国人民所接受。正是因为思想认识上的局限性及指导思想的不成熟，在遵义会议之前，党内领导层才会多次出现"左"倾冒险错误和"左"倾教条主义错误，给党的事业带来严重损失的同时，也在很大程度上影响了广大民众对于中国共产党的认知与了解，限制了中国共产党与外界的联系与沟通。

1933年，战争的阴云笼罩整个欧洲，德国公然打出了反对共产主义的旗号。一方面，苏联从维护自身国家安全出发，试图通过与西方国家结盟来构建集体安全体系，着手调整其对世界形势的判断和整体对外政策。另一方面，遵义会议后，中共中央领导核心开始努力领导全党摆脱教条主义的束缚，在正确认识国际国内形势的基础上制定新的路线方针，以应对日益严重的民族危机。正是在以上内外因素的共同作用下，中共中央在瓦窑堡会议上率先举起了抗日民族统一战线的旗帜，明确党的主要任务是组织国内的"民族革命战线"，而且主张"执行灵活的外交政策"，以便使英美等国"暂时处于不积极的反对反日战线的地位"。为了让更多的民众以及中外政治力量了解并支持中国共产党的这一主张，中共中央主动打开通往外部世界的通道，并很快迎来了第一位到访苏区的西方记者埃德加·斯诺。埃德加·斯诺的陕北之行恰逢其时，他幸运地成为首个向世界报道红色中国真实情况的西方记者。

采访期间，斯诺与毛泽东进行了多个夜晚的谈话。他十分惊奇地发现，"毛泽东熟读世界历史，对于欧洲社会和政治的情形，也有实际的了解"，"他对当前世界政治惊人的熟悉"，"他对罗斯福总统的看法是令人很感兴趣的，他相信罗斯福是个反法西斯主义者，以为中国可以和这样的人合作。"②在斯诺的记录里，这位中国共产党的领导人，洞察了日本企图灭亡中国的本质，分析了抗日战争的进程与结果，预见了中国抗日战争将对世界政治带来的深远影响，肯定了国际社会尤其是美英法苏等大国对中国赢得抗日战争所能发挥的重要作

---

① 牛军：《从延安走向世界——中国共产党对外关系的起源》，中共党史出版社，2008，序言。
② 埃德加·斯诺：《西行漫记》，董乐山译，解放军文艺出版社，2002，第58页。

用，认为使中国人民"在尽可能短的时期内以最小的代价赢得对日本帝国主义的胜利"的重要条件，就是"组成一个反侵略、反战、反法西斯的世界联盟"。以这样的形势判断为出发点，毛泽东清楚地向斯诺阐释了当时中国共产党主张的对外政策："要抗日成功，中国必须得到其他国家的援助，但这不是说，没有外国的援助，中国就不能抗日！中国共产党、苏维埃政府、红军和中国的人民，准备同任何国家联合起来，以缩短战争的时期。但是如果没有一个国家加入我们，我们也决心要单独进行下去。"①

1937年10月，埃德加·斯诺访问红色中国的成果——《西行漫记》——出版，中国共产党的政治理念及其面对民族危机所采取的政策调整引发了世界关注，而毛泽东对于国内国际形势的准确判断、预测，第一次向全国人民和全世界展示了中国共产党开阔的视野与战略思维。对外形象的塑造，是中国共产党为推动建立抗日民族统一战线而采取的实际行动之一，初次尝试即取得了非常良好的实际效果。从那时起，中国共产党作为一支为中国人民谋幸福、为中华民族谋复兴的政治力量，开始为越来越多的民众所认知、所接受。

二　时局转变的枢纽：西安事变和平解决

> 共产党在西安事变中主张和平解决，并为此而作了种种努力，全系由民族生存的观点出发。②
>
> ——毛泽东

（一）从抗日反蒋到逼蒋抗日

从抗日反蒋政策到逼蒋抗日政策的转变，是中国共产党本着民族利益至上

---

① 埃德加·斯诺：《西行漫记》，董乐山译，解放军文艺出版社，2002，第69页。
② 毛泽东：《毛泽东选集》第1卷，人民出版社，1991，第247页。

的原则，顺应民族矛盾日益尖锐的形势变化而提出和确立的，彰显了中国共产党的民族担当与日渐成熟。

早在华北事变后的 1935 年冬，国共之间已经开始接触。中国共产党提出了联合抗日的"五条意见"，并在 1936 年 5 月 5 日发表《停战议和一致抗日通电》，文中对蒋介石的称呼，从卖国贼改为蒋介石氏，公开宣布了党的抗日反蒋政策开始向逼蒋抗日政策转变。由于国共力量悬殊，国民党当时丝毫没有合作抗日的诚意，继续集结重兵在陕北军事"围剿"红军，意图达到迅速解决的目的。

随着抗日救亡运动在全国的广泛开展，国民党内部要求抗日的呼声日盛，蒋介石在对日问题上的态度面临越来越多的反对之声，"两广事变"就是这一情势的典型表现。1936 年 6 月，广东的陈济棠联合广西的李宗仁、白崇禧发动"两广事变"，通电成立军事委员会和抗日救国军，宣布要北上抗日。此事虽然很快得到和平解决，却凸显了国民党内部围绕抗战问题的严重分歧。为缓和局势，蒋介石在国民党五届二中全会上表示，"对外交所抱的最低限度，就是保持领土、主权的完整""假如有人强迫我们欲订承认伪国等损害领土、主权的时候，就是我们不能容忍的时候，就是我们最后牺牲的时候。"①这是九一八事变后蒋介石在抗日问题上较为明确的公开表态。

内外压力之下，南京政府在国民党五届二中全会后，很快提出了新的国共谈判条件，即军队统一编制、统一指挥，取消工农红军名义；政权统一，取消苏维埃政府名义；容纳各派，集中全国人才；共产党停止没收地主土地政策。作为回应，1936 年 8 月 25 日，中共中央发出致国民党中央委员会并转全体国民党员的信，倡议在抗日的大目标下，国共两党实行第二次合作，"只有国共的重新合作，以及同全国的党派各界的总合作才能真正的救亡图存。"为了切实宣传中国共产党的抗日主张，争取更多的理解和支持，一方面，毛泽东分别写信给宋庆龄、蔡元培、邵力子、李济深、李宗仁、白崇禧、蒋光鼐、蔡廷锴等国民党上层人士，希望他们积极响应和推动统一战线的形成；另一方面，为了统一党内思想，中共中央向党内发出《关于逼蒋抗日问题的指示》和《关于抗日救亡运动的新形势与民主共和国的决议》，明确指出："推动国民党南京政

---

① 中共中央党史研究室：《中国共产党历史》第 1 卷上册，中共党史出版社，2011，第 435 页。

府及其军队参加抗日战争，是实行全国性大规模的严重的抗日武装斗争之必要条件"，因此，抗日反蒋的口号已经不适当，"我们的总方针，应是逼蒋抗日。"以上两份文件，是中国共产党在推动土地革命战争向抗日民族战争转变的重要文件，同时提醒全党，为了逼蒋抗日，推动国共组成抗日民族统一战线，还必须进行大量艰苦的工作和坚决的斗争。在此过程中，继续扩大与巩固中国共产党，保障共产党政治上、组织上的完全独立性和内部的团结一致性，是抗日民族统一战线和民主共和国得到彻底实现的最基本的条件。

（二）西安事变及其和平解决

西安事变的发生，是在中国共产党抗日民族统一战线政策影响下，由张学良、杨虎城两位将军主导策动的。事变发生之前，中国共产党并不知情，但事变的和平解决确是在中国共产党的努力推动下实现的。西安事变的和平解决，对于促成以国共合作为基础的抗日民族统一战线的建立起到了重要作用。

西安事变之前，中国共产党为推动建立西北各方抗日民族统一战线做了大量工作。初到陕北，中国共产党致力于用抗日救国理念来争取抗日同盟军。中央

图2-3　爱国将领张学良

红军立足陕北的第一仗即直罗镇战役，对手就是张学良的东北军主力一○九师。战役打响之前，红军在直罗镇贴满了红红绿绿的标语："中国人不打中国人""我们帮助你们打回老家去"，表达中国共产党坚决抗日的政治主张。直罗镇战役结束后，红军友好地对待被俘的东北军官兵，对他们进行了真诚的抗日宣传。

瓦窑堡会议之后，中共中央进一步加强对统一战线工作的领导，针对西北"剿共"前线的国民党上层人士和军队将领广泛宣传党的抗日主张，重点开展了对张学良的东北军和杨虎城领导的第十七路军的统战

图2-4　爱国将领杨虎城

工作。先以传递信件等方式与张学良、杨虎城两位将军建立联系，将大批在作战中俘虏的东北军官兵释放回去，传达共产党联合抗日的诚意。取得一定的信任之后，中央多次派代表与张、杨二人会谈，发表《红军为愿意同东北军联合抗日致东北军全体将士书》，表达共产党联合抗日的意愿。经过多次商谈，中国共产党与张、杨双方达成互不侵犯、取消经济封锁、建立军事联络、联合抗日等共识，建立了比较牢固的关系。同时，在中国共产党的极力斡旋下，张学良、杨虎城之间也开始了日趋密切的合作。从1936年上半年开始，红军同东北军、第十七路军之间，实际上已经停止了敌对状态，实现了西北地区抗日力量的大联合，中国共产党推动建立抗日民族统一战线的努力首先在西北取得了重大成果。

对红军作战的接连失败和惨重损失，以及中国共产党的抗日主张，不断影响东北军主帅张学良对内战消耗的深入思考。直罗镇战役结束后，张学良在南京接到红军全歼东北军一〇九师、击毙师长牛元峰的报告。这是参加西北"剿匪"以来东北军损失的第三个师，对张学良震动极大。他后来曾就此表达过想法：可怕的失败深刻我心，这更加强了我的信念，即杰出的将领为内战而丧生是令人遗憾的，同时我不愿再轻视共军的战斗力。因此，用和平方法解决共产党的问题，遂在我心中燃起①。在与中国共产党实现联合抗日的过程中，张学良受到中国共产党坚决推动抗日民族统一战线政策的影响，曾多次劝谏蒋介石停止内战、联共抗日，都遭到拒绝。他对蒋介石"攘外必先安内"的政策越来越无法接受，在抗日问题上与蒋介石之间的分歧日渐加深。

1936年下半年，为加速军事"剿灭"中共的进程，蒋介石多次亲临西安督战，逼迫张学良、杨虎城率部积极"剿灭"陕北红军，对张、杨"剿共"不力日益不满。12月4日，蒋介石再到西安，向张、杨二人下了最后通牒：立即开赴陕北"剿共"前线，否则就将东北军调往福建，将第十七路军调往安徽，由中央军接替完成陕北"剿共"任务。12月9日，西安城内爆发万余名学生纪念一二·九运动的请愿游行，要求停止内战、一致抗日。为避免游行队伍与国民党特务发生严重冲突，张学良亲往现场劝阻学生，被群情激愤的爱国学生深

---

① 西北大学历史系中国现代史教研室编：《西安事变资料选辑》，1979，第440页。

深感动，公开声称将在一周内用行动回答学生的要求。就在同一天，蒋介石任命蒋鼎文为西北"剿匪"军前敌总司令，卫立煌为晋陕绥宁四省边区总指挥，陈诚以军政部次长名义指挥绥东中央军各部。这一举措，既是为了"剿灭"中共，也是为了解决张、杨做准备。张学良于12月11日、12日两天面见蒋介石进谏，以至痛哭陈词，均被蒋介石以"犯上作乱"严词拒绝。至此，张学良、杨虎城在重重压力之下，自觉已经没有别的出路可走，决定向蒋介石发动"兵谏"。12月12日，根据张、杨二人事前商定的计划，东北军一部包围蒋介石在临潼华清池的驻地，扣留蒋介石；第十七路军负责控制西安城，囚禁蒋介石带来的几十名南京政府军政要员，正式发动"兵谏"，史称西安事变，亦称"双十二事变"。

在国际国内形势波诡云谲的1936年底，西安事变的发生立即引发国内外强烈反响，各方反应极为复杂。国民党内部主张武力解决与主张和平解决的两派相持不下，形成对峙。美英法苏各大国从各自核心利益出发，观点各异，苏联甚至认为此事是日本在中国发动的新阴谋，但各大国都希望此事件能够和平解决。日本则借此极力挑动中国内战，欲为其全面侵华扫清道路。西安事变如何解决，一时成为影响国内甚至世界局势的关键。

西安事变爆发后，张学良当夜即电告中共中央，中央立即召开政治局常委扩大会议讨论应对之策。面对复杂的国内外形势和一触即发的内战危机，中共中央确定了和平解决西安事变的基本原则。12月15日，红军将领联名发表《关于西安事变致国民党国民政府电》，表示支持张、杨二人停止内战的八项主张，坚决反对借"讨伐"之名发动内战，同时再次呼吁国共合作、化敌为友、共赴国仇。16日，毛泽东致电阎锡山，表达了和平解决的愿望："时局应和平解决，万不宜再起内战。"17日，中央派周恩来前往西安，明确表达中国共产党将保证蒋介石安全，但如果南京挑起内战，那么蒋介石的安全将无保证。之后，中共中央和中华苏维埃共和国中央政府联名向南京、西安当局发表通电，重申和平解决西安事变的决心。22日，宋美龄、宋子文抵达西安。在各方谈判交涉过程中，中共代表做了大量卓有成效的工作，提出促成和平解决的六项条件：一是改组国民党和国民政府，驱逐亲日分子，容纳抗日分子；二是释放上海爱国领袖，释放一切政治犯，保证人民的自由权利；三是停止"剿共"政策，联合红军抗日；四是召集各党各派各界各军的救国会议，决定抗日救亡方针；五是与同情中国抗日的国家建立合作的关系；六是实行其他具体的救国办法。周恩来在面见蒋介石时，当面说明了中国共产党抗日救国的政策。蒋介石表示不签字但会以人格担保各项条件的履行。12月25日，蒋介石在张学良陪同下离开西安，26日到达南京。西安事变得到和平解决。

正如毛泽东所说：长征一结束，新的局面就开始了！从1935年底在陕北高举起抗日民族统一战线的旗帜，中国共产党为促成全国抗日力量大团结做了大量艰苦细致、不厌其烦的工作，付出了巨大努力，在外敌虎视眈眈的存亡之际，不断促进中共中央逼蒋抗日方针的实现。西安事变的和平解决，标志着十年内战就此基本结束，国内实现基本和平。对于西安事变的历史意义，毛泽东在党的七大作《论联合政府》的报告时说："西安事变的和平解决成了时局转换的枢纽：在新形势下的国内的合作形成了，全国的抗日战争发动了。"[①]在抗日的大前提下，国共两党实现第二次合作，联合共同抗日已经成为不可逆转的趋势。

（三）中共中央进驻延安

延安，地处黄土高原中南部，古称延州、肤施，是一座拥有悠久历史的古城，秦汉时期属上郡（今陕西榆林），秦昭王时期设置高奴县，始在延安筑城，并逐渐发展成为陕北军事、政治、文化重镇。因其地理位置重要，被誉为"三秦锁钥，五路襟喉"。在中央红军到达陕北保安时，延安城作为东北军陕北"剿共"行营被国民党军队占领。西安事变和平解决之后，根据中共中央与张学良、杨虎城两位将军达成的有关协议，驻扎延安的国民党军队于1936年12月17日撤离延安城。次日，中共中央派王观澜率代表团接管延安。1937年1月10日，中共中央和中华苏维埃共和国西北办事处从保安（今陕西志丹县）启程，于1月13日下午正式进驻延安城。

为了迎接即将到来的全国抗日高潮，1937年5月2日至24日，中国共产党

---

① 毛泽东：《毛泽东选集》第3卷，人民出版社，1991，第1037页。

图2-5 延安宝塔山

在延安召开全国代表会议，赋予红军和根据地新的任务：（1）使红军适合抗日战争的情况，立即改组为国民革命军，并将军事的政治的文化的教育提高一步，造成抗日战争中的模范兵团。（2）根据地改为全国的一个组成部分，实行新条件下的民主制度，重新编制保安部队，肃清汉奸和捣乱分子，造成抗日和民主的模范区。（3）在此区域内实行必要的经济建设，改善人民的生活状况。（4）实行必要的文化建设。

卢沟桥事变和八一三事变之后，国难当头，尚在艰苦谈判中的国共两党终于达成协议。1937年8月22日，南京国民政府军事委员会发布命令，将红军改编为国民革命军第八路军（后改为第十八集团军，但习惯称八路军），下辖一一五师、一二〇师、一二九师，任命朱德、彭德怀为正副总指挥。8月底9月初，八路军渡过黄河出师抗日前线。9月22日，国民党通过中央通讯社发表《中共中央为公布国共合作宣言》。23日，蒋介石发表《对中国共产党宣言的谈话》，指出团结御辱的重要性，事实上承认了共产党的合法地位，标志着国共第二次合作正式形成。

至此，经过中国共产党的积极努力和不懈推动，以国共两党合作为中心，中国各族人民、各民主党派、各爱国军队、各阶层爱国人士，以及海外华侨的抗日民族统一战线终于发展起来。毛泽东在《国共合作成立后的迫切任务》一文中对此给予高度评价："这在中国革命史上开辟了一个新纪元。这将给予中国革命以广大的深刻的影响，将对于打倒日本帝国主义发生决定的作用。""现在两党重新结成的统一战线，形成了中国革命的一个新时期。尽管还有某些人还不明了这个统一战线的历史任务及其伟大的前途，还在认为结成这个统一战线不过是一个不得已的敷衍的临时的办法，然而历史的车轮将经过这个统一战线，把中国革命带到一个崭新的阶段上去。中国是否能由如此深重的民族危机和社会危机中解放出来，将决定于这个统一战线的发展状况。""我们可以判断，统一战线的发展，将使中国走向一个光明的伟大的前途，就是日本帝国主义的打倒和中国统一的民主共和国的建立。"同时，在这篇文章中，毛泽东热切呼吁："这样伟大的任务，不是停止在现在状况的统一战线所能完成的。两党的统一战线还需要发展。因为现在成立的统一战线，还不是一个充实的坚固的统一战线。""我们民族已处在存亡绝续的关头，国共两党亲密地团结起来啊！全国一切不愿当亡国奴的同胞在国共两党团结的基础之上亲密地团结起来啊！实行一切必要的改革来战胜一切困难，这是今日中国革命的迫切任务。完成了这个任务，就一定能够打倒日本帝国主义。只要我们努力，我们的前途是光明的。"[1]

图 2-6　1937 年 2 月 10 日，中共中央致电国民党五届三中全会，提出联合抗日的五项要求和四项保证

---

[1]　毛泽东：《毛泽东选集》第 2 卷，人民出版社，1991，第 364、365、371–372 页。

"遥望中原烽火急，狂流一柱在延安。"在挽救民族危亡的关键时刻，中国共产党毅然承担起为中华民族谋复兴的伟大历史使命，在陕北、在延安，完成了从土地革命战争向民族革命战争转变的历史任务，高举抗日民族统一战线的旗帜，开启了领导中国人民抵抗日本侵略者的新征程。延安，就此成为中国共产党领导全民族抗战的出发点和指挥中心，中国共产党开启了由弱变强、转败为胜的辉煌时期！

圣地延安：人民共和国的雏形

03

第三章

以挽救民族危亡为己任，
创建抗战圣地

　　现在各根据地的政治，是一切赞成抗日和民主的人民的统一战线的政治，其经济是基本上排除了半殖民地因素和半封建因素的经济，其文化是人民大众反帝反封建的文化。因此，无论就政治、经济或文化来看，只实行减租减息的各抗日根据地，和实行了彻底的土地革命的陕甘宁边区，同样是新民主主义的社会。各根据地的模型推广到全国，那时全国就成了新民主主义的共和国。①

——毛泽东

---

① 毛泽东：《毛泽东选集》第2卷，人民出版社，1991，第785页。

中华民族的兴亡，是一切抗日党派的责任，是全国人民的责任，但在我们共产党人看来，我们的责任是更大的。[①]

——毛泽东

一 人民战争的指导中心

战争的伟力之最深厚的根源，存在于民众之中。日本敢于欺负我们，主要的原因在于中国民众的无组织状态。克服了这一缺点，就把日本侵略者置于我们数万万站起来了的人民之前，使它像一匹野牛冲入火阵，我们一声唤也要把它吓一大跳，这匹野牛就非烧死不可。[②]

——毛泽东

（一）全面抗战路线：凝聚起全民族抗战的磅礴之力

卢沟桥事变爆发后，蒋介石在庐山发表《对卢沟桥事件之严正声明》。此声明确定了准备抗战的方针。毛泽东称其为"国民党多年以来在对外问题上的第一次正确宣言"，并在1937年7月23日所作的《反对日本进攻的方针、办法和前途》报告中，专门引用了蒋介石声明当中的一段结语："如果战端一开，那就是地无分南北，人无分老幼，无论何人，皆有守土抗战之责任，皆应抱定牺牲一切之决心。"对于这段话，毛泽东将其总结为"对付日本进攻的第一种方针，正确的方针"，中国共产党将坚决拥护。历史最终证明，真正执行这样一条正确的抗战路线，组织动员全国民众并凝聚起人民战争的伟大力量，实现"地无分南北，人无分老幼，无论何人，皆有守土抗战之责任"的政治力量不

---

① 毛泽东：《毛泽东选集》第2卷，人民出版社，1991，第759页。
② 同上书，第511—512页。

是中国国民党，而是中国共产党。在延安，中国共产党确立了全面抗战的政治路线和持久抗战的战略方针，引领了夺取战争胜利的正确方向，凝聚起亿万民众的磅礴之力，成为团结抗战的坚强核心。

第一，中国共产党，是近代中国有能力完成教育和组织民众这一历史使命的唯一一支政治力量。

自1840年鸦片战争爆发，中国被西方的坚船利炮打开大门，从此开始了百余年被动挨打、签约求和的屈辱历程。无数割地赔款的不平等条约，将中国拖入了半殖民地半封建社会的深渊，华夏大地在入侵者的践踏下满目疮痍。清末以后的统治集团内部矛盾重重，为列强控制中国提供了可乘之机，不断加速着中国旧的社会结构分崩离析。近代以来，为追求民族复兴而前仆后继的各种政治力量，都在感叹中国民众是"一盘散沙"，却始终没有找到教育和组织民众的有效路径，直至中国共产党诞生。作为一个马克思主义政党，中国共产党承担着社会革命和民族革命的双重任务，从成立之初就提出"到农村去，到工厂去"的工作方针。在长期的反帝反封建斗争中，中国共产党始终如一、坚韧不拔地开展教育和组织民众的艰苦工作。大革命失败后，中国共产党之所以能够走出一条农村包围城市、武装夺取政权的革命道路，一个至为重要的原因在于共产党人立足农村实际，致力于乡村政权建设和乡村社会改造，通过建立巩固的农村根据地，成功教育和组织起几千年来一直处于愚昧和落后状态的千百万农民，从而获得了取之不尽、用之不竭的力量源泉，也使中国共产党成为真正根植于中国人民之中的强大政党。

全民族抗战爆发之前，中国共产党就将自己的政治方针明确为"为争取千百万群众进入抗日民族统一战线而斗争"，并将宣传群众、动员群众、教育群众作为实现这一政治目标的唯一路径："无产阶级、农民、城市小资产阶级的广大群众，有待于我们宣传、鼓动和组织的工作。资产阶级抗日派的和我们建立同盟，也还待我们的进一步工作。把党的方针变为群众的方针，还须要我们长期坚持的、百折不挠的、艰苦卓绝的、耐心而不怕麻烦的努力。没有这样一种努力是一切都不成功的。抗日民族统一战线的组成、巩固及其任务的完成，民主共和国在中国的实现，丝毫也不能离开这一争取群众的努力。"①抗日战争

---

① 毛泽东：《毛泽东选集》第1卷，人民出版社，1991，第278-279页。

过程中，中华民族之所以能够凝聚起磅礴之力并取得最终胜利，中国共产党居功至伟！毛泽东在党的七大上作政治报告《论联合政府》，曾经就此作过总结："我们的党和中国人民一道，不论在整个党的二十四年历史中，在八年抗日战争中，为中国人民创造了巨大的力量，我们的工作成绩是很显然的，毫无疑义的。"[1]

第二，只有中国共产党人能够真正理解"战争的伟力之最深厚的根源，存在于民众之中"，从而成为人民战争坚强的领导核心。

早在1937年8月，中国共产党在全民族抗战刚刚爆发的历史转折关头，就在洛川会议上制定了党的全面抗战路线，并通过了实行这一路线的具体纲领，即《中国共产党抗日救国十大纲领》：（1）打倒日本帝国主义；（2）全国军事的总动员；（3）全国人民的总动员；（4）改革政治机构；（5）抗日的外交政策（6）战时的财政经济政策；（7）改良人民生活；（8）抗日的教育政策；（9）肃清汉奸卖国贼亲日派，巩固后方；（10）抗日的民族团结。《中国共产党抗日救国十大纲领》所规定的内容，把实行全民族抗战与争取人民民主、改良人民生活结合起来，把反对外敌入侵与推进社会进步统一起来，阐明了党在抗日战争时期的基本政治主张，成为中国共产党建设抗日民主根据地的基本纲领。1937年10月，英国记者贝特兰在与毛泽东的谈话中曾经提问：共产党如何使这个纲领实行起来？毛泽东回答："我们的工作，是以不疲倦的努力，解

图3-1 八路军第一一五师东渡黄河后在晋西举行检阅

① 毛泽东：《毛泽东选集》第3卷，人民出版社，1991，第1093页。

释现在的形势，联合国民党及其他一切爱国党派，为扩大和巩固抗日民族统一战线，动员一切力量，争取抗战胜利而斗争。现在的抗日民族统一战线，范围还很狭小，必须把它扩大起来，这就是实行孙中山先生的'唤起民众'的遗嘱，动员社会的下层民众加进这个统一战线去。"①但是，由于国民党执行一条片面抗战路线，在整个抗日战争时期，中国都存在着两条路线之间的斗争，一次次引发全国范围内的讨论甚至困惑。如何坚持一条人民战争的正确路线，是中国共产党人必须面对的问题。

延安时期，毛泽东在抗战不同历史阶段写下了许多名篇巨作，与中共中央从延安发出的所有军事、政治、经济、文化指令一起，引导了全民族抗战的正确方向。全面抗战一年以后，全国开始出现"亡国论""速胜论""投降论"等种种干扰抗战的错误论调。为此，毛泽东在1938年5月发表经典著作《论持久战》，在论述战争的决定因素时说："武器是战争的重要的因素，但不是决定的因素，决定的因素是人不是物。力量对比不但是军力和经济力的对比，而且是人力和人心的对比。"在分析中日两国国力对比之后，毛泽东明确提出，要打赢这一场伟大的、艰苦卓绝的、持久的民族战争，"没有普遍的政治动员，是

图3-2　行进中的八路军第一二〇师

---

① 毛泽东：《毛泽东选集》第2卷，人民出版社，1991，第377页。

不能胜利的"。要胜利，就要坚持抗战、坚持统一战线、坚持持久战，这些都离不开动员老百姓。"动员了全国的老百姓，就造成了陷敌于灭顶之灾的汪洋大海，造成了弥补武器等等缺陷的补救条件，造成了克服一切战争困难的前提。"那么，什么是政治动员？毛泽东认为，只有把战争的政治目的、实现这一目的的步骤和方法都告诉老百姓，让他们明白为什么打和怎么打，为此，就必须制定一个明确的具体的政治纲领，并把它们普及于军队和人民，并动员所有的军队和人民实行起来。"长期而又广大的抗日战争，是军事、政治、经济、文化各方面犬牙交错的战争，这是战争史上的奇观，中华民族的壮举，惊天动地的伟业。"《论持久战》在全国引起了极大反响，不仅是共产党将其作为领导人民战争的经典之作，包括白崇禧在内的国民党将领也都曾将其作为案头常备。但是，真正能够制定纲领并将其普及至全部军队和人民，进而成为人民战争坚强领导核心的，是中国共产党。

第三，只有中国共产党领导下的人民军队，才能够完成"一面打游击战，一面发动群众"的任务，在持久抗战中不断发展壮大。

作为一位伟大的战略家、军事家、政治家，毛泽东展现了其令人惊讶的预见能力。在《论持久战》一文中，毛泽东科学地预见持久战将具体表现在三个阶段中。第一阶段，是敌之战略进攻，我之战略防御时期。第二阶段，是敌之战略保守，我之准备反攻时期。第三阶段，是我之战略反攻，敌之战略退却时期。毛泽东从中日双方实力的基本情况，指出了各阶段敌我力量变化的趋势。在战争的第一阶段，中国方面虽然受很大损失，但依靠统一战线的巩固扩大、全国空前的团结，最终将使敌人停止进攻。但在战争的第二阶段，中国必须有一个相当长的阶段，继续消耗、削弱敌人的力量，积蓄壮大自己的力量，进一步改变敌我力量的对比。相持阶段将是最为困难的时期，然而却是转变的枢纽。中国将变为独立国，还是沦为殖民地，不决定于第一阶段大城市之是否丧失，而决定于相持阶段全民努力的程度，决定于国共两党持久动员民众、凝聚民心的能力。相持阶段，"大体上我们要准备付给较长的时间，要熬得过这段艰难的路程。这将是中国很痛苦的时期，经济困难和汉奸捣乱将是两个很大的问题。"如何熬过这样一个漫长的痛苦时期？毛泽东分析："此时我们的任务，在于动员全国民众，齐心一致，绝不动摇地坚持战争，把统一战线扩大和巩固起来，排除一切悲观主义和妥协论"①。

　　一切如毛泽东所预见的，抗战进入相持阶段之后，国共两党都面临了严重困难，敌后游击战争越来越发挥其重要的战略作用，而国共双方谁能更好地完成"一面打游击，一面发动群众"的任务呢？历史再次证明，还是共产党领导的人民军队。在长期的革命战争中，共产党领导人民军队在艰苦的游击战争中发动群众、组织群众，进而建立一块块根据地并发展壮大。在全国抗战的形势下，八路军和新四军发挥这种特长，以独立自主的山地游击战作为战略方针，在游击战过程中发动群众，同战区和敌后的广大人民群众紧密结合在一起，坚决贯彻《中国共产党抗日救国十大纲领》，开展民众运动，扩大人民武装，建立民主政权，创建、巩固和扩大敌后根据地，为持久抗战打下了坚实基础。中国共产党领导的敌后抗日武装在抗战中迅速发展壮大，成长为抗日战争的主力军。抗战伊始奔赴抗日前线之时，由红军改编而来的国民革命军第八路军总数4.5 万人，由南方八省游击队组建而成的新四军 1 万余人，总量少，装备差。到 1945 年党的七大召开时，毛泽东无比自豪地说："当我在这里做报告的时候，我们的军队已发展到了九十一万人，乡村中不脱离生产的民兵发展到了二

图3–3　向晋东南挺进的八路军第一二九师

---

① 毛泽东：《毛泽东选集》第 2 卷，人民出版社，1991，第 465 页。

百二十万人以上。……它已经成了中国抗日战争的主力军。"①究其原因，毛泽东一言以蔽之，因为他们"数量虽小，质量却很高，只有它才能进行真正的人民战争，它一旦开到抗日的前线，和那里的广大人民相结合，其前途是无限的"②。

中国共产党建立根据地的战略思想及其成功实践，对抗日游击战争的发展，缩小敌占区、扩大我占区，打破敌人以华治华、以战养战的计划，发展壮大人民武装，改变敌我力量的对比，都发挥了巨大的作用。日本研究战略理论的伊藤宪一，把毛泽东《论持久战》的思想归纳为以动员人民的战略和游击持久的战略，来实现弱者对付强者的战略理论。原日军大本营参谋、陆军中校山崎重三郎，曾在日本军事杂志上撰文说："在毛泽东的游击战略中，游击战是在军事、政治、经济、思想、文化等领域广泛进行的"，"可以说是一种全民总动员、一致对敌的攻势战略。它把全国人民不分男女老幼全部动员起来，发挥卫国卫民的主观能动性，造成集中全民力量正面冲击敌人的威势"，"把百万帝国陆军弄得团团转"③。

（二）抗战到底：维护和巩固抗日民族统一战线

中国共产党是抗日民族统一战线的倡导者、推动者，更是其坚定的维护者。关于统一战线重要性最精辟的论述，是毛泽东在1937年9月作出的："历史的车轮将经过这个统一战线，把中国革命带到一个崭新的阶段上去。中国是否能由如此深重的民族危机和社会危机中解放出来，将决定于这个统一战线的发展状况。"④正是基于这样的认识，毛泽东告诫全党，"一切共产党员须知：只有抗战到底，才能团结到底，也只有团结到底，才能抗战到底。因此，共产党员要作抗战的模范，也要作团结的模范。"⑤中国共产党巩固和壮大抗日民族

---

① 毛泽东：《毛泽东选集》第3卷，人民出版社，1991，第1038-1039页。
② 同上书，第1038页。
③ ［日］伊藤宪一：《国家与战略》，军事科学出版社，1989，第94页。
④ 毛泽东：《毛泽东选集》第2卷，人民出版社，1991，第364页。
⑤ 同上书，第759页。

统一战线的努力贯穿于抗战全过程，特别是在维护国共两党关系方面，中国共产党人始终坚持民族利益至上的原则，秉持"兄弟阋于墙外御其侮"的底线，不仅巩固发展了统一战线，而且在这一过程中得到了中国人民越来越多的理解、认同和支持，使得国共两党政治影响力的对比发生了巨大变化。

国共两党的第二次合作，是抗日民族统一战线得以形成的基础。但是，政治主张的巨大差异，以及根深蒂固的不信任，造成双方的合作从一开始就充满矛盾和斗争，而美苏英法这些大国势力在中国的长期影响和对国共关系的深度介入，更增加了双方关系的复杂性。如何对待抗日民族统一战线中的国共关系问题？中国共产党是否应该在独立自主的前提下开展合作？针对这些问题，抗战初期中共党内曾经出现过一定的分歧，但事实很快证明，保持独立自主是巩固国共合作的必要前提。

对于国民党而言，国共合作是迫于形势的权宜之计，是彻底消灭共产党力量的另一条路径。1938年12月，蒋介石面对中共代表周恩来曾经明确表达了这一意愿："我的责任是将共产党合并国民党成一个组织，此事乃我生死问题，此目的如达不到，我死了心也不安，抗战胜利了也没有什么意义，所以我的这个意见，至死也不变的。""共产党不在国民党内发展也不行，因为民众也是国民党的，如果共产党在民众中发展，冲突也是不可免的。"[①]由于国民党对共产党坚持顽固的排斥态度和敌对立场，看到共产党领导的抗日武装力量在敌后迅速发展壮大，国民党表现出极大的恐慌和不安，旋即出台一系列意欲阻止共产党力量发展的相关政策，将国共之间的良好合作带入到摩擦频发、斗争不断的时期。

1939年1月，国民党召开五届五中全会，集中探讨对付共产党人的办法。蒋介石对外公开提出要共产党取消组织，以统统加入国民党的办法解决国共关系问题。蒋介石明确告诫参会的国民党代表：对共产党必须"以严正的态度来教训管理他"。会后，国民党先后出台《防制异党活动办法》《共党问题处置办法》《防制异党兵运办法》等一系列"溶共""限共"政策，同时密令各党政军高级军官，要求各部门、各地方当局"加紧努力，切实执行"，"纵因此而发生摩擦，设非出于本党之过分与不是，亦应无所避忌"。

---

① 中共中央档案馆：《中共中央文件选集》第10册，中共中央党校出版社，1989，第5—6页。

图3-4　1939年1月，新四军第二支队三团奔袭芜湖机场外围据点官陡门，全歼守卫据点的伪军200余人

　　面对国民党不断升级的挑衅，中国共产党提出"坚持抗战、反对投降""坚持团结、反对分裂""坚持进步、反对倒退"的三大政治口号，采取"人不犯我，我不犯人，人若犯我，我必犯人"的严正态度与国民党开展斗争，坚决维护抗日民族统一战线中的独立自主地位。同时，为维护抗战大局，中国共产党高度重视斗争的策略问题，强调一切斗争都必须以促进团结为根本前提和目标，毛泽东将其中的辩证关系表述为"斗争是团结的手段，团结是斗争的目的。以斗争求团结则团结存，以退让求团结则团结亡"①。毛泽东极为精准地总结了与国民党顽固派斗争的策略艺术与核心要义："利用矛盾，争取多数，反对少数，各个击破；是有理，有利，有节。"②可以说，国共之间的斗争贯穿于抗日民族战争全过程，中国共产党在斗争中展现了高超的策略艺术，尤其善于在风险与挑战中总结经验教训，变危机为机遇，彰显了延安时期中国共产党领导能力的迅速提升。抗战进入相持阶段以后，国民党曾先后发起三次反共高潮，其中对国共双方影响最大、最能展现中国共产党斗争艺术的，是发生在国

① 毛泽东：《毛泽东选集》第2卷，人民出版社，1991，第745页。
② 同上书，第763页。

民党第二次反共高潮期间的皖南事变。

1940年夏秋之际，国民党在华中地区发起第二次反共高潮，在军事威胁新四军的同时逼迫中国共产党所有抗日武装撤到黄河以北。10月19日，参谋总长何应钦及副总长白崇禧联名致电第十八集团军总司令朱德、副总司令彭德怀与新四军军长叶挺（即皓电），攻击和污蔑共产党领导的抗日武装，把国共摩擦所有的责任推给八路军、新四军，命令第十八集团军及新四军之各部队一个月内开赴黄河以北，要求共产党将50万抗日武装力量缩编至10万。11月9日，中共中央以朱德、彭德怀、叶挺、项英名义复电何、白（即佳电），驳斥种种污蔑不实之词和缩编抗日武装力量的无理要求。同时表示，为顾全大局，团结抗战，决定新四军驻皖南部队开赴长江以北。12月8日，何应钦、白崇禧再致电（即齐电）朱德等，宣称必须执行北移命令。12月9日，蒋介石发布命令，限令长江以南新四军于12月31日前开到长江以北地区；限令黄河以南的八路军、新四军于1941年1月31日前开到黄河以北地区。12月10日，蒋介石秘密下达《剿灭黄河以南匪军作战计划》《解决江南新四军方案》，部署军事围歼新四军。

1941年1月4日晚间，新四军军部及其所属部队共计9000余人，在叶挺、项英率领下，分三路纵队从驻地云岭出发，南下茂林，开始北移。当天，新四军在《抗敌报》发表"临别之言"："离开皖南是为了顾全大局，珍重这个缔造非易的统一团结的抗战局面，为了中华民族和中国人民的彻底解放，遵照中国共产党一贯的团结抗战的政策出发，愿意离开皖南，实行进军敌后，加强敌后抗战。"6日下午，新四军到达泾县境内茂林地区，遭遇国民党军7个师约8万人包围袭击。新四军在叶挺军长率领下，浴血奋战七昼夜，终因寡不敌众，除2000余人突出重围外，其余大部分失散、牺牲或被俘。军长叶挺前往谈判被扣押，政治部主任袁国平牺牲，副军长项英、参谋长周子昆在突围中被叛徒杀害。1月17日，蒋介石反诬新四军"叛变"，宣布取消新四军番号，叶挺军长被交付"军法审判"。一支战功赫赫的抗日武装蒙受不白之冤，遭到巨大损失。新四军由南方八省游击队组建而来，从1937年10月成立开始，全体将士坚决执行抗战路线，作战勇猛，屡立战功，得到全国民众一致赞同，抗日武装力量不断壮大，已经成为一支享誉海内外的抗日军队。皖南事变震惊中外，引发国内外抗日力量严重关切。

图 3-5　重建后的新四军

皖南事变发生后，中共中央第一时间揭露国民党屠杀抗日武装的暴行，部署八路军、新四军各部做好反击国民党顽固派进攻的准备，1月20日即宣布重建新四军军部，任命陈毅为新四军军长，刘少奇为政治委员。通过对形势的深入研判，中央提出政治上取攻势、军事上取守势的斗争方针，从政治上、舆论上展开猛烈反攻。在蒋介石下令取消新四军编制的第二天，周恩来在《新华日报》刊出"为江南死国难者致哀""千古奇冤，江南一叶，同室操戈，相煎何急"的题词，公开揭露国民党的暴行。中共南方局充分调动一切可用的资源，通过散发传单、召开座谈会等多种方式公布事变真相，揭露国民党为一党私利不顾抗战大局、企图消灭共产党抗日武装、破坏抗日统一战线的真实目的，得到了各界人士的同情和支持，纷纷要求国民政府停止内耗、团结抗战。面对一片谴责之声，蒋介石被迫在国民参政会第二届会议上发表讲话，表示"政府绝不忍再见所谓'剿共'的军事，更不忍以后再闻有此种'剿共'之不祥名词，留于中国历史之中"，"而且以后亦决无'剿共'的军事，这是本人可负责声明而向贵会保证的。"国民党第二次反共高潮被击退。

皖南事变的发生，是国共两党矛盾冲突的集中体现，是国民党试图遏阻中国共产党影响力上升的政策选择，也是延安时期中国共产党面临的一次严重危机和挑战。皖南事变的发展，既是国共两党政治理念、斗争策略和领导艺术的较量，也是双方争夺民众及国际支持的一次公开比拼。皖南事变并没有达到国民党打击共产党、消灭新四军进而严重削弱共产党抗日武装的目的，反而警醒和教育了全国人民，使国民党更加孤立，使共产党更得人心。正如毛泽东在皖南事变后所指出："这次斗争表现了国民党地位的降低和共产党地位的提高，形成了国共力量对比发生某种变化的关键。"①

皖南事变的结果，一方面体现国共两党在抗战大背景下不得不相互妥协的现实，另一方面则将两党基于政治理念不同而固有的深层矛盾展露无遗，从而一定程度上决定了两党关系的最终走向。皖南事变后，毛泽东在党内指示中总结经验教训，告诫全党："一个民族敌人深入国土这一事实，起着决定一切的作用。只要中日矛盾继续尖锐地存在，即使大地主大资产阶级全部地叛变投降，也绝不能造成一九二七年的形势，重演四一二事变和马日事变。"同时，毛泽东再一次明确强调了争取中间力量的重要性："须知中国社会是一个两头小中间大的社会，共产党如果不能争取中间阶级的群众，并按其情况使之各得其所，是不能解决中国问题的。"②纵观皖南事变处理过程，中国共产党始终以抗战大局为重，采取有理有利有节的斗争策略，为巩固抗日民族统一战线付出了极大努力，为维护全民族抗战局面作出了巨大贡献。

（三）世界眼光：开展积极的抗日外交

《中国共产党抗日救国十大纲领》明确提出，要执行"抗日的外交政策"。毛泽东早在1936年已经明确地提出这个政策。埃德加·斯诺的作品这样记录毛泽东有关外交政策的回答：我们对于外国的希望是什么？我们希望友好各国至少不要帮助日本帝国主义，而采取中立的立场。我们希望他们能够积极帮助中国抵抗侵略和征服。③大国力量介入中国内政，这是一个不争的事实，而国际关系的细微变化也时刻影响着中国国内政局。抗日战争期间，无论是美国、英国还是苏联，各自站在意识形态角度，对于中国两种政治力量的态度有着天

---

① 毛泽东：《毛泽东选集》第2卷，人民出版社，1991，第778页。

② 同上书，第781、783页。

③ 埃德加·斯诺：《西行漫记》，董乐山译，解放军文艺出版社，2002，第67页。

壤之别，彼此之间也存在错综复杂的利益纠葛与矛盾冲突。但出于各自国家利益的现实考量，这些大国都冀望中国战场能够为他们分担更多的战争责任，都不愿意看到中国两支抗日力量相互消耗。为此，维持中国抗日民族统一战线，阻止国共关系破裂，符合所有大国的共同利益。基于以上分析判断，为争取抗战有利条件、维护和发展抗日民族统一战线，中国共产党在延安开展了卓有成效的外交探索，形成了极富特色的"窑洞外交"，推动外交实践由"民间外交"逐渐发展为"半官方外交"，极大地提高了中国共产党对外沟通和交往的能力，也为新中国奠定了独立自主的外交原则。

抗战之初，中共中央本着外交政策积极化的原则，展开了积极的民间外交。继斯诺之后，至1939年9月，延安共邀请和接待了20批次近百名外国记者、军人、传教士等到访陕甘宁边区。这些来访者以亲身经历，对边区进行了大量报道，将一个欣欣向荣的"完全不同的中国"介绍给全中国、全世界，也为中国共产党赢得了一批忠实的国际友人，成为中国共产党获取信息的重要渠道、对外传播的重要喉舌。在皖南事变后的国共舆论战中，这些国际友人发挥了非常重要的作用。

1940年，国际国内形势处于剧烈动荡之中。3月，汪精卫在南京成立伪中央政府；6月，德国攻陷巴黎，法国政府投降；9月，德、意、日三国在柏林签订协定，正式结成军事同盟，战争的阴云笼罩了整个世界。英国、美国为了自身利益，迫切希望中国战场可以拖住日本对外侵略的步伐，一改抗战初期对中日战争采取的"中立"态度和试图通过牺牲中国权益达到安抚日本的"绥靖"政策，开始明确支持中国。10月18日，英国政府决定重新开放滇缅公路，用以运输援华军事物资。几乎同时，美国国会批准向蒋介石提供1亿美元贷款和50架新式战斗机。德、意、日三国同盟加剧了苏联在欧洲面临的战争威胁，为避免腹背受敌、双线作战，苏联决定加大对国民党的援助力度，帮助国民党树立战胜日本的信心。风云变幻的国际形势，使中国抗日战场在世界格局中的重要性日益凸显，中共中央时刻关注形势变化，及时调整对外交往政策，积极主动发展同英美外交人员的合作关系，最大限度地巩固和发展国际国内抗日统一战线。

1940年11月，毛泽东在给周恩来的电报中首先强调，"应与英美做外交联络，打击亲日亲德派活动。"明确中共中央制定对外政策的根本方针，就是

"坚持独立战争和自立更生的原则下尽可能地利用外援"。很快，中央专门就对待英美新闻记者等问题发布党内指示，要求"待之以外宾之礼，以便通过他们形成我们与英美之间一定程度的外交关系"。此次外交政策的快速调整，在挫败国民党第二次反共高潮中发挥了意想不到的作用。皖南事变之后，中共南方局正是通过同英美记者的联络工作，将事件真相迅速公之于众，引起了国际舆论对国民党政府的强烈抨击。罗斯福带信给蒋介石，希望国共"为抗日之共同目标而加紧团结"。苏联也对国民党进行了严厉的谴责，不仅在舆论宣传方面给予中国共产党大力支持，还通过暂停向国民党提供援助的方式有效地向其施加压力。美苏等国的压力成为国民党政府不得不暂时停止反共军事行动的重要原因之一。毛泽东在12月发表的《论政策》中，系统分析了党的对外交往基本原则，指出，必须在具体分析和有所区别的基础上，制定党的对外政策，总的原则是"利用矛盾，争取多数，反对少数，各个击破"，尽量利用两派帝国主义之间的矛盾，借助国际力量揭露国民党的反动统治，争取与英美国家发展友好关系。实践中，中国共产党利用在重庆的南方局外事组和八路军在香港办事处，不仅宣传交友、搜集有关国际形势的情报、了解英美对华政策并施加影响，而且把中国共产党抗战材料和毛泽东著作译成英文向外界散发，使中国共产党始终保持一条通畅的对外交往渠道，依据搜集的情报对国际形势做出更加准确的判断，促进了对外交往顺利开展。

太平洋战争爆发后，中共中央明确提出建立太平洋反日统一战线的主张，并强调，中国共产党应该在各种场合与英美人士作诚恳坦白的通力合作。中国共产党从政策制定到实践层面，不断加大对英美等国各界人士的宣传和联络力度，经过几年努力，这一政策取得成效。中国共产党与外界的交往达到了一个新的高度，逐步上升至"半官方外交"层面。

1944年6月9日，"中外记者西北参观团"一行抵达延安，其中包括9位中国记者、6位外国记者。毛泽东、朱德等中共领导人亲切会见了记者团，并回答了他们的提问。在延安期间，中外记者团参观、访问了陕甘宁边区政府及学校、医院、报社、工厂、边区保育院，与延安的各行各界进行了广泛交流，围绕政府机构如何运作、"三三制"政权以及边区各项政策进行了深入走访和座谈。8月下旬，5位外国记者前往晋西北抗日根据地，实地随访了八路军与地方游击队夜袭日寇汾阳据点的全过程。随着采访的深入，记者对于中国共产党及其领导的抗日民主根据地有了真实、全面而客观的认识。根据所见所闻，他们采写了大量的精彩报道，通过电台、报纸发往全世界，发表了《来自红色中国的报道》《红色中国的挑战》等专著，真实记录中国共产党及其领导的抗日武装坚持敌后抗战、建设抗日民主政权等情况，向世界揭开红色根据地的神秘面纱，冲破了国民党对陕甘宁边区长期的新闻封锁，对国际国内舆论产生了非常广泛而深远的影响。中国共产党作为一支政治力量，赢得了越来越多的认可、支持与追随，以延安为中心的陕甘宁边区，吸引了全国乃至全世界更多关注的目光。

1944年夏，中缅印战区美军司令部派遣观察组（简称美军观察组）共18人分两批到达延安，受到中共中央的高度重视。8月15日，延安《解放日报》发表了一篇热情洋溢的社论，欢迎美军观察组的到来，表达了中国共产党欢迎之诚。中共中央发出了第一份专门关于外交工作的指示，高度评价美军观察组访问延安，强调国际统一战线的重要意义，详细规定了对外政策和外事工作的原则。它是中国共产党抗战时期对外交往政策发生重大变动的标志，表明统一战线政策的主要内容正在从对外宣传工作变为半独立的外交工作。

美军观察组在延安期间，毛泽东、朱德、叶剑英等同观察组成员多次谈话，全面介绍中国共产党领导抗日军民坚持敌后抗战的情况，表示欢迎美国记者或外交人员到延安和其他根据地进行考察，并欢迎美国向边区提供援助。毛泽东在同美军观察组成员谢伟思的谈话中，明确表示中国共产党坚持国共团结、反对分裂的立场。同时指出：抗战一结束，国民党进攻共产党的危险时刻就将来临。如果中国发生内战，美国供应的武器有可能被国民党用以未来的内战。如果美国把援助中国抗战的武器只给国民党，而不分配给坚持抗战的共产党，这不但是不公平的，而且实际上会助长国民党坚持反共反人民的立场。

美军观察组成员还到晋绥、晋察冀等抗日民主根据地考察，并写了许多调查报告，比较客观地反映了中国共产党的方针政策和根据地的政治、经济、军事情况，承认中国共产党已经得到敌后抗日根据地广大民众的支持。他们在报告中指出："共产党的政府和军队，是中国近代史上第一次有广大人民支持的政府和军队。他们得到这种支持，是因为这个政府和军队真正是属于人民的。"①观察组成员通过与中国共产党人充分接触，通过对边区的切实了解，顺利完成各项任务。对于这一时期中共中央对美军观察组的高度重视和积极配合、周密安排，观察组组长包瑞德评价说："八路军给予美国陆军的衷心合作和实际协助几乎是尽善尽美的。"美军观察组成员谢伟思也曾这样记述："从来没有一个共产党社会像中共在1944年7月至1945年3月这8个月期间那样向美国开放。"就合作成果角度而言，在军事方面，中央提出"放手与美军合作"的方针，并为此作出一系列具体部署，后因战局变化没有实施；政治方面，中国共产党接受了由美国出面斡旋国共关系，曾取得一些成效。但在战争后期，美国决定支持蒋介石政府，随即采取了扶蒋压共、反共的政策，导致中共与美国关系恶化。这段经历成为中国共产党外交实践的重要内容，也是中共与美国关系对立的历史缘起。

虽然身处偏僻的西北一隅，延安时期的中国共产党人却成功地在艰苦的战争环境中追寻世界变化的脚步，在纷繁复杂的大国关系中寻找和把握发展壮大的契机，为维护和巩固抗日民族统一战线、壮大中国抗日力量进行了卓有成效的工作。曾经在1937年到访延安并采访过毛泽东的英国记者詹姆斯·贝特兰这样评价："毛泽东的思想对国际舞台是开放的，他对国际形势的对策是灵活的。这是蒋介石那样的头脑僵化的封建人物根本办不到的。"②1947年，美国著名记者安娜·路易斯·斯特朗结束延安采访之后，曾由衷赞叹中国共产党的领导人是"思想深刻、头脑敏锐和具有世界眼光的人"。

二　抗日民主的模范边区

以抗日根据地为核心的抗战挫败了日本以闪电战征服中国的企图。这种抗战不仅使日本侵略者在自己的后方不得安宁，还迫使国民党坚持抗战而不投降。那些在战时建立、发展起来的根据地，后来成为统一的新中国

---

① 世界知识出版社编《中美关系资料汇编》第一辑，世界知识出版社，1957，第590页。
② 詹姆斯·贝特兰：《在中国的岁月》，中国对外翻译出版公司，1993，第37页。

的基石。[①]

——马克·塞尔登

（一）"三三制"

陕甘宁边区，亦称陕甘宁抗日民主根据地，是在原西北革命根据地的基础上扩大、巩固和建设起来的，包括陕西、甘肃、宁夏三省交界的各一部分，东临黄河，北起长城，南达渭河流域，西迄甘宁高原和六盘山脉。1937年3月，为了适应抗日民族统一战线的需要，中共中央将陕甘宁苏区改为陕甘宁特区。不久，陕甘宁特区改为陕甘宁边区。9月6日，原中华苏维埃共和国临时中央政府西北办事处正式改称为陕甘宁边区政府，主席林伯渠。国民政府划定陕甘宁边区政府管辖范围为23个县。至1944年12月，陕甘宁边区的区域面积为9.896万平方千米，人口约150万。

中国共产党始终把坚持抗战与实现民主统一起来，把建设民主政治作为抗战胜利的必要条件。毛泽东在1940年明确指出，"把独立和民主合起来，就是民主的抗日，或叫抗日的民主。没有民主，抗日是要失败的。没有民主，抗日就抗不下去。有了民主，则抗他十年八年，我们也一定会胜利。"[②]

以延安为中心的陕甘宁边区是中共中央所在地，是中国共产党主张的抗日民主政权的实验区，对于敌后各根据地政权建设起着示范和推动作用。陕甘宁边区的政权，就是经过民主选举和按照严格的民主集中制建立起来的。早在1937年5月，边区政府就颁布了《陕甘宁边区选举条例》，规定除了汉奸、依法被剥夺公民权的罪犯及精神病患者外，"凡居住在边区境内的人民，年满18岁，不分阶级、党派、职业、男女、宗教、民族、财产和文化程度的差别，都有选举权和被选举权"。在选举方式上，《陕甘宁边区选举条例》规定："采取普遍、直接、平等、无记名之投票选举制"。经过广泛地发动群众，边区在

---

① 马克·塞尔登：《革命中的中国：延安道路》，魏晓明、冯崇义译，社会科学文献出版社，2002，第261页。

② 毛泽东：《毛泽东选集》第2卷，人民出版社，1991，第732页。

1937年5月至11月、1941年1月至11月、1945年3月至1946年3月，共进行了三次较大规模的选举运动。为使广大边区群众都能够真正行使民主权利，根据边区军民实际情况，党的各级组织在实际工作中还创造了许多选举方式和投票办法。如有一定文化程度的选民采取"票选法"，识字不多的人采取"画圈法"，不识字的人则采取"投豆子""烧洞洞"等方法。为了方便居住分散和行动不便的选民行使权利，选举委员会组织工作人员背着票箱到选民家里让其投票。据统计，边区在1937年第一次民主选举中参加的选民占全体选民的70%以上；1941年第二次选举中参加的选民占全体选民总数的80%以上；1945年3月至1946年3月第三次选举中参加选举的选民占选民总数的82.5%，有的地区甚至高达96%。通过民主选举，产生了乡、县、边区各级参议会和抗日民主政府。边区的民主政治与国统区的独裁统治形成鲜明对比。毛泽东在1940年2月延安民众声讨汪精卫大会上自豪地说，陕甘宁边区是全国最进步的地方，这是民主的抗日根据地。

1939年冬至1940年春，国民党顽固派的反共活动迅速扩大，由制造小规模的军事摩擦，发展到在几个地区向抗日根据地军民发动较大规模的武装进攻，掀起第一次反共高潮。从进一步巩固扩大抗日民族统一战线、建设模范抗

图3-6　陕甘宁边区第二届参议会参议员合影（1941年11月）

日根据地的目标出发，为了保证边区民主政治制度化、规范化，中共中央决定边区的政权组织形式将采取"三三制"。何谓"三三制"？毛泽东曾作过多次阐述。1940年3月6日，毛泽东在为中共中央起草的党内指示《抗日根据地的政权问题》一文中，首次提出政权建设的"三三制"原则。他指出："根据抗日民族统一战线政权的原则，在人员分配上，应规定为共产党员占三分之一，非党的左派进步分子占三分之一，不左不右的中间派占三分之一。"[①]3月11日，毛泽东在延安党的高级干部会议上作题为《目前抗日统一战线中的策略问题》的报告，再次概括地说明这一原则。他指出："在政权的人员分配上，应该是：共产党员占三分之一，他们代表无产阶级和贫农；左派进步分子占三分之一，他们代表小资产阶级；中间分子及其他分子占三分之一，他们代表中等资产阶级和开明绅士。"[②]第三次是在1940年12月25日，针对有些地区出现的"三三制"无法真正落实的问题，毛泽东又为中共中央起草了《论政策》的党内指示，进一步阐述这一原则，并深入说明实行这一政策对于吸引中间力量、壮大抗日民族统一战线的重要意义："必须坚决地执行'三三制'，共产党员在政权机关中只占三分之一，吸引广大的非党人员参加政权。在苏北等处开始建立抗日民主政权的地方，还可以少于三分之一。不论政府机关和民意机关，均要吸引那些不积极反共的小资产阶级、民族资产阶级和开明绅士的代表参加；必须容许不反共的国民党员参加。在民意机关中也可以容许少数右派分子参加。切忌我党包办一切。我们只破坏买办大资产阶级和大地主阶级的专政，并

图3-7 陕甘宁边区民主选举

---

① 毛泽东：《毛泽东选集》第2卷，人民出版社，1991，第742页。

② 同上书，第750页。

不代之以共产党的一党专政。"①

在中央政策推动之下，从1940年春开始，陕甘宁边区在绥德、陇东分区建立"三三制"的参议会和政府，逐渐推广至整个边区，并很快影响和推动了其他抗日根据地"三三制"原则的实施。1941年，经边区参议会审议通过的《陕甘宁边区施政纲领》，明确将"三三制"原则写入其中："本党愿与各党各派及一切群众团体进行选举联盟，并在候选名单中确定共产党员只占三分之一，以便各党各派及无党无派人士均能参加边区民意机关之活动与边区行政之管理。"这一举措强化了实施"三三制"的制度保证。"三三制"一经实施，就表现出极大的优越性，它使根据地人民的民主精神和参政意识通过规范的制度形式表达出来，极大地提高了他们的政治热情，也使根据地的面貌发生了很大变化。

第一，实行"三三制"原则，进一步保障了抗日根据地各阶级、各阶层人民的各种权利，给予他们主人翁责任感。

1938年，毛泽东在党的六届六中全会的发言中明确指出："共产党员在领导群众同敌人作斗争的时候，必须有照顾全局、照顾多数及和同盟者一道工作的观点。""在一切有意愿和我们合作的民主党派和民主人士存在的地方，共产党员必须采取和他们一道商量问题和一道工作的态度。那种独断专行，把同盟者置之不理的态度，是不对的。一个好的共产党员，必须善于照顾全局，善于照顾多数，并善于和同盟者一道工作。"②抗日民主政权的性质，是抗日民族统一战线的政权性质。"三三制"政权体现了抗日民主政权阶级构成的广泛性，同时赋予各阶级、各阶层以说话、办事的权利。1941年，在边区第二届参议会第一次会议上，开明绅士李鼎铭、安文钦分别出任边区政府副主席、边区参议会副议长。许多地主和绅士表示出意外和兴奋的心情。有的说："从前以为革命不要咱们这号人了，今天咱也能管政权"，"迩刻（方言，即现在的意思）真正实行了'三三制'了，咱的名字也能上红榜，土地革命时咱可没权。"③由

① 毛泽东：《毛泽东选集》第2卷，人民出版社，1991，第766页。
② 同上书，第525、526页。
③ 西北五省区编撰领导小组、中央档案馆：《陕甘宁边区抗日民主根据地》文献卷（下），中共党史资料出版社，1990，第136页。

于边区实行照顾各阶级、各阶层利益的政策，进一步扩大了民主的范围，推进了民主的进程，从而达到了团结全体人民共同抗日、共同建设边区的目的。

第二，实行"三三制"原则，推动共产党与党外人士真诚合作，在调动党外人士参政议政的同时加强了党的领导。

延安时期的《解放日报》对"三三制"有过一个非常精准的解读："解放区为什么采取'三三制'呢？道理很简单，因为共产党主张实行新民主主义的政治，要广大人民及爱国党派、民主人士都来管理政权。中国人口很多，共产党员只占一小部分，为了要使党外的广大人民都有他们的代表来共同管理国事，所以中国共产党在解放区的政权机关里，自己约束人数，不超过三分之一。"[1]为了切实推动共产党员同党外人士实行民主合作，毛泽东1941年在陕甘宁边区参议会发表演讲，有一段针对共产党人的讲话非常经典："国事是国家的公事，不是一党一派的私事。因此，共产党员只有对党外人士实行民主合作的义务，而无排斥别人、垄断一切的权利。共产党是为民族、为人民谋利益的政党，它本身决无私利可图。它应该受人民的监督，而决不应该违背人民的

图3-8　陕甘宁边区第三届参议会常驻参议员合影（1946年4月）

---

[1] 《什么叫"三三制"政策》，《解放日报》1945年12月7日，第4版。

意旨。它的党员应该站在民众之中，而决不应该站在民众之上。"[1]显然，毛泽东是站在中国共产党性质和宗旨的高度来理解"三三制"原则的。在"三三制"政权框架内，中央高度重视尊重在参议会、政府和司法机关任职的党外人士的意见，推动了共产党人与民主人士合作的深度和广度。

在"三三制"实行初期，由于缺乏经验，也没有建立健全的规章制度，导致与党外人士合作中也曾出现过隔阂与误会。据时任边区政府秘书长李维汉回忆：曾经在政务会议讨论土地问题的文件时，边区政府副主席李鼎铭很少发言，总说"俺没有意见"；有时政府行文，他也不划行[2]。林伯渠和李维汉发现问题后便上门征求意见，详细了解问题所在。李鼎铭先生坦率地说："你们党上都决定了，把我这个副主席当摆设"，"现在同级把我当客人，下级把我当傀儡"。面对尖锐的批评，李维汉与李鼎铭进行了开诚布公的交谈，诚恳接受批评，表示在以后的工作中一定加以改正。此后，边区政府党组规定了几条改进措施：一是各厅、处、院要轮流向政府主席、副主席和参议会副议长汇报工作；二是每次政务会议召开之前，由有关单位的党员领导人，向李鼎铭汇报会议内容和可能出现的问题，取得他的同意才开会，不同意便延期再开，先进行协商；三是某些不需要政务会议通过，而要由副主席签署下达的文件，由主管负责人先向他说明内容，取得同意，然后办理手续；四是平日多接近、多谈心、多交换意见。这些举措在工作中切实执行，从制度上保证了党外人士充分行使法定职权，有职有权。李鼎铭很是高兴，态度完全改变，不再做客人，认真做主人，把"你们党上"换成了"我们团体"，工作更加积极主动、尽心尽力操劳各项政务。他提出的政权建设、经济建设等方面的许多建议都被边区政府采纳，其中"精兵简政"的提案在陕甘宁边区和各根据地普遍推行后，发挥了非常重大的积极作用，得到了毛泽东的高度评价。

1942年7月，李鼎铭在与晋西北到访延安的绅士交谈中表示："共产党是进步的政党，余今年虽六十，但已决心和共产党患难与共，休戚相关。"他以"精兵简政"提案为例："当我提此案时，曾趑趄至再，并经友人数度劝阻，但我在边区参议会上，目睹共产党对于民主合作，完全出于至诚，乃毅然提出，

---

① 毛泽东:《毛泽东选集》第3卷，人民出版社，1991，第809页。
② "不划行"，意思是不批阅。

结果非但未遭反对，且受该党人士热烈赞助，而经大会接受。""至在工作过程中，本人更无任何困难的感觉和党与非党的界限"①。1944年，随同中外记者团到延安采访的英国记者斯坦因当面询问李鼎铭，作为非党人士是否有职有权。李鼎铭大笑着回答："我有职有权。"斯坦因对此深信不疑，因为"他的谈话是真心实意的，面笑心也笑了"。

在党的统一领导下，结合普选运动，"三三制"原则在边区和各抗日根据地民主政权中得到了较好的贯彻，从而有力地扩大了抗日民主政权的社会基础，充分调动了各阶层的抗日积极性，进一步巩固和壮大了抗日民族统一战线。新型的抗日民主政权真正"是一切赞成抗日又赞成民主的人们的政权，是几个革命阶级联合起来对于汉奸和反动派的民主专政"②。延川县79岁的开明绅士李丹生赋诗赞誉边区政府主席林伯渠："林公崛起宰边区，民主维新众口誉。选政三三行伟制，名扬何让古唐虞。"诗中以赞誉林伯渠的方式，表达了对中国共产党领导下"三三制"政策和抗日民主政权的衷心拥护。

在实行"三三制"的同时，如何才能保证共产党的领导不被弱化？毛泽东从什么是领导权的高度，对这个问题给予了十分明确的回答："必须保证共产党员在政权中占领导地位，因此，必须使占三分之一的共产党员在质量上具有优越的条件。只要有了这个条件，就可以保证党的领导权，不必有更多的人数。所谓领导权，不是要一天到晚当作口号去高喊，也不是盛气凌人地要人家服从我们，而是以党的正确政策和自己的模范工作，说服和教育党外人士，使他们愿意接受我们的建议。"③

为确保"三三制"原则下党的领导不被弱化，陕甘宁边区主要做了两方面工作：一是派出优秀党员参加选举，以保证参加政权的共产党员在质量上具有优势，发挥党员的先锋模范作用，以质量代数量。二是加强政府部门中党组织建设，发挥党组织的领导作用。1941年11月，在边区召开的第二届参议会第一次会议上，为了切实施行"三三制"原则，共产党员候选人王维舟等主动退出选举；但选出的18名边区政府委员中，共产党员还是占了7人，仍然超出规

① 刘益涛：《毛泽东与延安时期的精兵简政》，陕西人民教育出版社，1993，第104页。
② 毛泽东：《毛泽东选集》第2卷，人民出版社，1991，第741页。
③ 同上书，第742页。

定的三分之一。老共产党员徐特立当即主动声明退出，经大会表决通过，政府委员由党外人士白文焕补上。

1944年，《新民报》社主笔赵超构随同中外记者团访问延安。他在所作的《延安一月》系列采访报道中写道："许多人怀疑共产党对于'三三制'的诚意，以为他们干这一套只是掩人耳目的把戏。这是错的，我可以说，共产党施行'三三制'，并非假的，因为依它的力量，它本来可以包办，而今确然有不少党外人士参加行政工作，例如'边区政府'中，副主席李鼎铭，是米脂富绅，建设厅长霍子乐、教育厅长柳湜、副厅长贺连城、参议会副议长安文钦，都是有名的党外人物。这不能不算是共产党对于自己的约束。"①不打折扣的"三三制"和持续加强的领导能力，这就是中国共产党在陕甘宁边区缔造的抗日民主政权的典范。

可以说，"三三制"原则是延安时期中国共产党在根据地政权建设当中最具创造性的政策之一，彰显了中国共产党人强烈的制度自信和理论自信。朱德曾经非常自豪地说："在中国，由议会选举政府，决定施政方针，边区是第一个。"②"三三制"的成功实践，进一步把民主政治制度化、规范化。把民主政治落实到政权建设中，也为共产党实行多党合作的政治体制提供了有益的借鉴和经验的积累，形成了中国共产党与党外人士真诚合作、民主共事的优良传统。

（二）"只见公仆不见官"

从陕甘宁边区成立之日起，中共中央对边区建设给予了高度重视，不仅要求把边区建设成抗日的堡垒，还要求把边区建设成全国的榜样。1938年7月2日，毛泽东在同世界学联代表团的谈话中，对于边区之于全中国的意义做了明确的阐述："明白了边区的性质，才能明白它在中国的意义与作用。边区是一

---

① 延安民主模式研究课题组：《延安民主模式资料选编》，西北大学出版社，2004，第203-204页。

② 中共中央文献研究室编《毛泽东传》，中央文献出版社，2004，第625页。

个什么性质的地方呢？一句话说完，是一个民主的抗日根据地。""边区的作用，就在做出一个榜样给全国人民看，使他们懂得这种制度是最于抗日救国有利的，是抗日救国唯一正确的道路，这就是边区在全国的意义与作用。"①经过中国共产党的努力，陕甘宁边区政府不仅是全国最民主的政府，而且是全国最廉洁奉公的政府，是一个真正做到"实行民主真行宪，只见公仆不见官"的新型政府。

第一，在陕甘宁边区政府，从政府最高领导人到普通的政府工作人员，都是不知疲倦的"人民的忠仆"。

陕甘宁边区的公务人员，从乡村干部到边区政府主席，没有薪俸，不谋私利，不做官老爷，一心一意为人民服务。毛泽东曾经明确要求："共产党员在政府工作中，应该是十分廉洁、不用私人、多做工作、少取报酬的模范。"②边区政府主席林伯渠在边区第一届参议会上作政府工作报告时，对边区政府工作人员的收入和工作状况进行了比较详细的说明："边区各政府都是由各级议会中产生出来的，这就保证了真正坚定抗日的分子、真正人民的代表参加了各级政府的工作。""我们的政府工作人员一般的是忠实于抗日的事业和抗日人民的利益，坚决为抗日与民主的政纲而斗争的。在我们的制度下，各级政府工作人员不发薪，实行津贴制度，收入不得超过普通工人工资的水平，可是工作中却能表现出自己是群众的模范，在现在行政长官每月最高的津贴也只5元，各县县长每月津贴2.5元，每天粮食1斤4两，菜钱4分。县政府每月办公费平均在20元至30元之间。在战时财政困难的情况下，我们应节省一切，以支付战争的费用。凭我们过去一贯的艰苦奋斗作风，我们能够自我牺牲，以少拿钱多做事，甚至不拿钱也做事的原则之下，为抗日的事业及人民的利益而奋斗。"

林伯渠这样总结："廉洁奉公，已成为政府人员一般具有的品质。大家可以看到，政府从人民手里拿来的每一文钱，我们都用尽一切方法，使它用在政治、经济、文化建设和保卫边区的用途上。虽然个别的还有存在着浪费与贪污的现象，但是用钱少办事多，仍然是我们工作作风的主要特点之一。我们的工作人员大都是一些不知疲倦的人民的忠仆，他们念念不忘的，只是抗战与人民

---

① 毛泽东：《毛泽东文集》第2卷，人民出版社，1993，第129、131页。
② 毛泽东：《毛泽东选集》第2卷，人民出版社，1991，第522页。

的整个利益。因为他们由全体人民做后盾，他们在一切困难面前都有着充分的信心与勇气，也有着高度的工作热忱。"①

延安时期，中国共产党的最高领导人就是人民公仆的典型代表。据毛泽东的警卫员贺华清回忆：当时他受毛泽东主席安排经常向中央各机关送传阅信件，由于纸张非常紧缺，毛泽东总是一个信封用4次，正反面用2次，然后拆开翻转后再使用2次。毛泽东的津贴标准与中央其他领导一样只有5元，但他的客人比较多，一般谈话后就会请吃饭，他自己的伙食标准就会越来越低。时间长了，一旦有客人来，警卫员就开始担心主席又会留客人吃饭。毛泽东在生活上的艰苦朴素，曾经令到访的陈嘉庚铭记终生，并直接影响了他对国共两党的认知。1940年，著名华侨领袖陈嘉庚率领华侨慰劳视察团回国，于5月31日到达延安，6月1日，毛泽东设"晚宴"欢迎。陈嘉庚在所著的《陈嘉庚回忆录》中对这一过程专设一节做了记录，名为"平等无阶级"。陈嘉庚先生用极为简单的语言记录了当天所见："所居与办事所亦是山洞，大小与余寓略同。屋内十余只木椅，盖甚简也。""南洋学生来，无敬礼便坐，并参加谈

图3-9 八路军留守兵团给陕甘宁边区政府赠"民主典范"匾

① 陕西省档案馆、陕西省社会科学院：《陕甘宁边区文件选编》第4期，档案出版社，1988，第263-264页。

话，绝无拘束。又一男生来亦然。少顷集美学生陈必达来亦如是。余乃知平等无阶级制度。""筵仅一席，设于门外露天，取一旧圆桌面至方桌上，已陈旧不光洁，乃用四张白纸以代桌巾，适风来被吹去即弃去不用。"[1]一位华侨领袖与中国共产党最高领导人的初次会面，通过当事者的记录，十分简陋的居室，平易近人的领袖，真诚的同志关系，和一场堪称寒酸的"晚宴"，真实生动地留在了历史的记忆当中，一位人民公仆的形象如在眼前。

边区政府主席林伯渠是中国共产党的老党员，党内同志都尊称他"林老"，边区百姓都称他"我们的林主席"。他将自己担任国民参议会议员的薪金全部上交组织，却把自己的物质需要降至最低，要求自己的生活享受不应当超过一个普通工作人员所应有的享受。林老在延安的卧室极为简陋，没有箱柜，用木板制作的活动书橱装着各种图书和文件。只有简单的几件衣服，用包袱一裹当作枕头用；一条围巾，不知用了多少个冬天。有一年秋季，警卫员为他准备了一双新棉鞋，林老觉得旧棉鞋可以过冬，不必要用新的，让警卫员退了回去。一位外国记者采访他，发现他的眼镜腿是用麻绳代替时非常惊讶，而他则完全不以为意。拿着微薄的津贴，怀着抗日的激情，干着伟大的事业，这是包括中国共产党领袖在内的边区政府工作人员真实的写照。

第二，坚决反对政府工作人员贪污和利用特权，努力从制度上、思想上杜绝腐败现象滋生。

延安时期，中国共产党在陕甘宁边区和各抗日根据地局部执政，已经开始面对极少数情况下的浪费、贪污甚至因特权思想而导致的违法犯罪。对此，中国共产党制定了非常严格的法规制度，采取了极为严厉的惩治措施。边区政府颁布《陕甘宁边区惩治贪污条例》《税务人员奖惩规则》《陕甘宁边区政务人员公约》等一系列法规制度，明确规定各级政府所属干部什么事能做、什么事不能做，从制度建设上防范腐败、惩治犯罪，保证干部的廉洁作风。边区第二届参议会通过的《陕甘宁边区施政纲领》规定："厉行廉洁政治，严惩公务人员贪污行为，禁止任何公务人员假公济私之行为，共产党员有犯法者从重治罪。同时实行俸以养廉原则，保障一切公务人员及其家属的必需物质生活和文化娱

---

[1] 陈嘉庚：《陈嘉庚回忆录》，东方出版社，2010，第129-130页。

乐生活。"①1939年发布的《陕甘宁边区惩治贪污条例（草案）》中，明确规定了条例适用范围为"边区所属之机关部队，及公营企业之人员"，凡有以下十种行为之一者，即以贪污论罪：（1）克扣或截留应行发给或缴纳财物者；（2）买卖公物，从中舞弊者；（3）盗窃侵吞共有财物者；（4）强占强征或强募财物者；（5）意图盈利，贩运违禁或漏税物品者；（6）擅移公款，作为私人盈利者；（7）违法收募税者；（8）伪造或虚报收支账目者；（9）勒索敲诈收受贿赂者；（10）为私人利益而浪费公有之财物者。对十种贪污行为的处罚措施是：（1）贪污数目在1000元以上者，处死刑；（2）贪污数目在500元以上者处以死刑或5年以上之有期徒刑；（3）贪污数目在300元以上500元以下者，处3年以上5年以下之有期徒刑；（4）贪污数目在100元以上300元以下者，处1年以上3年以下之有期徒刑；（5）贪污数目在100元以下者，处1年以下之有期徒刑或苦役②。在1943年5月颁布的《陕甘宁边区政务人员公约》则从政务人员德行操守方面做出了具体要求，即"公正廉洁，奉公守法"。对此要求做了明确解释和界定："这是我们政务人员应有的品格，要在品行道德上成为模范，为民表率。要知法守法，不滥用职权，不假公济私，不要私情，不贪污，不受贿，不腐败，不堕落。"③这些规定是建设廉洁奉公的抗日民主政府的准则，也是各级公务人员行为规范的法律依据。这些法规公约的有效执行，使得陕甘宁边区政府成为当时全中国最廉洁的政府。

第三，坚决从严治军、从严治党，对共产党员与红军战士特别是党的领导干部，执行"比一般平民更加严格的纪律"。

陕甘宁边区政府不仅制定了必要的法律、法规，而且做到了以法护廉、违法必究，特别是对党员领导干部的违法行为采取"零容忍"的态度。延安时期发生的"黄克功案件"和"肖玉璧案件"，就是其中最为典型的代表。

1937年10月14日，延安《新中华报》刊登了一条消息：延安抗日军政大学第六队队长黄克功，因逼婚未遂，将陕北公学年仅16岁的学员刘茜枪杀身

---

① 陕西省档案馆、陕西省社会科学院：《陕甘宁边区政府文件选编》第5辑，档案出版社，1988，第3页。

② 艾绍润、高海深主编《陕甘宁边区法律法规汇编》，陕西人民出版社，2007，第88-89页。

③ 陕西省档案馆、陕西省社会科学院：《陕甘宁边区政府文件选编》第7辑，档案出版社，1988，第223-224页。

亡。这则短短几十字的消息，在当时的边区引发了轩然大波。这就是轰动一时的"黄克功案件"。

黄克功是江西南康人，时年26岁。他15岁参加红军，亲历井冈山斗争、中央苏区斗争和二万五千里长征，曾在四渡赤水、娄山关战斗中立过许多战功，进入抗日军政大学学习后留校任职，事发时担任抗大第六队队长，已经是一位团级干部。年仅16岁的刘茜是全民族抗战爆发之后满怀报国热情奔赴延安的爱国青年，于1937年8月进入抗日军政大学学习，这期间与黄克功相识并确定了恋爱关系。之后，刘茜进入陕北公学学习，两人见面的机会减少，关系由于种种原因产生裂痕。刘茜向黄克功提出要结束两人的恋爱关系，遭到黄克功坚决反对。1937年10月5日傍晚，黄克功约刘茜在延河岸边见面商谈，要求刘茜答应与他结婚，被拒绝后竟然开枪打死了刘茜。案发后，党内外在如何处理黄克功的问题上出现激烈争论，黄克功也幻想因劳苦功高而减轻惩罚，曾写信给毛泽东希求免于一死，请求让他战死在对敌冲杀的战场上。

1937年10月11日，案件在延安公开审理，审判长雷经天特意问黄克功："在哪些战斗中受过伤、挂过彩？"人们从他敞开的衬衣里，看到他身上伤疤连着伤疤，犹如打结的老树皮。他历数了参加的许多战斗、所受的伤，最后他用真诚的目光望着审判长，请求让他讲述最后一个愿望："……死刑如果是必须执行的话，给我一挺机关枪，由执法队督阵，我要死在同敌人的拼杀中。如果不合刑律，那就算了。"在黄克功被判处极刑将要押出法庭时，毛泽东派警卫员送来一封亲笔信，要求当庭宣读，全文如下：

雷经天同志：

　　你及黄克功的信均收阅。黄克功过去的斗争历史是光荣的，今天处以极刑，我及党中央的同志都是为之惋惜的。但他犯了不容赦免的大罪，一个共产党员、红军干部而有如此卑鄙的，残忍的，失掉党的立场的，失掉革命立场的，失掉人的立场的行为，如赦免他，便无以教育党，无以教育红军，无以教育革命，根据党与红军的纪律，处他以极刑。正因为黄克功不同于一个普通人，正因为他是一个多年的共产党员，正因为他是一个多年的红军，所以不能不这样办。共产党与红军，对于自己的党员与红军成员不能不执行比一般平民更加严格的纪律。当此国家危急革命紧张之时，黄克功卑鄙无耻残忍自私至如此程度，他之处死，是他自己的行为决定的。一切共产党员，一切红军指战员，一切革命分子，都要以黄克功为前车之鉴。请你在公审会上，当着黄克功及到会群众，除宣布法庭判决外，并宣布我这封信。对刘茜同志之家属，应给以安慰与体恤。

黄克功案的处理，极大地维护了边区各项法律、法规的尊严，以一种最为直接的方式，向党内外传达了中国共产党面对特权思想零容忍的态度，彰显了中国共产党建设民主廉洁政府的坚定决心，拉开了中国共产党在局部执政时期从严治党的序幕。

"肖玉璧案件"是一起领导干部的经济贪污案件，对案件的处理再一次展现了共产党人严以律己的风范和从严治党的决心。肖玉璧，出身于陕北贫苦农民家庭，在陕甘根据地创建时期即加入革命队伍。在艰苦的革命斗争中，肖玉璧作战勇敢，冲锋在前，立下了赫赫战功。1940年，肖玉璧又一次在作战中负伤，康复出院之后，组织上安排他担任清涧县张家畔税务分局局长。任职期间，肖玉璧却辜负组织信任，开始以权谋私，利用职务之便贪污公款3050元。根据《陕甘宁边区惩治贪污条例》的规定，肖玉璧被处以极刑，于1941年底被执行枪决。此案引起了极大的震动，广大干部群众都深切感受到党中央治理贪腐的决心，无论职务高低，无论贡献大小，只要触犯法律，一律严惩不贷。1942年1月5日，《解放日报》刊登《从肖玉璧之死说起》的文章，指出："我们要严重注意！注意每一个反贪污的斗争，抓紧揭发每一个贪污事件。我们一定要做到，在廉洁政治的地面上，不允许有一个肖玉璧式的莠草生长！有了，就拔掉它！"

1943年西北局高级干部会议上，在表彰大生产运动中成绩显著的领导干部的同时，严厉惩处了假公济私、贪污腐化的警备五团供给主任王华亭，西北联合商店主任刘润华，警一团副主任刘善安，三五九旅骑兵大队长王鸿荣，三五九旅骑兵大队政治委员黄炜，边区政府建设厅第四科副科长曹世华6名干部。除宣布撤职外，分别给予他们开除党籍或严重警告处分，并将惩处的决定在《解放日报》上予以公布。此举引起了强烈反响和群众的普遍赞扬，中国共产党建设廉洁政治的决心彰显无遗。

惩治腐败，从严治政。正是因为这些得力的措施，陕甘宁边区政府成为全中国最廉洁的政府。1940年2月1日，毛泽东在延安民众讨汪大会上发表演讲，对比国民党统治区与中国共产党领导下的抗日民主根据地，称以延安为中心的陕甘宁边区是全国最进步的地方："这里一没有贪官污吏，二没有土豪劣绅，三没有赌博，四没有娼妓，五没有小老婆，六没有叫化子，七没有结党营私之徒，八没有萎靡不振之气，九没有人吃磨擦饭，十没有人发国难财"①。这"十没有"是边区政府弊绝风清的真实写照，也与国民党统治区贪污成风、腐败盛行的风气形成了鲜明对比。著名华侨领袖陈嘉庚在访问延安期间曾与一群来自厦门大学和南洋的青年学子交流边区政治事项，陈嘉庚问："官吏如何？"大家回答："县长盖是民选，正式集大多数民众公举，非同有名乏实私弊。至各官吏如贪污50元者革职，500元者枪毙，余者定罪科罚，严令实行，犯者无情面可袒护优容。公务员每日工作7点钟，并读两点钟党义，共9点钟。星期日或夜间上一大课，人数不等，民众可以参加，多坐在露天，常至数千人，听名人演讲。公务员薪水每月5元，虽毛主席夫人，朱总司令夫人，亦需有职务工作，方可领5元零用，至膳宿衣服疾病儿童教养应酬等，概由政府供给也。"②

国共两党不同的执政理念及其政治实践，带来了截然不同的政风民风，形成了抗战大环境下对比鲜明的社会景象。在《陈嘉庚回忆录》里，陈嘉庚用简朴直白的语言记录了亲身经历的重庆与延安，两种不同的社会治理跃然纸上，读来令人慨叹："余到重庆所见，则男长衣马褂，满清制服仍存，女则唇红口丹，旗袍高跟染红指甲，提倡新生活尚如是。行政官可私设营业，监察院不负责任。政府办事机关，除独立五院及行政院所辖各部外，尚有组织部、海外部、侨务部及其他许多机关。各处办事员多者百余人，少者数十人，月费各以万计，不知所干何事。酒楼菜馆邻里，一席百余元，交际应酬互相征逐，汽车如流水，需油免计核，路灯日不禁止，管理乏精神。公共汽车客车、人力车污秽不堪入目，影响民众卫生。报纸为舆论喉舌，责在开化民智，则钳制严密，至每日仅出一小张，何能模范各省。其他政治内容非余所知。第就外表数事，

---

① 毛泽东：《毛泽东选集》第2卷，人民出版社，1991，第718页。
② 陈嘉庚：《陈嘉庚回忆录》，东方出版社，2010，第134页。

认为虚浮乏实，绝无一项稍感满意，与抗战艰难时际不甚适合耳。""迨至延安则长衣马褂，唇红旗袍，官吏营业，滥设机关，及酒楼应酬，诸有损无益各项，都绝迹不见。"①由此记录可见，抗战进入相持阶段，国民党统治区"绝无一项稍感满意，与抗战艰难时际不甚适合耳"，而中国共产党领导的抗日民主根据地却展示出强大的政治优势和社会治理能力，堪称是抗日民族统一战线下的模范政府。

1946年12月，朱德总司令在60岁生日之际赋诗两首，其中一首描述对自己一生戎马为人民的自豪，生动再现了陕甘宁边区崭新的社会气象："历年征战未离鞍，赢得边区老少安。耕者有田风俗厚，仁人施政法刑宽。实行民主真行宪，只见公仆不见官。陕北齐声歌解放，丰衣足食万家欢。"这里的"实行民主真行宪，只见公仆不见官"，正是对陕甘宁边区作为抗日模范政府的真实写照。

（三）"精兵简政"

随着抗战进入相持阶段，国家面临严重的经济困难，加之国民党对陕甘宁边区实行日益严厉的封锁政策，至1941年，陕甘宁边区面临严重的财政经济危机，边区日渐庞大的行政机关和非生产人员出现了供给和资金等方面的空前困难。精兵简政，就是中国共产党为了应对困难局面、减轻边区人民负担而采取的重要举措。延安时期的精兵简政，是由党外人士李鼎铭先生提出、被边区政府采纳并推广的一项重要政策，在毛泽东和中共中央的高度重视和直接推动下，陕甘宁边区先后三次实施精兵简政，达到了精简、统一、效能、节约和反官僚主义等5项指标，在克服边区财政经济困难、提高机关工作效率等方面发挥了重要作用。精兵简政在各抗日根据地推广后，均收到了较好的效果，成为中国共产党与党外人士真诚合作的典范，也是中国共产党厉行节俭、爱护民力的真实写照，对于边区渡过经济危机、加强抗日民主政权建设发挥了十分重要的作用，为抗日战争胜利做好了物资上和组织上的准备。

---

① 陈嘉庚：《陈嘉庚回忆录》，东方出版社，2010，第137页。

李鼎铭，原名丰功，米脂桃镇桃花卯人，出身农家，从小读书受教，因学有所长而闻名乡里。曾长期开办学校，从事教育十余年；精通医术，擅长中医，曾开办医馆治病救人，得到当地群众的一致赞誉，是延安时期著名的乡绅，在陕甘宁边区第二届参议会会议上当选为边区政府副主席。1941年11月6日至21日，陕甘宁边区召开第二次参议会会议，毛泽东在开幕式上发表了重要讲话，号召共产党人要和党外人士实行民主合作，希望党外各参议员本着知无不言、言无不尽的态度，对抗日救国大计提出意见和建议。时任米脂县参议会会长的李鼎铭带头响应毛泽东的号召，在讨论如何克服陕甘宁边区财政经济困难这一问题时，李鼎铭与其他10人一起，根据边区群众经济负担不断加重的实际情况，联合提出一项名为"政府应彻底计划经济，实行精兵简政主义，避免入不敷出、经济紊乱之现象"的提案，简称"精兵简政"。这个当时被编为81号的提案一经提出，便在参议会引发了激烈争论。反对者认为，"提倡精兵主义，部队就不能发展"，"要裁减政府工作人员，民主政府如何巩固发展"，甚至有人怀疑李鼎铭作为党外人士提出这样的提案，是动机不纯。毛泽东读到这个提案后非常重视，批示："这个办法很好，恰恰是改造我们的机关主义、官僚主义、形式主义的对症药。"同年12月，中央指示把"精兵简政，节省民力"作为"目前迫切的重要的任务"，要求全部脱产人数不得超过甚至更少于该地人口总数的百分之三，财政政策必须注意量入为出与量出为入的结合，正式推动精兵简政政策实施。

陕甘宁边区第一次精兵简政从1941年12月中旬开始，至1942年4月结束，裁减合并机构百余处，缩减工作人员1598名，占边区级机关原有人数的24%。

第二次精兵简政从1942年7月开始，9月结束，重点是建立边区政府的工作制度，实行合署办公，政务与事务分开，加强下级，提高县政府的职权等。这两次精简，虽然有相当大的成绩，但由于缺乏经验，尤其是许多同志对精兵简政重要性的认识存在不足，并未达到精简的全部目的。李鼎铭在总结两次精兵简政的成效时，明确指出存在的种种不足之处：人员方面，上层多而不精，下层又不够强，奖惩制度未曾确立，作风上还有些事务主义、文牍主义、形式主义等现象。上级政府对下级工作没有经常检查，职责规定不明，权限不清，以致领导不统一、政令不统一，各机关多各自为政、各行命令，以致到下层执行中往往不免互相抵触等。李鼎铭认为，存在这些缺点的主要原因，在于精兵简政政策没有得到真正贯彻。1942年11月，毛泽东在西北局高级干部会议上演讲时，也批评了边区前两次精兵简政进行得不彻底：为什么进行得不彻底呢？就是因为没有把具体的条件加以周密的分析。比如我们边区有多少人，要穿多少衣服？这中间是有矛盾的，老百姓少，公家多。所以我们今天一方面要发展生产，一方面要精兵简政。

为了将精兵简政政策推行到位，毛泽东提出"精兵简政也算是个运动"，要求自上而下，从陕甘宁边区到全国各大抗日根据地都要普遍地进行。为此，中央开展了较大规模的宣传活动，下发文件，刊发评论，首先要在思想上解决各级领导干部认识不清的问题。1942年9月，毛泽东亲自为《解放日报》撰写社论《一个极其重要的政策》，表扬晋冀鲁豫边区的领导同志做出了精兵简政的模范。毛泽东继而指出，还有若干根据地的同志因为认识不够，没有认真地

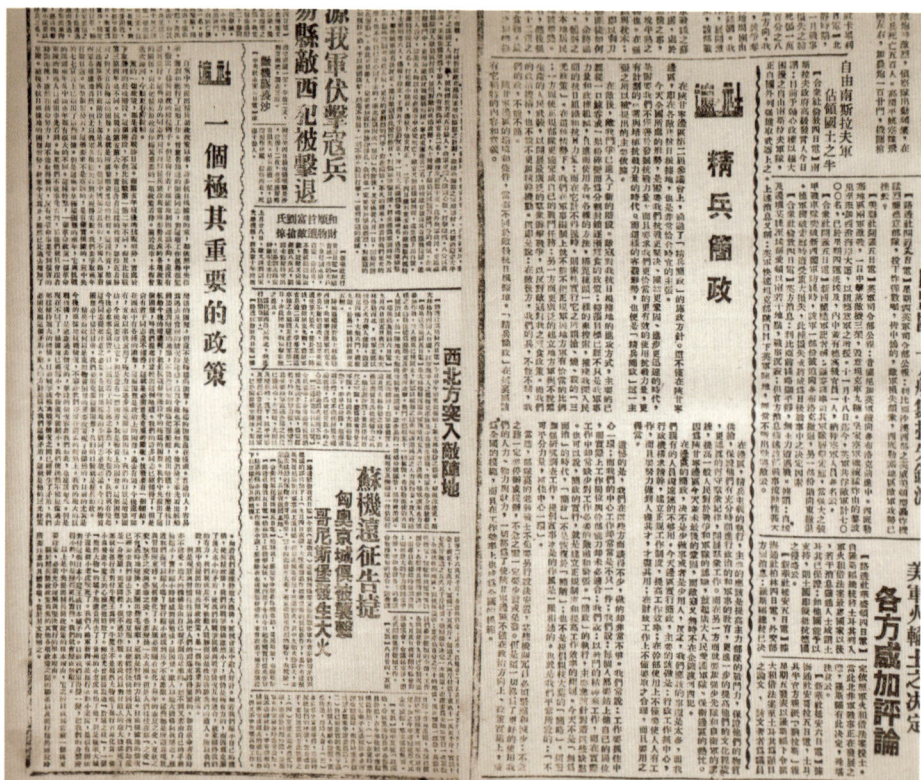

图3-10 《解放日报》发表的《精兵简政》和《一个极其重要的政策》的社论

进行；这些地方的同志还不理解精兵简政同当前形势和党的各项政策的关系，还没有把精兵简政当作一个极其重要的政策看待。

《一个极其重要的政策》指出："党的一切政策，都是为着战胜日寇。而第五年以后的抗战形势，实处于争取胜利的最后阶段。……即接近着胜利，但又有极端的困难，也就是所谓'黎明前的黑暗'的情况。""这种特点，革命政党和革命军队的领导人员必须事先看到。如果他们不能事先看到，那他们就只会跟着时间迁流，虽然也在努力工作，却不能取得胜利，反而有使革命事业受到损害的危险。敌后各抗日根据地的形势，截至今天为止，虽然已比过去增加了几倍的困难，但还不是极端的困难。如果现在没有正确的政策，那末极端的困难还在后头。""什么是抗日航船今后的暗礁呢？就是抗战最后阶段中的物质方面的极端严重的困难。""这个困难，今后必然愈来愈厉害。""各抗日根据地的全体同志必须认识，今后的物质困难必然更甚于目前，我们必须克服这个困难，我们的重要的办法之一就是精兵简政。""但是现在不同了，根据地已经缩小，在今后的一个时期内还可能再缩小，我们便决然不能还像过去那样地维持着庞大的机构。在目前，战争的机构和战争的情况之间已经发生了矛盾，我们必须克服这个矛盾。敌人的方针是扩大我们这个矛盾，这就是他的'三光'政策。假若我们还要维持庞大的机构，那就会正中敌人的奸计。假若我们缩小自己的机构，使兵精政简，我们的战争机构虽然小了，仍然是有力量的；而因克服了鱼大水小的矛盾，使我们的战争的机构适合战争的情况，我们就将显得越发有力量，我们就不会被敌人战胜，而要最后地战胜敌人。所以我们说，党中央提出的精兵简政的政策，是一个极其重要的政策。"①

毛泽东在《一个极其重要的政策》中说明精兵简政何以是克服物资困难的重要政策之后，接着针对政策执行当中存在的思想认识问题，用十分生动的比喻进行了一番深入浅出的论述，指出了使我们更加有力量的正确路径："现状和习惯往往容易把人们的头脑束缚得紧紧的，即使是革命者有时也不能免。庞大的机构是由自己亲手创造出来的，想不到又要由自己的手将它缩小，实行缩小时就感到很勉强，很困难。敌人以庞大的机构向我们压迫，难道我们还可以缩小吗？实行缩小就感到兵少不足以应敌。这些就是所谓为现状和习惯所

---

① 毛泽东：《毛泽东选集》第3卷，人民出版社，1991，第880、881、882页。

束缚。气候变化了，衣服必须随着变化。每年的春夏之交，夏秋之交，秋冬之交和冬春之交，各要变换一次衣服。但是人们往往在那'之交'不会变换衣服，要闹出些毛病来，这就是由于习惯的力量。目前根据地的情况已经要求我们褪去冬衣，穿起夏服，以便轻轻快快地同敌人作斗争，我们却还是一身臃肿，头重脚轻，很不适于作战。若说：何以对付敌人的庞大机构呢？那就有孙行者对付铁扇公主为例。铁扇公主虽然是一个厉害的妖精，孙行者却化为一个小虫钻进铁扇公主的心脏里去把她战败了。柳宗元曾经描写过的'黔驴之技'，也是一个很好的教训。一个庞然大物的驴子跑进贵州去了，贵州的小老虎见了很有些害怕。但到后来，大驴子还是被小老虎吃掉了。我们八路军新四军是孙行者和小老虎，是很有办法对付这个日本妖精或日本驴子的。目前我们须得变一变，把我们的身体变得小些，但是变得更加扎实些，我们就会变成无敌的了。"①《一个极其重要的政策》的发表，不仅从认识论的高度分析了精兵简政的重要性，还将精兵简政的目标明确为积蓄力量，提高工作效率，迎接抗日战争最后胜利的到来，从而从思想上解决了部分领导干部对于精兵简政政策的疑虑与认识不足，为第三次执行精兵简政做了很好的思想准备。

1942年底，在中共中央西北局高级干部会议上，毛泽东对精兵简政提出了具体要求和应该达到的目标："这次开会我们是要大检查、大整顿。我们这次所提出的'七整'，即整政、整军、整民、整党、整财政、整经济、整关系，就是本着这种精神来做的。通过'七整'，要达到精简、统一、效能、节约和反对官僚主义五项目的。"在高级干部会议召开期间，毛泽东为会议撰写了《经济问题与财政问题》的长篇书面报告，在提出"发展经济，保障供给"的经济工作和财政工作总方针的同时，报告提出了继续实行精兵简政，并下达了第三次精兵简政的动员令："这次陕甘宁边区高级干部会议以后，我们就要实行'精兵简政'。这一次精兵简政，必须是严格的、彻底的、普遍的，而不是敷衍的、不痛不痒的、局部的。在这次精兵简政中，必须达到精简、统一、效能、节约和反对官僚主义五项目的。这五项，对于我们的经济工作和财政工作，关系极大。精简之后，减少了消费性的支出，增加了生产的收入，不但直

① 毛泽东：《毛泽东选集》第3卷，人民出版社，1991，第882-883页。

接给予财政以好影响，而且可以减少人民的负担，影响人民的经济。"①就这样，在总结前两次经验教训的基础上，在毛泽东直接领导下，第三次精兵简政于1942年底在陕甘宁边区和全国各抗日根据地普遍推开。

1942年12月1日，中共中央发出《关于加强统一领导与精兵简政工作的指示》，要求各中央局、分局、区党委，必须认真地讨论这一问题，根据中央统一领导决定，精兵简政政策，在今冬明春予以实施，以便对付明年的严重环境，迎接最后胜利的到来。该指示还对工作做法作出一些具体的规定。陕甘宁边区政府为第三次精兵简政的成功实施做了大量准备工作，边区政府主席林伯渠委托边区政府秘书长李维汉专门起草了《陕甘宁边区简政实施纲要》，就减什么、如何减进行了具体规定，强调了简政过程中应该遵循民主集中制原则、改善领导作风，同时要求用实事求是的整风精神开展工作，把简政和检查工作结合。1943年3月，中共中央政治局召开会议，讨论通过了《中共中央关于中央机构调整及精简的决定》，调整了机构，精简了人员。由于准备充分、领导得力、执行到位，第三次精兵简政成效十分显著。到1944年1月精兵简政工作结束时为止，边区政府发放津贴的机关单位从35个减少到22个，边区一级政府的部门减少了四分之一，分区和县级政府的部门从8~9个减为4~5个，真正达到了精简、统一、效能、节约和反对官僚主义的目的，获得了边区政府副主席、精兵简政的提案人李鼎铭的高度评价。

1944年1月，李鼎铭在陕甘宁边区政府委员会第四次会议上作《边区政府简政总结》的报告，对精兵简政取得的成效给予了充分肯定，并在报告的最后谈了自己的感受："曾经有过那么一些人，他们非常害怕精兵简政这一政策。……说什么'共产党的精简政策就是排挤非党人士，就是实行一党专政的准备'，企图以此一举两得，破坏我们的团结，又破坏我们的精简政策。但事实证明了这是徒劳无益的，我们已经不是根据他们的愿望，而是根据人民的意志，将这个精兵简政政策坚决地实现了"。

陕甘宁边区通过实施精兵简政，解决了边区一度出现的系统林立、鱼大水小、头重脚轻、兵多政繁的问题，切实节省了民力，提高了效率，在精简上层的同时，许多知识分子干部下到基层，政府的结构、构成和观念方面都发生了

---

① 毛泽东：《毛泽东选集》第3卷，人民出版社，1991，第895页。

很大变化，极大地提高了基层政府尤其是县政府、乡政府的领导能力。精兵简政政策的落实和推广，对于缓解边区政府财政困难、推动边区政令畅通、改善边区党群干群关系，都起到了十分重要的历史作用。同时，这一政策在中国共产党高度重视下的三次推行，充分体现了中国共产党与党外人士热忱合作的良好效果，证明了边区民主政治的真实有效，为全国抗日民主根据地建设树立了典范。

（四）"大生产运动"

陕甘宁边区和各根据地的经济建设，是对坚持持久抗战并最终夺取抗日战争胜利具有决定意义的重要环节。中共中央对此有着十分清醒的认识，毛泽东曾经明确指出："战争不但是军事的和政治的竞赛，还是经济的竞赛。我们要战胜日本侵略者，除其他一切外，还必须努力于经济工作，必须于两三年内完全学会这一门"[1]，"离开经济工作而谈'革命'，不过是革财政厅的命，革自己的命，敌人是丝毫也不会被你伤着的。"[2]大生产运动就是陕甘宁边区军民为了克服严重的财政经济困难，在中国共产党领导下发扬自力更生、艰苦奋斗的优良作风，自己动手、丰衣足食的大规模生产运动，为改善边区民众生活水平、粉碎国民党经济封锁、巩固抗日民主政权、支援前线抗战作出了卓越贡献。

陕甘宁边区本来就处于经济落后、物产并不丰富的地区，抗战前耕地不到862万亩，粮食产量不过110万石。实行全面抗战路线以来，边区和八路军、新四军主要的财政开支，主要来源于国民政府颁发的军饷和海内外华侨、国际友人的捐赠。1938年，外援占陕甘宁边区经济收入的51.6%[3]。这样的实际情况决定了，边区经济建设最首要和最根本的问题就是发展生产，加强边区的自

[1] 毛泽东：《毛泽东选集》第3卷，人民出版社，1991，第1024页。
[2] 毛泽东：《毛泽东文集》第3卷，人民出版社，1996，第465页。
[3] 中共中央党史研究室：《中国共产党历史》第1卷（1921—1949）下册，中共中央党史出版社，2002，第597页。

给能力，改善人民生活。在中国共产党的领导下，边区一度在经济建设方面取得了不错的成绩。抗战进入相持阶段后，日军将主要作战方向转向敌后战场，对抗日根据地实行野蛮的进攻，而国民党则加紧了对边区的严密封锁，致使陕甘宁边区和各敌后抗日根据地面临严重的财政经济困难。

毛泽东在1942年底所作的《经济问题和财政问题》报告中，对这一时期边区面临的困难作了真实描述："一九四〇年和一九四一年，国民党的两次反共磨擦，都在这一时期。我们曾经弄到几乎没有衣穿，没有油吃，没有纸，没有菜，战士没有鞋袜，工作人员在冬天没有被盖。国民党用停发经费和经济封锁来对待我们，企图把我们困死，我们的困难真是大极了。"[1]面对如此严重的经济困难，作为应急措施之一，边区政府曾在1941年被迫采取增加农民征缴公粮的办法。据主持边区财政厅工作的南汉辰记录："在粮食上，1940年对军需的严重性估计不足，还没有改变单纯的量入为出的财政方针，仅征公粮9万石。1941年春，人数增加，缺粮太多，4月初即闹饥荒，又无通盘计划，曾被迫下令，两次借粮，一次征购，个别地区如延安、鄜县，借粮有达八九次的，扰民太甚。但粮食供给，仍不能保证，有的部队曾两天没有吃上饭。"[2]增收公粮没有解决根本问题，却加重了边区百姓的负担，甚至一度引发边区党群关系疏离。

如何才能从根本上解决问题呢？中国共产党选择生产自救，开展了轰轰烈烈的大生产运动。早在1939年1月，毛泽东代表中共中央在陕甘宁边区第一届参议会上讲话时，提出了"发展生产，自力更生"的口号，号召边区人民群众和部队、机关、学校全体人员开展必要的生产。1941年之后，为克服边区财政经济日益严重的困难，中共中央多次强调走生产自救的道路，从而掀起了以陕甘宁边区为重点、各抗日根据地普遍开展的大生产运动。

为了保证大生产运动的成功推动，毛泽东在这一时期先后起草了《抗日战争时期的经济问题和财政问题》《开展根据地的减租、生产和拥政爱民运动》《组织起来》等报告、文章，系统阐明党中央领导边区军民进行经济建设和大

---

① 毛泽东：《毛泽东选集》第3卷，人民出版社，1991，第892页。

② 南汉辰：《陕甘宁边区的财经工作》（1947年），引自：《抗日战争时期陕甘宁边区财政经济史料摘编》第6编，陕西人民出版社，1981，第32-33页。

生产运动的方针政策，明确提出："发展经济，保障供给，是我们的经济工作和财政工作的总方针。"为实现这一方针，毛泽东要求敌后根据地的所有干部，必须学会"推动党政机关人员、军队人员和人民群众（一切公私军民男女老少，绝无例外）实行大规模的生产"。党委、政府和军队，必须在全根据地内实行自己动手、克服困难的大规模生产运动，"包括公私农业、工业、手工业、运输业、畜牧业和商业，而以农业为主体。"要求"县区党政工作人员在财政经济问题上，应以百分之九十的精力帮助农民增加生产，然后以百分之十的精力从农民取得税收。对前者用了苦功，对后者便轻而易举。""各级党政军机关学校一切领导人员都须学会领导群众生产的一全套本领。凡不注重研究生产的人，不算好的领导者。一切军民人等凡不注意生产反而好吃懒做的，不算好军人、好公民。一切未脱离生产的农村党员，应以发展生产为自己充当群众模范的条件之一。"

结合边区和各抗日根据地的实际情况，毛泽东将发展生产的中心环节确定为"组织劳动力"，要求调动所有非生产人员投入生产劳动，更好地组织现有生产人员提高劳动生产率。"每一根据地，组织几万党政军的劳动力和几十万人民的劳动力（取按家计划、变工队、运输队、互助社、合作社等形式，在自愿和等价的原则下，把劳动力和半劳动力组织起来）以从事生产，即在现时战争情况下，都是可能的和完全必要的。共产党员必须学会组织劳动力的全部方针和方法。""不论党政军民男女老幼全体一律进行伟大的生产运动，增加粮食和日用品，准备同灾荒作斗争，将是继续坚持抗日根据地的物质基础。"①毛泽东号召"一面工作，一面学习，一面生产"。张闻天要求每个共产党员都要做"劳动的先锋"。根据中央要求，陕甘宁边区各级党政机关、学校、部队不仅成为大生产运动的主要发起者、参与者，而且发挥着模范带头作用。延安的每一个人，从普通一员到党的最高领导者，都积极投入到这场轰轰烈烈的生产运动中，带动边区大生产运动向纵深发展。其中最有代表性的，当属三五九旅开发南泥湾。

组织部队实行军垦屯田，这是朱德总司令1940年从华北前线回到延安后首先提出的，经党中央同意，朱德总司令亲自组织三五九旅贯彻执行。三五九

---

① 毛泽东:《毛泽东选集》第3卷，人民出版社，1991，第911-913页。

旅，1938年秋为增强边区防御力量，从晋西北前线奉调回陕北驻防。为了能给部队选择一个理想的屯田区域，朱德多次赴南泥湾考察，在征求三五九旅王震旅长意见时，朱德总司令说，现在有一片肥土，就是南泥湾一带，不过开垦起来难度较大。你们要不要？王震回答，即使有天大的困难，也能够战胜它。1941年3月，三五九旅全体指战员，喊着"一把外镢头一支枪，生产自给保卫党中央"的口号，唱着"开荒好似上火线，要使陕北出江南"的战歌，浩浩荡荡开进了南泥湾。南泥湾位于延安城东南45公里处，方圆百余里，是延安的南大门，具有十分重要的军事地位。这里在百余年前曾经是一个人口稠密的地方，自从清末同治年间派兵在此镇压回民起义后，逐渐变成一个人烟稀少、荆棘丛生、野兽出没的荒芜之地。初到南泥湾，将士们面对许多难以想象的困难。没有住的地方，将士们风餐露宿，自己动手用树枝杂草搭建窝棚，在山坡上挖窑洞；没有劳动工具，将士们收集废铜烂铁，甚至找来寺庙里的铸铁大钟自己打制；缺粮少食，将士们在山上打柴烧木炭换取油盐酱醋，挖野菜、采野果、打猎充作食物……在极其艰苦的自然条件下，三五九旅全体将士打响了一场向荒山野岭要粮食要物资的特殊战役。王震动员全旅干部，"一手拿枪，英勇顽强地消灭一切敢于来犯的敌人；一手拿镢头，在广阔的荒山野岭里开荒种

图3-11 八路军向荒山秃岭开战

地；以多打胜仗消灭敌人，搞好生产多产粮食的实际行动，保卫党中央，保卫延安，保卫陕甘宁边区，粉碎国民党顽固派对延安的经济封锁。"[①]

深入的政治动员和思想工作，让广大指战员认识到，开展大生产运动，是与同日寇作战一样光荣的事情，生产热情空前高涨起来。第七一八团政委左齐在《南泥湾屯垦》一文中曾详细描述了当年的劳动场景："新的战斗开始了。陈宗尧团长背着镢头，走在队伍的最前列，就像每次冲锋陷阵一样。山沟里，山顶上，霎时荡起一片欢腾的歌声。""在夜色笼罩大地的时候，指战员们才背着枪和镢头，回到新的营房。新营房就是各连队用砍伐的树枝才搭起的新木棚，有宿舍、厨房，有俱乐部兼食堂"。"野兽，这昔日荒山的主人，不得不给我们这些高擎火炬放声歌唱的'不速之客'让位了"。在这场特殊的战役中，王震旅长身先士卒，与战士一起开荒种地，双手打满了血泡，仍坚持不离工地。七一八团团长陈宗尧把团部搬到山上，架起电话，白天与战士一起劳动，晚上办公。七一八团政委左齐，在战斗中失去右臂，不能拿镢头挖地，就给大家做饭、烧开水，挑送上山。在各级党员干部的带动之下，战士们的劳动热潮一浪高过一浪，开展了你追我赶的劳动竞赛，刷新一个个开荒纪录。由于战士们起早摸黑地劳动，三五九旅不得不要求大家严格遵守作息时间，规定了极为特殊的劳动纪律："不得早到，不得晚退"，以保证战士们的身体健康。渐渐地，荒无人烟的南泥湾在将士们手里一点点发生变化，将士们开垦水田试种水稻，还种植了旱烟、胡麻等经济作物；利用当地草木茂盛的条件，饲养牛、羊、猪、鸡、鸭等家畜家禽；他们挖出一排排窑洞，建起一幢幢新房，开办纺织、木工、造纸等工厂。原来荒无人烟的南泥湾面貌一新，稻谷飘香，牛羊满山，一派江南气息。

1942年，朱德总司令邀请谢觉哉、徐特立、吴玉章、续范亭等诸老同游南泥湾。他们激动之余，纷纷写诗赞美。朱德在《游南泥湾》中描述了南泥湾的变化："去年初到此，遍地皆荒草。夜无宿营地，破窑亦难找。今辟新市场，洞房满山腰。平川种嘉禾，水田栽新稻。屯田初告成，战士粗温饱。农场牛羊肥，马兰造纸俏。小憩陶宝峪，清流在怀抱。诸老各尽欢，养生亦养脑。熏风拂面来，有似江南好"。著名爱国将领、晋绥边区行署主任续范亭写诗赞扬旅

---

① 梁星亮、杨洪：《陕甘宁边区著名人物》，中央文献出版社，2007，第195页。

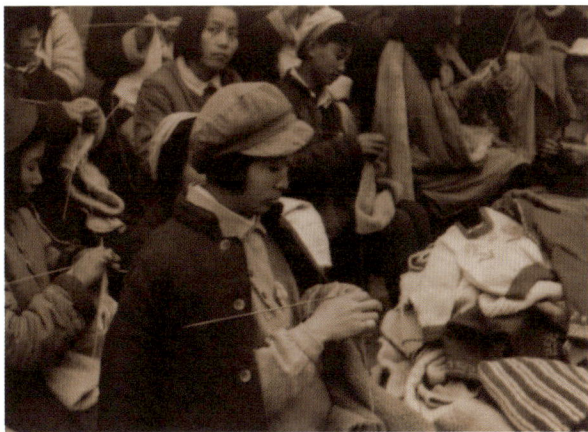

图3-12 干部家属在织毛衣

长王震："敌后撑持不世勋，延安建设赖将军。千金三致陶朱富，马上经营让此公。"

1943年10月，毛泽东在任弼时、彭德怀等中央领导人陪同下到南泥湾视察。当他亲眼看到三五九旅所取得的辉煌成就后，高兴地说，国民党要困死我们，饿死我们。他们越困，你们越胖了，困得连柳拐病都消灭了。困难，并不是不可征服的怪物，大家动手征服它，它就低头了。1942年底，在中共中央西北局高级干部会议进行的劳模表彰中，共有3个先进集体，三五九旅位列其一，锦旗上题写着"发展经济的前锋"。毛泽东亲自为王震、何维忠、晏福生、罗章等4位三五九旅将士题词。至1944年10月撤离南泥湾南下华南，三五九旅共开荒36.1万亩，其中有稻田2000多亩，共收细粮54278石，自己动手盖房667间，挖窑洞1266孔，建礼堂3座，置办农具万余件。不仅有效解决了部队的吃粮问题，而且促进了边区轻工业、商业和合作社等经济的发展和繁荣。

三五九旅开发南泥湾，是军队参加大生产运动的典型代表，毛泽东对此给予了极高的评价，认为军队生产自给，不但改善了生活，减轻了人民负担，扩大了军队，而且带来了六个方面的"副产物"：一是改善了官兵关系；二是增强了劳动观念；三是增强了纪律性；四是改善了军民关系；五是改善了军政关系；六是促进了人民的大生产运动。1943年，延安文艺界劳军团和鲁艺秧歌队赴南泥湾劳军，由贺敬之作词、马可谱曲的歌舞剧《挑花篮》中有一段唱道："陕北的好江南，鲜花开满山，开满呀山；学习那南泥湾，处处是江南，又战斗来又生产，三五九旅是模范。"从此，这首脍炙人口的民歌《南泥湾》诞生并在华夏大地传唱至今。三五九旅开发南泥湾作为延安时期大生产运动的一面旗帜，其中蕴含的自力更生、艰苦奋斗的作风，凝结成为延安精神重要的组成部分。

大生产运动帮助边区摆脱了财政困难，经济情况逐步好转。到1942年，全边区耕地扩大到1248万多亩，粮食产量达到168万余石。1943年，边区的粮食产量又达到184万余石，比1942年增产16万石，除去总消费162万石，还节余22万石。与此同时，陕甘宁边区的工业也有了很大发展，公营工厂由抗战前的1个，至1943年发展到82个，工人6300多人，能够纺织、炼铁、炼油、制药，制造皮革、陶瓷，从事化工、印刷、被服、修理和制造某些军械等。运输业、畜牧业、商业等各条战线也都出现了勃勃生机。到1943年，陕甘宁边区的经济困难已经完全克服，实现了毛泽东提出的"自己动手，丰衣足

图3-13 大生产运动硕果累累

食"的要求，边区军民的生活有了明显改善，人民的负担大大减轻了。1941年陕甘宁边区农民交的公粮，占总收获量的13.58%，1942年降为11.14%。正如毛泽东在1945年4月27日为《解放日报》写的社论中所说，大生产运动在保障物质生活方面，起了决定性的作用；如果不是适时地抓住这个环节，我们就无法抓住整个革命链条，而我们的斗争也就不能前进。

　　大生产运动是陕甘宁边区军民在中国共产党领导下，为坚持持久抗战所做的艰苦努力，在成功解决边区面临的财政经济困难的同时，表现出国共两党面对抗战相持阶段严重财政经济困难时截然不同的解决方法。美国学者马克·塞尔登在《革命中的中国——延安道路》一书中，将大生产运动称为"经济发展的延安模式"，并做了一番学理分析："在几乎没有资金的条件下，在乡村一级动员民众来走一条劳动密集型发展的道路。所有的人力物力都充分利用起来，包括原来不事生产的党、政、军干部，以及学生、妇女等。大生产运动的最初动力和方向都来自党和政府，但是，因地制宜地实施方案，具体的财政安排，都是依靠地方资源、特别是主体民众的积极参与来完成的。延安的领导层可以对转变农村的社会经济提出大政方针，但是，正像在游击战争中的情形一样，种种举措的成功与否都取决于基层的主动积极性、奉献精神和技能。这是一场生产仗，是在陕甘宁边区及其他敌后根据地在生存斗争中创造出来的经济发展的游击模式。这是延安道路。"①大生产运动产生的社会效果，在解决抗日民主根据地经济困境的同时，进一步密切了边区党群、干群、军民关系，并且极大地提升了中国共产党和陕甘宁边区在全国人民心中的政治地位。

---

① 　马克·塞尔登：《革命中的中国：延安道路》，魏晓明、冯崇义译，社会科学文献出版社，2002，第251页。

第四章 04

以为人民谋幸福为根本追求，创建理想圣地

应该使每个同志明了，共产党人的一切言论行动，必须以合乎最广大人民群众的最大利益，为最广大人民群众所拥护为最高标准。应该使每一个同志懂得，只要我们依靠人民，坚决地相信人民群众的创造力是无穷无尽的，因而信任人民，和人民打成一片，那就任何困难也能克服，任何敌人也不能压倒我们，而只会被我们所压倒。[①]

——毛泽东

---

① 毛泽东：《毛泽东选集》第3卷，人民出版社，1991，第1096页。

一 弘扬共产党人价值追求

共产党员应在民族战争中表现其高度的积极性；而这种积极性，应使之具体地表现于各方面，即应在各方面起其先锋的模范的作用。……共产党员无论何时何地都不应以个人利益放在第一位，而应以个人利益服从于民族的和人民群众的利益。因此，自私自利，消极怠工，贪污腐化，风头主义等等，是最可鄙的；而大公无私，积极努力，克己奉公，埋头苦干的精神，才是可尊敬的。……共产党员应是实事求是的模范，又是具有远见卓识的模范。因为只有实事求是，才能完成确定的任务；只有远见卓识，才能不失前进的方向。因此，共产党员又应成为学习的模范，他们每天都是民众的教师，但又每天都是民众的学生。……在长期战争和艰难环境中，只有共产党员协同友党友军和人民大众中的一切先进分子，高度地发挥其先锋的模范的作用，才能动员全民族一切生动力量，为克服困难、战胜敌人、建设新中国而奋斗。①

——毛泽东

（一）"毫不利己，专门利人"

全民族抗战爆发后，中国共产党面临新的困难与新的任务，对全体共产党人提出了新的更高的要求。毛泽东在1938年召开的中国共产党第六届中央委员会扩大的第六次全体会议上作政治报告《论新阶段》，对这个问题进行了深入的分析和全面的回答："我们的战争，是在困难环境之中进行的。广大人民群众的民族觉悟、民族自尊心和自信心的不足，大多数民众的无组织，军力的不坚强，经济的落后，政治的不民主，腐败现象和悲观情绪的存在，统一战线

---

① 毛泽东：《毛泽东选集》第2卷，人民出版社，1991，第521-523页。

内部的不团结、不巩固等等，形成了这种困难环境。因此，共产党员不能不自觉地担负起团结全国人民克服各种不良现象的重大的责任。在这里，共产党员的先锋作用和模范作用是十分重要的。"[1]"在长期战争和艰难环境中，只有共产党员协同友党友军和人民大众中的一切先进分子，高度地发挥其先锋的模范的作用，才能动员全民族一切生动力量，为克服困难、战胜敌人、建设新中国而奋斗。"[2]在这些论述中，毛泽东明确指出，发挥共产党员先锋模范作用，不断提高共产党的战斗力、凝聚力、吸引力，是建立和领导抗日民族统一战线，克服困难、战胜敌人、建设新中国的必要的前提条件。为此，延安时期，中国共产党将加强党员个人修养、提高党员思想素质作为推动中国共产党自身建设的重要一环。

中共中央在延安的13年，中国共产党从加强共产党员党性修养和党性锻炼的高度，大力弘扬共产党人价值追求，为党员队伍建设起到了重要的指导作用。早在1937年5月党的全国代表会议上，毛泽东首先提出共产党员特别是党的干部、党的领袖"应该有的性格和作风"问题，指出，他们应该是懂得马克思列宁主义，有政治远见，有工作能力，富于牺牲精神，忠心耿耿地为民族、为阶级、为党而工作的"大公无私的民族的阶级的英雄"。1939年5月，时任中共中央组织部部长陈云根据六大党章和六届六中全会精神，发表《怎样做一个共产党员》一文，概括了一名良好的共产党员应该具备的六个条件："终生为共产主义奋斗"、"革命的利益高于一切"、"遵守党的纪律，严守党的秘密"、"百折不挠地执行决议"、"群众模范"和"学习理论和文化"[3]。

1939年7月，刘少奇在延安马列学院作《论共产党员的修养》著名演讲，首次从党员个体的角度、从思想建设的高度，系统地论述了共产党员的修养问题。他指出，共产党员必须进行以下几个方面的修养：马克思列宁主义理论及在实践中运用这种理论的修养；思想意识和道德品质的修养；党内团结、党内斗争与纪律上的修养；艰苦奋斗与工作作风上的修养；战略、战术、工作方法上的修养；善于对待各种人们、处理各种问题，以及各种科学知识与某些专门

---

① 毛泽东：《毛泽东选集》第2卷，人民出版社，1991，第521–522页。
② 同上书，第523页。
③ 陈云：《陈云文选》第1卷，人民出版社，1995，第144页。

技术上的修养，等等。刘少奇认为，要想成为一名合格的共产党员，就需要在无产阶级与一切群众的长期而伟大的革命斗争中去进行各方面的修养，"共产党员必须使对马克思列宁主义的理论和方法的学习，同思想意识的修养和锻炼，这两者密切地联系起来，绝不应该使两者分割开来。"[1]

　　所谓思想意识的修养和锻炼，最根本的是树立共产主义的世界观、人生观和价值观。刘少奇认为，合格的共产党员必须具有革命的人生观："一个愿意献身共产主义事业的共产党员，不仅应该为党在各个时期的具体任务而奋斗，而且应该确定自己为共产主义的实现而奋斗到底的革命的人生观。"[2]什么才是革命的人生观？究竟什么样的人生才是最有价值的人生？延安时期，以毛泽东为代表的老一辈革命家围绕这个问题多次发表谈话，留下许多文章，最具典范意义也

图4-1　白求恩

最为深入人心的，是著名的"老三篇"，即《纪念白求恩》《为人民服务》《愚公移山》。这三篇文章堪称弘扬共产党人价值观的经典之作，科学地回答了共产党人的人生目的、人生态度、人生价值等根本问题。"毫不利己专门利人"就是毛泽东在《纪念白求恩》一文中提出并大力倡导的。

　　1939年，为纪念牺牲在华北抗日前线的加拿大共产党员诺尔曼·白求恩，八路军政治部、卫生部准备在1940年出版《诺尔曼·白求恩纪念册》。12月21日，毛泽东亲笔为该纪念册写作《学习白求恩》一文。在文中，毛泽东回忆了与白求恩见面和交流的场景，表达了深切的哀悼之情，对其毫不利己专门利人的精神予以高度赞扬。文章末尾，毛泽东号召全体共产党员向白求恩同志学习，"我们大家要学习他毫无自私自利之心的精神。从这点出发，就可以变为大有利于人民的人。一个人能力有大小，但只要有这点精神，就是一个高尚的人，一个纯粹的人，一个有道德的人，一个脱离了低级趣味的人，一个有益于人民的人。"这篇文章后来编入《毛泽东选集》，题为"纪念白求恩"。文中提出的"毫不利己专门利人""对工作的极端的负责任，对同志对人民的极

---

① 刘少奇：《刘少奇选集》上卷，人民出版社，1981，第120页。
② 同上书，第137页。

图4-2　白求恩从延安前往华北前线途中

端的热忱""对技术精益求精"的白求恩精神，树立了共产党员人生追求的典范与标杆，有力地推动了延安时期党员的党性修养。白求恩的人生故事，既是对"毫不利己专门利人"的最佳诠释，也是全体中国人民对这位国际共产主义战士的永恒记忆。

白求恩的人生之路起始于加拿大一座美丽的小镇，对医生职业的热爱、对社会公平正义的执着，引领他选择共产主义作为自己的信仰。1890年3月4日，亨利·诺尔曼·白求恩出生在加拿大安大略省格雷文赫斯特镇一个牧师的家庭，其祖父是一位出色的外科医生。受祖父影响，白求恩立志从医，后毕业于著名的多伦多大学医学院。1924年，白求恩偕同新婚的妻子，在美国新兴汽车城市底特律开设了自己的第一家私人诊所，正式开启职业生涯。从医初始，这位年轻的医生便被迫面对一个现实问题：穷人总是因为没有钱看病而将小病拖成大病，富人却总是愿意花很多钱去治疗并不存在的疾病，他的医术根本无法公平服务于所有患者，这令他感到深深的困惑。1926年，白求恩罹患肺结核，不得不回到家乡的疗养院休养治疗。严重的病情令他情绪低落，一度悲观地认为自己将不久于人世。他要求与妻子离婚，透过油画和文字对自己"毫无价值"的前半生表达了极度的不满。治疗期间，通过一本医学杂志，白求恩了解到一种尚处于研究阶段的新型外科疗法——人工气胸替代疗法。他冲进医生的办公室，要求在自己身上试验这种治疗方法。半年之后，他幸运地走出了医院。这场并不轻松的病情对白求恩后来的人生产生了比较大的影响，从此他潜心钻研肺结核病治疗，试图通过自己和同行的努力帮助人类消灭这种可怕的传染病。1931—1934年间，他在国际著名的医学杂志上发表了一系列文章，职业声誉不断提高，不仅获得了蒙特利尔圣心医院胸外科主任的职位，还在1935年末当选美国胸外科协会5位理事之一，成为享誉北美洲的著名胸外科专家，收入丰厚，受人尊重。

然而，伴随社会地位和物质生活水平的双重提升，优雅富足的名医生活无法解除白求恩内心日渐深刻的困惑。无论他多么努力，总有太多的病患因为贫穷而无法得到应有的医疗和救治。"为什么我们的外科技术越进步，我们的肺结核患者却越多？"为改变这一现状，他曾开设免费的私人诊所，给穷人提供免费的医疗，还试图说服所有的同行效仿；他极力倡导社会医疗保障体制并为此四处发表演讲，可惜收效甚微。许多人无法接受他的观点，认为他的思想太过激进和偏激。他逐渐明白，自己遇到的是一名医者无法逾越的社会困境，仅仅依靠医疗和技术手段既无法控制肺结核病，更无法建构他想要的"医疗公平"的理想社会。这令他陷入深深的困惑与迷茫之中。恰在此时，因为一次参加国际医学会议的机会，白求恩前往苏联，亲眼看到一个医疗技术远不如加拿大的国家，通过基本的社会医疗保障体制较为成功地控制了肺结核病的传播和蔓延。震惊之余，他深深为之吸引。对苏联医疗保障体制的向往，引发了白求恩对马克思列宁主义的浓厚兴趣。他读了许多马克思列宁主义著作，经过一段时间的阅读、学习和思考，他选择彻底改变自己的信仰。1935年11月，白求恩加入了加拿大共产党，成为了一名共产党员。

白求恩的光辉之路起始于中国西北的古城延安。从那里出发，他走上了从伟大的人道主义者到伟大的共产主义者的信仰之旅。白求恩之所以选择共产主义作为信仰，是因为他相信共产主义可以改变医生职业的商业属性，可以建立让所有人平等享受医疗服务的制度体系。一句话，他相信共产主义是通往内心理想国度的必由之路，他愿意用行动去追求、去践行。1936年，白求恩奔赴正在抵御法西斯入侵的西班牙战场。1938年初，受加拿大共产党组织派遣，白求恩作为美国、加拿大援华医疗队三名成员之一，启程前往战火纷飞的中国抗日战场。长途跋涉3个月后，他抵达中共中央所在地——延安。白求恩在延安驻留时间只有短短月余，但延安对于他的生命历程产生了十分深远的影响。抵达延安的第二天，白求恩见到了毛泽东。他将自己的党证交给毛泽东，郑重申明："我是来向你报到的。"3个多小时的谈话令他兴奋不已。他在日记里感慨，"终于明白为什么那么多人说毛（泽东）是一个有魅力的人，他是我生活的这个世界上最伟大的人之一"。怀着激动的心情，白求恩很快就融入了延安火热的氛围中。那片陌生土地上的人们给予了他极为热烈的欢迎和同志般的信任，他则以满腔的热情和积极的工作回报他们。白求恩为延安的干部群众看病做手术，去各个院校机关发表演讲，去战地医院初步体验恶劣医疗条件下艰苦的工作。在延安，白求恩追求的理想不再仅仅停留在书本和演讲中，第一次变成了一群志同道合的革命者为之奋斗的实际行动。这令他热血澎湃，也吸引他全身心地投身其间。作为一名有着丰富战地救治经验的医生，白求恩不能忍受自己停留在延安相对和平舒适的环境中，他极力要求到前线去，"我是来工作的，不是来休息的，你们要拿我当一挺机关枪使用"。在他的强烈要求下，5月初，白求恩出发前往中国华北抗日的最前线——晋察冀边区，如愿成为了那里"年龄最长的游击战士"，与浴血奋战中的八路军并肩作战，开启了无比辛劳但同时无比满足的信仰之旅。

在晋察冀边区，白求恩面临艰苦生活条件和恶劣医疗环境的双重考验，繁重的工作几乎占据了他所有的时间和精力。中国敌后抗日战场的艰苦程度，远远超出了白求恩之前的所有想象，共产党领导的抗日武装没有真正的医院设施，缺乏基本的医疗物资。他忍受着物质生活的极大匮乏和内心世界的孤独寂寞，运用他全部的精力，调动他所有的才能，与他所面对的严峻现实作斗争。在边区极其简陋的后方医院里，白求恩每天都要面对大量的因缺医少药或者护理不当而导致的感染患者。他甚至不得不用锯木头的锯子为伤员做截肢手术，这令他痛苦不堪。为了降低死亡率和伤残率，他倡议医生到伤员那里去，"不要等他们来找我们"。他组织战地医疗队，在战争开始之前，就将手术台搭建在距离阵地尽可能近的前沿，以保证战士受伤之后24小时内能够得到治疗，及时施行手术，最大限度降低伤口感染率。为了尽可能改善八路军的医疗条件，他建立和完善了晋察冀军区的战地医疗体系，制定规范的医疗流程。他努力建设正规意义的战地医院，通过开展医疗卫生实习周活动、开设卫生学校等方式，试图为共产党领导的抗日武装培养一支经过专业培训的医护力量。他利用自己在西班牙战场的经验，在中国的敌后战场上通过战地输血抢救生命。为了帮助边区群众克服对输血的恐惧，他率领医护人员带头献血，用行动说服百姓成立一支支自愿的"输血队"，得意地称之为"流动的血库"。他动手设计各种医疗器械，编写带有详细医学图解的战地教材，亲自为医护人员讲课，将一批批从未受过专业医学培训的"卫生兵"培养成为医护工作者……在中国华北战火纷飞的抗日战场上，白求恩像一名真正的天使成为前线最重要的人，每一天都被无数重要的工作包围着。

1939年3月4日，是白求恩一生中最后一个生日。他工作到早晨6点才上床睡觉，午后醒来，发现当天竟然是他的生日。他在日记里写道："今天是我49岁生日。我有这个足以自豪的荣誉——在前线我是年纪最大的战士。这一天，我是在床上消磨的。我是在早晨6点钟上床。从昨天下午7时起，我一直在做手术。在40个重伤员中，我做了19个手术。我们先给比较轻的伤员上药，然后给那些马上需要手术的人做手术。一共做了3个锯治头颅碎骨手术，2个离断大腿手术，2个缝合小肠穿口手术，六七个胳臂和腿部严重碎骨伤手术，其余的是比较小的手术。"

白求恩的生命之旅终结于中国华北一个叫作黄石口的小山村，他的名字留存在全体中国人的记忆中，永不磨灭。1939年10月，为了解决药品和器械短缺的巨大困难，白求恩决定回北美进行一次募捐。启程之前，白求恩制订了一个巡视计划，要对晋察冀所有的医疗机构进行一次检查。巡视工作尚未结束，日本人发动了残酷的冬季大扫荡，白求恩决定再一次推迟行期。10月27日，他率领医疗队来到距离前线仅有5华里的孙家庄，在一间破败的小庙里搭起手术台对伤员施行手术。第二天下午，医疗队接到了立即转移的命令；但白求恩坚持要将余下的十几台手术做完，他要求助手同时为他准备3台手术。最后躺

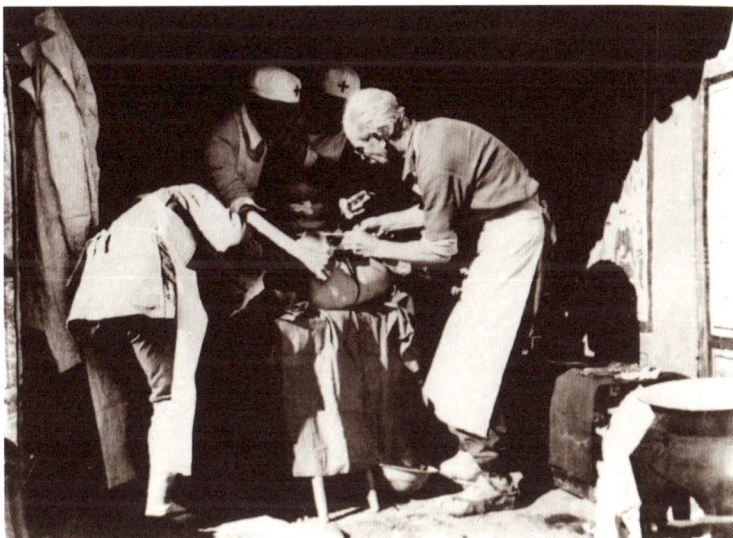

图4-3 白求恩在前线为伤员做手术

在手术台上的是一名腿部受重伤的小战士。炮火纷飞中，小战士不停地劝说白大夫"赶快撤离"。白求恩对他说，我的孩子，谁也没有权利将你留在这里！为了加快手术进度，白求恩将左手伸进伤口掏取碎骨，中指被刺破。3天后，白求恩不顾轻度红肿的手指，亲自为一名头部感染的伤员施行手术，不幸感染了致命的病菌，很快发展为败血症。在生命的最后十多天里，白求恩以惊人的毅力继续辗转于各个后方医院，争分夺秒为伤员做手术，高烧中还要求身边工作人员，遇到头部、胸部的伤员必须叫醒他。严重的营养不良和过度的劳累，夺去了白求恩此前一直引以自豪的强健体魄。这一次，他没有能够敌得过病菌。1939年11月12日，在中国北方严寒冬日的凌晨，在一个叫作黄石口的小村庄里，白求恩走完了他的人生之旅。在写给聂荣臻司令员的遗嘱里，他用"快乐"总结自己在中国度过的岁月：最近的一年多，是我生平最有意义的时日，我非常的快乐，唯一的希望就是能够多有贡献！

马克思在中学毕业考试作文《青年在选择职业时的考虑》中写道：如果我们选择了最能为人类而工作的职业，那么，重担就不能把我们压倒，因为这是为大家做出的牺牲；那时我们所享受的就不是可怜的、有限的、自私的乐趣，我们的幸福将属于千百万人，我们的事业将悄然无声地存在下去，但是它会永远发挥作用，而面对我们的骨灰，高尚的人们将洒下热泪。[①]这段话也许是对白求恩人生选择的最好说明，他选择了"最能为人类而工作的职业"，他得到了人们为他洒下的热泪，他更感受到了生命终极的快乐。

白求恩在加拿大选择了共产主义信仰，在中国的抗日战场成为了一名伟大的共产主义战士。他舍弃优渥的生活和一片光明的职业前景，将自己所有的技术、才华、健康以至生命，全部献给了那些在晋察冀和冀中反法西斯战场上受伤的将士，从一位信仰选择者成为真正的信仰践行者，进而达到了毛泽东笔下"毫不利己专门利人"的精神境界，从一位秉持医者仁心的人道主义者成为了一名伟大的共产主义者。他人生的最后历程，是对"一个高尚的人，一个纯粹的人，一个有道德的人，一个脱离了低级趣味的人，一个有益于人民的人"的最好诠释。当毛泽东在延安杨家岭的窑洞里写下《纪念白求恩》一文时，白求恩之于中国社会早已超越了个体的生命价值，他的奉献精神、将理想付诸行动

① 马克思、恩格斯：《马克思恩格斯全集》第40卷，人民出版社，1956，第7页。

的勇气和执着，以及令人钦佩的职业操守，都与中国共产党人所倡导的价值追求完美契合。在《纪念白求恩》中，毛泽东三次提出"每个共产党员都要学习他"，"学习他毫无自私自利之心的精神。从这点出发，就可以变为大有利于人民的人。"

白求恩用自身的模范行动为中国共产党人树立了毫不利己专门利人的光辉榜样，有力地推动了延安时期中国共产党人的党性修养与党性锻炼。白求恩与白求恩精神，作为共产党人价值追求的永恒经典，成为延安时期中国共产党人留给中华民族的一笔宝贵财富，深刻影响着一代代中国共产党人的人生选择与精神追求。

（二）"全心全意为人民服务"

为什么人的问题，是一个根本问题。中国共产党自从走上中国政治舞台的那一天起，就肩负起领导民族革命和民主革命的历史使命，就把自己的命运同中华民族的命运、中国人民的命运紧密地联系在一起，勇敢地投身到为人民服务的伟大事业中去。在长期的革命实践中，中国共产党始终站在最广大人民的立场上，为更好地维护最广大人民的根本利益而不懈奋斗，逐步探索形成了维护人民利益的政策主张和路线方针。毛泽东在1937年中国共产党全国代表会议上提出时代对于共产党人的新要求："在为抗日民族统一战线和民主共和国的一切任务而奋斗时，共产党员应该做到最有远见，最富于牺牲精神，最坚定，而又最能虚心体会情况，依靠群众的多数，得到群众的拥护。"①延安时期，伴随着思想上、政治上、理论上的全面成熟，中国共产党明确提出并进一步确立了全心全意为人民服务的根本宗旨，全心全意为人民服务成为中国共产党人的价值观和道德观。

"为人民服务"思想的提出、完善以至最终确定为中国共产党的根本宗旨，经历了一个逐步成熟的过程，贯穿于延安时期中国共产党推进马克思主义中国化的历史进程之中。

① 毛泽东：《毛泽东选集》第1卷，人民出版社，1991，第263页。

1938 年 10 月，毛泽东在《中国共产党在民族战争中的地位》一文中指出，共产党员无论何时何地都不应以个人利益放在第一位，而应以个人利益服从于民族的和人民群众的利益。

1939 年 2 月 20 日晚，毛泽东在读完陈伯达《孔子的哲学思想》一文后，致信张闻天表达自己对该文的几点看法，其中对于孔子的道德观做了深刻的批判性解读："关于孔子的道德论，应给以唯物论的观察，加以更多的批判，以便与国民党的道德观（国民党在这方面最喜引孔子）有原则的区别。例如'知仁勇'，孔子的知（理论）既是不根于客观事实的，是独断的，观念论的，则其见之仁勇（实践），也必是仁于统治者一阶级而不仁于大众的；勇于压迫人民，勇于守卫封建制度，而不勇于为人民服务的。知仁勇被称为'三达德'，是历来的糊涂观念，知是理论，是思想，是计划，方案，政策，仁勇是拿理论、政策等见之实践时候应取的一二种态度，仁像现在说的'亲爱团结'，勇像现在说的'克服困难'了（现在我们说的亲爱团结，克服困难，都是唯物论的，而孔子的知仁勇则一概是主观的），但还有别的更重要的态度如像'忠实'，如果做事不忠实，那'知'只是言而不信，仁只是假仁，勇只是白勇。还有仁义对举，'义者事之宜'，可说是'知'的范畴内事，而'仁'不过是实践时的态度之一，却放在'义'之上，成为观念论的昏乱思想。'仁'这个东西在孔子以后几千年来，为观念论的昏乱思想家所利用，闹得一塌糊涂，真是害人不浅。"[①]这里，毛泽东通过指出孔子"三达德"的错误实质和后人的胡乱解释，对封建道德观进行了批判，并在此基础上提出仁于人民大众和勇于为人民服务的新道德观，从无产阶级道德观层面提出了"为人民服务"这一概念。

1939 年 4 月，毛泽东在延安党的活动分子会议上作《关于国民党所号召的国民精神总动员问题》的报告，对忠孝仁义等传统道德概念做了新的解读："对国家尽忠，对民族尽孝，我们赞成。忠孝是古代封建道德，我们要改变它，发扬它。就是要特别忠于大多数人民，孝于大多数人民，而不是忠于少数人，孝于少数人。至于仁义，同情大多数人，拥护大多数人，对大多数人有益处的，叫仁；对于大多数人利益有关的事情，处理得当，叫义。如农民的土地

---

① 毛泽东：《毛泽东文集》第 2 卷，人民出版社，1993，第 162-163 页。

问题，工人们的吃饭问题，处理得当，才算是真正的行义者。"①在这篇报告中，毛泽东把忠孝仁义与大多数人的利益问题、农民的土地问题、工人的吃饭问题联系起来，为人民服务的思想已经深入其中。

1939年12月1日，毛泽东在《大量吸收知识分子》一文中，提出要大量吸收知识分子加入革命，"使他们为军队、为政府、为群众服务"。1941年，在《在陕甘宁边区参议会的演说》中，面对各位参议员，毛泽东检讨了党内存在的狭隘的关门主义或宗派主义作风，再次郑重声明："共产党是为民族、为人民谋利益的政党，它本身决无私利可图。它应该受人民的监督，而决不应该违背人民的意旨。"②1942年5月，毛泽东在《在延安文艺座谈会上的讲话》中，明确提出"为什么人的问题，是一个根本问题"，强调一切文艺工作者要为工人、农民、士兵和城市小资产阶级服务。1942年10月，毛泽东在西北局高干会议上为22位劳动模范人物题词，其中包括"完全和群众打成一片""密切联系群众，为群众谋福利""一刻也不脱离群众"等内容，明确体现了为人民服务的思想。

1944年9月8日，中央警卫团战士张思德的追悼会在延安枣园后沟操场上举行，毛泽东亲自参加追悼会并发表了演讲，第一次从理论上阐明了为人民服务的思想。此次演讲经整理之后以"为人民服务"为题发表在延安《解放日报》和《新华日报》等报刊上，引发了强烈反响。《为人民服务》一文开宗明义："我们的共产党和共产党所领导的八路军、新四军，是革命的队伍。我们这个队伍完全是为着解放人民的，是彻底地为人民的利益工作的。""张思德同志是为人民利益而死的，他的死是比泰山还要重的。""因为我们是为人民服务的，所以，我们如果有缺点，就不怕别人批评指出。""只要我们为人民的利益坚持好的，为人民的利益改正错的，我们这个队伍就一定会兴旺起来。"③这篇演讲，从生死观、道德观以及共产党人价值观的高度，以肯定和纪念一位共产党员的方式，明确回答了"为什么人"这个根本问题，明确提出了"完全""彻底"为人民服务的观点，首次将为人民服务作为中国共产党及其领导的革

---

① 陈晋：《毛泽东的文化性格》，中国青年出版社，1991，第158页。
② 毛泽东：《毛泽东选集》第3卷，人民出版社，1991，第809页。
③ 同上书，第1004—1005页。

图4-4　张思德（左）在山中烧木炭

命军队以及一切革命同志的普遍要求和行为规范，标志着为人民服务的理念正式形成。

此后，毛泽东继续对为人民服务的理念从情感态度和具体要求方面进行了阐发。1944年10月，毛泽东在接见新闻工作者时指出，为人民服务"三心二意不行，半心半意也不行，一定要全心全意为人民服务"。12月15日，毛泽东在陕甘宁边区参议会第二届第二次会议上作报告，再次重申："我们一切工作干部，不论职位高低，都是人民的勤务员，我们所做的一切，都是为人民服务。"①至1945年中国共产党第七次全国代表大会召开时，毛泽东对为人民服务的内涵已经有了更为深刻的理解和阐释："全心全意地为人民服务，一刻也不脱离群众；一切从人民的利益出发，而不是从个人或小集团的利益出发；向人民负责和向党的领导机关负责的一致性；这些就是我们的出发点。"②毛泽东明确指出，这就是中国共产党区别于其他任何政党的又一个显著标志。由此，为人民服务被确立为共产党人一切行动的指南，成为中国共产党的根本宗旨。

《为人民服务》是毛泽东在警卫战士张思德的追悼会上所发表的演讲，是从生死观、道德观的角度谈人生价值的，"人总是要死的，但死的意义有不同。中国古时候有个文学家叫做司马迁的说过：'人固有一死，或重于泰山，

---

① 毛泽东：《毛泽东文集》第3卷，人民出版社，1996，第243页。
② 毛泽东：《毛泽东选集》第3卷，人民出版社，1991，第1094-1095页。

或轻于鸿毛。'为人民利益而死，就比泰山还重；替法西斯卖力，替剥削人民和压迫人民的人去死，就比鸿毛还轻。"张思德作为一名普通的警卫战士，在平凡的岗位上兢兢业业干好每一天的工作，"他的死是比泰山还要重的"。"中国人民正在受难，我们有责任解救他们，我们要努力奋斗。要奋斗就会有牺牲，死人的事是经常发生的。但是我们想到人民的利益，想到大多数人民的痛苦，我们为人民而死，就是死得其所。"[1]毛泽东透过一位普通战士的牺牲来谈生命的价值与意义所在，就是要通过张思德平凡岗位上的平凡人生，说明为人民服务的最本质特征，深刻揭示为人民服务是所有共产党人的价值导向，并无一人可以例外。

张思德是革命队伍里一位极为普通的共产党员，是中国共产党领导的革命队伍中千千万万普通战士中的普通一员。他的一生并没有什么轰轰烈烈的业绩，人生经历非常简单。1915年，张思德出生在四川省仪陇县六合乡韩家湾的贫苦农家，小名叫"谷娃子"。1933年，中国工农红军第四方面军解放仪陇县，谷娃子的家乡成立了苏维埃政权，张思德参军成为了一名红军战士。1935年2月，张思德参加红四方面军在川陕根据地粉碎国民党军"六路围攻"，作战勇敢。1936年10月，张思德随红四方面军到达陕甘根据地。因为张思德在

图4-5　张思德所在的中央警备团战士在背柴路上

---

[1]　毛泽东：《毛泽东选集》第3卷，人民出版社，1991，第1004-1005页。

长征途中曾经负伤，身体比较虚弱，组织上安排他到关中分区云阳镇安吴堡"残废军人医院"工作。1937年10月，他加入中国共产党。1938年春，张思德到泾阳县八路军后方留守处警卫连一排三班任班长。1940年，张思德所在的警卫排被调到延安中央军委警卫营，驻地在延安北桥沟，张思德被分配到警卫营通信班任班长。1942年中共中央施行"精兵简政"，中央军委警卫营与中央教导大队合编为中央警卫团，张思德来到侯家沟警卫团工作，编入警卫团一连二排四班当战士。在大生产运动过程中，为了响应中央精神，住在枣园的中央社会部机关，决定组建生产队上山开办农场开荒种地，由宫韬书任生产队队长，张思德任副队长，另抽调部分原来给中央书记处种菜的工作人员，组成20人左右的一个大队，来到安塞县石峡峪的深山中开荒生产。1944年9月5日，张思德在山上烧木炭，因为炭窑崩塌而光荣牺牲。

那么，毛泽东为什么要在张思德的追悼会上发表演讲呢？

首先，张思德在看似平凡的人生中做到了完全地、彻底地为人民服务。从参加革命那一天开始，张思德每一次的岗位调整，都是根据工作需要，无条件服从组织分配且从未向组织提出过任何特殊要求。作为一名出生于贫苦农民家庭的共产党员，他真诚对待同志，真情对待群众，用最为朴素的情感和最为朴实的行动诠释着为人民服务的本质内核。警卫团在北桥沟驻扎期间，张思德与战士小杨一起去百余里之外的张村驿买猪。返回途中，因一头猪生病，俩人就将猪赶到就近的一个村子里寻求老乡帮助。经过一位有经验的老大爷帮助治疗，那头猪很快被治好了，张思德就连夜赶着猪上了路。走出几十里地，天色渐渐亮了，小杨才突然发现多出了一头猪，原来是把人家老乡猪圈里的猪也一并赶了出来。张思德让小杨赶着猪群到附近村子里等候，自己马上赶着老乡的那一头猪返回老乡家，把猪归还给正在着急的老乡。回到驻地，张思德把这件事一五一十向组织做了汇报，真诚认错，认为自己因为粗心大意差一点违反群众纪律，愿意接受同志们的批评。

所谓为人民服务，就体现在平凡生活里的点点滴滴，体现在对群众的朴素情感和对自己的严格要求。正如毛泽东在演讲中所说，"我们都是来自五湖四海，为了一个共同的革命目标，走到一起来了。我们还要和全国大多数人民走这一条路。"中国共产党的革命目标就是要领导全国人民走上一条幸福之路。所谓群众利益无小事，对于张思德而言，就是天经地义、无需任何理由的行动指南，这也是每一位共产党员都应该遵循的行动指南。

其次，张思德在普通的工作岗位上践行着人民利益至上的奉献精神。张思德的革命"资历"不可谓不老，但他一直工作在最基层，人生中担任过的最高"职位"是警卫班班长，牺牲时是一位从事开荒生产的普通战士，张思德从未对此有过丝毫不满，也从未说过任何怨言。从班长降为战士时，组织找张思德谈话，他的回答非常简单："当班长是革命需要，当战士也是革命的需要。"革命的需要，既是张思德内心遵循的原则，也是不需要任何解释的最好理由。任何工作岗位，总有工作的轻重之分，也有危险与安全之分，张思德做选择的标准始终是"革命的需要"。

1943年，中央修建八路军大礼堂，警卫连的同志轮流参加义务劳动。礼堂上大梁时，大家把一根根大梁用绳子往上吊。一根大梁吊上去还未放稳，就因为支架突然断裂导致整个架子剧烈摇动起来。眼看大梁要坠下，张思德冲上前去，用肩头顶住大梁，让大家得以齐心协力修好支架稳住大梁。看似平凡的举动，蕴含着张思德最为质朴的人生准则，即"革命的需要"高于一切，同志的安危胜于一切。在安塞石峡峪参加生产劳动期间，张思德明知存在一定的危险性，还是主动要求去干烧木炭的工作。因多日下雨，炭窑坍塌的危险大大增加了。张思德主动要求自己先进去，把危险留给自己，而把安全留给战友，用一位老党员的实际行动彰显了共产党人的价值追求。张思德同志牺牲的消息经社会部领导李克农汇报给了毛泽东，毛泽东非常难过："前方打仗死人是没有办法的事情，后方生产劳动死人就太不应该了。"然后吩咐要做好善后工作，要求将遗体挖出后要洗干净，换上新军装，做一口好棺材装殓埋葬。当时在场的同志提议开追悼会，毛泽东马上表示要参加，要讲话。演讲内容经中共中央办公厅秘书处速记整理，在中央警卫团团报《战卫报》上登出。1944年9月21日，《解放日报》第一版以"为人民的利益而死，是死有重于泰山"为题报道了悼念张思德的情况，摘要发表了演讲内容。

延安时期，全心全意为人民服务的根本宗旨，其重要性一再为党的最高领导人、党的最高纲领所强调，并通过制度永久地写入党章。1945年4月，党的第七次全国代表大会召开，第一次把全心全意为人民服务作为党的宗旨列入党章。七大党章总纲部分规定："中国共产党人必须具有全心全意为中国人民服务的精神，必须与工人群众、农民群众及其他革命人民建立广泛的联系。并经

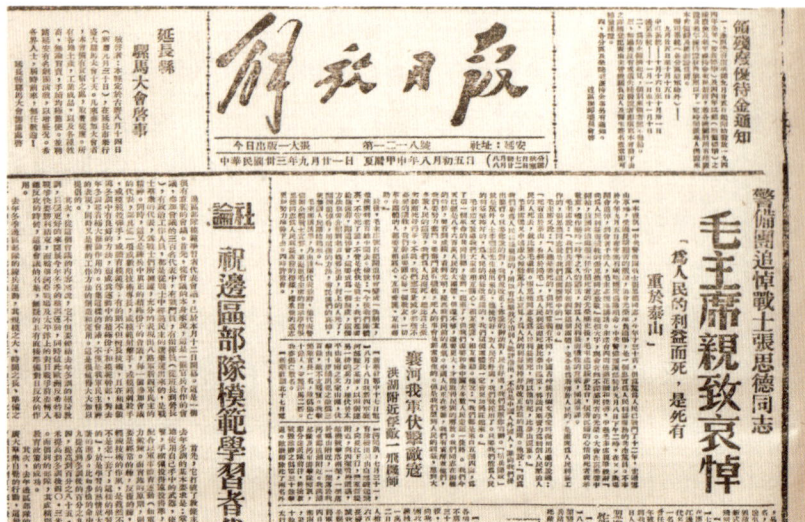

图4-6 1944年9月21日，《解放日报》报道张思德追悼大会情况

常注意巩固和扩大这种联系。每一个党员都必须理解党的利益和人民利益的一致性，对党负责和对人民负责的一致性。每一个党员都必须用心倾听人民群众的呼声和了解他们的迫切需要，并帮助他们组织起来，为实现他们的需要而斗争。每一个党员都必须决心向人民群众学习，同时以革命精神不疲倦地去教育人民群众，启发和提高人民群众的觉悟。中国共产党必须经常警戒自己脱离人民群众的危险性，必须经常注意防止自己内部的尾巴主义、命令主义、关门主义、官僚主义和军阀主义等脱离群众的错误倾向。"同时，七大党章第一章关于党员义务的第三条规定，全体党员应该"为人民群众服务，巩固党和人民群众的联系，了解并及时反映人民群众的需要，向人民群众解释党的政策"。正式把全心全意为人民服务作为党员必须履行的义务之一确定下来。从此，全心全意为人民服务成为中国共产党人的根本宗旨和终极价值追求。

（三）"革命理想高于天"

中国共产党是马克思主义政党，是有着远大奋斗目标的革命政党。理想信念是共产党人的精神之"钙"，是共产党人的奋斗目标和行动指南。没有坚定的理想信念，就会迷失前进的方向。理想信念从来不是虚无缥缈的。延安时期，中国共产党把实现社会主义奋斗目标和共产主义远大理想落实到拯救民族危亡、争取民族独立、实现人民解放的使命担当上，将其作为共产党人为之奋斗的政治方向和战胜一切困难的精神基石。毛泽东在《论联合政府》中曾经非常明确地将最高纲领和最低纲领作为共产党人共同的革命理想："我们共产党人从来不隐瞒自己的政治主张。我们的将来纲领或最高纲领，是要将中国推进到社会主义社会和共产主义社会去的，这是确定的和毫无疑义的。我们的党的名称和我们的马克思主义的宇宙观，明确地指明了这个将来的、无限光明的、无限美妙的最高理想。每个共产党员入党的时候，心目中就悬着为现在的新民主主义革命而奋斗和为将来的社会主义和共产主义而奋斗这样两个明确的目标。"①

在党的七大开幕词中，毛泽东对共产党人的现实任务也做了精辟的概括："我们的任务是什么呢？我们的任务不是别的，就是放手发动群众，壮大人民力量，团结全国一切可能团结的力量，在我们党领导之下，为着打败日本侵略者，建设一个光明的新中国，建设一个独立的、自由的、民主的、统一的、富强的新中国而奋斗。"②远大的目标和现实的任务相结合，构成了共产党人为之奋斗的共同理想。然而，共产党员不是"空谈抽象的共产主义原则的'圣洁的教徒'"，复杂的生存环境和残酷的斗争现实随时考验着每一位共产党员思想的纯洁性和政治的坚定性，并非所有人都有足够的意志与信念为了崇高理想奋斗到底。毛泽东在党的七大预备会议的报告中，回顾中国共产党第一次全国代表大会，谈到了参加一大的代表们，"一九二一年，我们党开第一次代表大会。在十二个代表中，现在活着的还是共产党员的（叛变了的如张国焘之流不算），一个是陈潭秋，现在被国民党关在新疆监牢里，一个是董必武，现在飞到旧金山去了，我也是一个。十二个代表中现在在南京当汉奸的就有两个，一个是周佛海，一个是陈公博。"③几句质朴的话语，革命道路的曲折艰辛尽在其中。中国革命的历程一如大浪淘沙，只有具备坚定理想信念和强大意志品质的

① 毛泽东：《毛泽东选集》第3卷，人民出版社，1991，第1059页。
② 同上书，第1026页。
③ 毛泽东：《毛泽东文集》第3卷，人民出版社，1996，第291页。

人才能够坚持下来。

刘少奇在《论共产党员的修养》一文中，围绕这个问题展开过深入思考："几个共产党员一起参加某种群众的革命斗争，在大体一样的环境和条件下去参加革命实践，这种革命斗争对于这些党员所起的影响，可能完全不是一样的。有的党员进步很快，甚至原来较落后的赶在前面去了；有的党员进步很慢；有的党员甚至在斗争中动摇起来，革命的实践对于他没有起前进的影响，他在革命的实践中落后了。这是什么原因呢？""我们共产党员中有许多人是经过万里长征的，这对于他们是一次严重的锻炼，其中的绝大多数党员都得到了很大的进步。然而长征对于个别党员的影响却是相反的，他们经过长征之后，对这样的艰苦斗争害怕起来了，有的甚至企图退却和逃跑，后来他们果然在外界的引诱下从革命的队伍中逃跑了。许多党员同在一起长征，而影响和结果却是这样的不相同。这又是什么原因呢？"

针对刘少奇所做的思考，毛泽东曾经在几次针对年轻干部的讲话中进行了分析。1939年5月，毛泽东在延安庆贺模范青年大会上发表讲话，专门讲到了革命道路上的"逃跑队"："也有一些人，五四运动时在北平奋斗得很英勇，后来变了，内中的一个就是张国焘，还有康白情、罗家伦等一些人。他们在五四运动时代都是先锋队，现在呢？变成了逃跑队了。""汪精卫，'五四'以前曾慷慨激昂地去杀宣统皇帝的保护人——摄政王。他在那时候是非常英勇的。""三十年前的汪精卫，二十年前的康白情、罗家伦、张国焘，他们都很英勇，但是都有一个缺点，就是奋斗比较差，没有'永久奋斗'的精神。"[1]毛泽东对所有青年提出要求："什么是模范青年？就是要有永久奋斗这一条。""奋斗到什么程度呢？要奋斗到五年，十年，四十年，五十年，甚至到六十年，七十年，总之一句话，要奋斗到死，没有死就还没有达到永久奋斗的目标。从前有一首诗说：'周公恐惧流言日，王莽谦恭下士时，倘使当年身便死，一生真伪有谁知？'这在我们的历史学家那里叫做'盖棺论定'，就是说，人到死的时候，才能断定他是好是坏。""我们说：永久奋斗，就是要奋斗到死。这个永久奋斗是非常要紧的，如要讲道德就应该讲这一条道德。模范青年就要

---

① 毛泽东：《毛泽东文集》第2卷，人民出版社，1993，第190页。

在这一条上做模范。"①毛泽东所说的"永久奋斗"，指的就是坚定正确的政治方向，就是坚定的理想信念。要在革命征途中坚持到底，就必须具备将革命进行到底的意志品质，必须具备无比坚定的理想信念，必须具有革命理想高于天的高尚情操。

为此，延安时期，中共中央明确要求，"应该使党变为一个共产主义的熔炉，把许多愿意为共产党主张而奋斗的新党员，锻炼成为有最高阶级觉悟和布尔什维克的战士。"②陈云在《怎样做一个共产党员》中这样要求，每个共产党员，应该本着对党、对本阶级、对人民、对民族的无限忠诚，"要把革命的党的利益放在第一位，以革命的和党的利益高于一切的原则来处理一切个人问题，而不能把个人利益超过革命的利益和党的利益。""党不仅要求每个党员懂得这一条，特别是要求每个党员都能在实际行动和日常生活的每个具体问题上，坚决地毫不疑惑动摇地执行这一条。"同时要"遵守党的纪律，严守党的秘密"，"百折不挠地执行党的决议"③。延安时期，正是在崇高理想信念的感召下，我们党的一大批优秀儿女坚守着"革命利益高于一切"的原则，不计个人得失，不畏艰难困苦，不惜牺牲生命，经受住重重考验，始终以人民利益为重，用青春、热血乃至生命书写了一曲曲"革命理想高于天"的英雄赞歌，铸就了中国共产党创造辉煌、成就伟业的基石，从胜利走向胜利。

第一，革命理想高于天，表现为对信仰的无比坚贞和对组织的无比忠诚。

在中国共产党探索中国革命道路的艰辛历程中，选择加入中国共产党，就意味着将生命交给了崇高的追求。"为共产主义奋斗终身，随时准备为党和人民牺牲一切，永不叛党。"这是每一位共产党员入党时的誓词和庄严承诺，更是无数共产党人用实际行动践行的人生誓言。

长眠在延安"四八"烈士陵园里的王若飞烈士，就是一位用一生践行自己誓言的坚定的共产主义者。王若飞，中国共产党旅欧支部的发起者和负责人之一，杰出的无产阶级革命家。少年读书时，因为喜欢《木兰诗》中"万里赴戎

① 毛泽东：《毛泽东文集》第2卷，人民出版社，1993，第190-191页。
② 中共中央档案馆：《中共中央文件选集》第10册：中共中央党校出版社，1989，第621页。
③ 陈云：《陈云文选》第1卷，人民出版社，1995，第138-142页。

机，关山度若飞"的豪情，他就给自己更名为若飞，尽显一腔家国情怀。面对鸦片战争以后中华民族的危机与沉沦，王若飞与一批先进的知识分子一起，比较分析、上下求索，探求一条能够引领中华崛起的革命道路。1922年，王若飞与周恩来等人一起在法国成立中国共产党旅欧支部，从此以共产主义信仰为终身追求，领导过工人运动、农民运动，在党内从事过统战、组织、宣传、少数民族、军事等工作，是一位具有丰富斗争经验和深厚理论功底的革命家，我党早期卓越的领导人。

1931年9月，受中国共产党驻共产国际代表团委派，王若飞化名黄敬斋回国领导西北地区的革命斗争。同年11月，因叛徒出卖在包头被捕，先后被关押在国民党归绥第一监狱、山西太原陆军监狱。被捕之时，为保护同志和党的组织，王若飞将写有同志名单的纸片放进嘴里嚼烂咽下。面对严刑拷打，他坦然应答："招字，早就从我的字典里抠去了。"为逼迫王若飞投降，敌人曾将他押赴刑场并以"执行枪决"相威胁。面对指向他的八支步枪，王若飞平静地对刽子手说："开枪吧！"投入牢狱关进囚室后，他组织"政治犯"学习马列主义，开展各种斗争，不屈不挠。时任国民党绥远主席傅作义听闻王若飞在狱中的表现，感佩他的胆略与气节，在自家客厅与之交谈良久，试图让他为己所用。王若飞则力陈共产党抗日主张，劝说傅作义抗日反蒋，在狱中写下一份长达万言的"抗日救国意见书"，赢得傅作义由衷钦佩。从小抚养教育王若飞的舅父黄齐生先生亲往归绥看望王若飞，多方奔走想要搭救他出狱。王若飞对舅父讲："为了保存一个人的生命，而背叛千万人的解放事业，遭到千万人的唾弃，那活着还有意思吗？"舅父深知他信念坚定，从此只在生活上关心爱护。狱中生活极其艰苦，王若飞在写给亲人的书信中据实以告："居狱中久，气血渐衰，皮肉虚浮，偶尔擦破，常至溃烂""人间地狱，信非虚语"。然而，同一封信里，转而谈及狱中心志却是另一番豪情万丈："以为弟居此环境中，将如何哀伤痛苦，其实不然。一息尚存，终当努力奋斗。现实所受之苦难，早在预计之中，为工作过程所难免，决不值什么伤痛也。"其忠贞坚定跃然纸上，坚持斗争的决心也一目了然。据营救他的同志回忆，监狱档案中曾有记载：黄犯敬斋是个大共产党员，在包头被捕的时候，销毁罪证，拒绝招供；在绥远狱中，傅主席优礼相待，黄犯毫无悔过之心，常常煽动政治犯，高唱国际歌，进行赤化宣传。在长达5年7个月的牢狱生活中，王若飞始终坚贞不屈，严守党的机密，用实际行动践行了入党誓词中的庄严承诺，真正做到了"对党忠诚"，完美诠释了共产党员的忠贞与坚定。

1936年，王若飞被转押山西，阎锡山派其亲信梁化之前往狱中劝降，承诺只要答应"合作"便可立刻出狱。王若飞回答："当我还戴着脚镣手铐的时候，我拒绝做任何有条件出狱的谈判。至于我出狱后是否和你们合作，这不是我个人的问题，作为一个共产党员，只能服从我们党的组织决定，不能拿个人生死利害和你们进行交易。"全民族抗战爆发前夕，阎锡山接受我党统一战线主张，中共中央北方局派薄一波以共产党员身份前往山西进行抗日救亡宣传组织工作，伺机营救狱中的王若飞等同志。当薄一波出现在王若飞的囚室时，王若飞高度警惕，要求他带来党的文件以作证明，经数次交谈考察，方才予以信任。得知自己即将无条件出狱，王若飞主动要求党组织对自己进行审查："我在狱里住了五六年，很希望党对我的一切进行全面审查，得出结论。你能不能找个我认识的人，到这里来证实一下，以免将来有旁的什么问题发生。"应其要求，中共中央北方局派柯庆施赶到太原，在监狱里和王若飞见面，并通过与狱中同志的谈话和查看档案，证明王若飞在狱中的真实表现，王若飞这才跨出了监狱的大门。

为留住王若飞，阎锡山拿出了"礼贤下士"的各种手段，均被王若飞一一推辞："我只有回到延安，才能接受我党中央分配给我的工作。在此之前，我不能做任何考虑。"准备启程回延安时，阎锡山又派人送来2000块法币做路资，也被王若飞婉言谢绝。时刻牢记组织纪律，无论何时何地均严格约束自己，这既是王若飞对自己共产党员身份的高度认同，也是这位久经考验的革命者原则性、纪律性的充分体现，完美诠释了共产党员的坚贞与操守。

1946年4月8日，在重庆参加国共谈判的王若飞乘飞机返回延安时遭遇恶劣天气，飞机失事，不幸遇难，年仅50岁。音乐家田汉悼念王若飞的挽联写道："百炼千锤廿五年，劲枝当日傲霜天。此身端为人民碎，星落黄河惜大贤。"作为一名共产党员，王若飞秉持"革命利益高于一切"的原则，无论身处顺境或是逆境，甚至面对生死考验，对共产主义的信仰坚若磐石，对党的忠诚始终如一，为党和人民建立了卓越功勋，用生命阐释了什么叫作"革命理想高于天"。

第二，革命理想高于天，表现为矢志不渝追求理想的人生选择。

中国革命是从极其残酷的斗争环境中走过来的。从大革命失败的白色恐怖，到开展武装斗争创建农村根据地的艰苦卓绝，再到民族革命战争时期战火纷飞的敌后抗战，中国革命的道路漫长而曲折，经历无数艰难险阻。毛泽东在中国共产党第七次全国代表大会上的口头政治报告中指出："我们党有两次变小过，大起来又小了，大起来又小了。头一次，五万多党员剩下没有多少；后来一次，三十万党员也剩下没有多少。按比例说，头一次的损失还小些，五万多人剩下万把人，剩下了五分之一；后来三十万剩下不到三万，只有二万五千左右有组织的党员，还不到十分之一。"[①]这里提到的每一个数字，都是革命者为追求理想所做的生死抉择。中国共产党之所以能够带领中国人民从胜利走向胜利，正是因为无数共产党人在面临人生重大选择时，将国家和民族的未来置于个人私利之上，将党和人民的利益放在了第一位，毅然决然选择追随中国共产党。"四八"烈士叶挺将军的人生选择，堪称楷模。

叶挺，人民军队的创建者之一，在1988年中央军委确定的36名开国军事家中名列第十三位，是我党我军拥有特殊地位的老一辈革命家、杰出的军事家。叶挺出生于广东惠州，毕业于著名的保定陆军军官学校，年仅25岁就担任孙中山警卫团二营营长，年少有为，得到了孙中山的高度信任。1924年叶挺赴苏联留学，留学期间写下了人生第一份入党申请书，加入了中国共产党。北伐战争期间，叶挺展示了卓越

图4-7　新四军军长叶挺

的军事才能，率领第四军独立团攻克贺胜桥、汀泗桥，威名远扬，是一位名副其实的北伐名将。1927年4月，国民党叛变革命，大革命遭遇失败。面对一片白色恐怖，叶挺拒绝了所有升官发财的捷径，选择坚持追随中国共产党，继续为信仰而战。8月1日，在以周恩来为书记的中共中央前敌委员会领导下，叶挺率部与朱德、贺龙、刘伯承一起，发动八一南昌起义，打响了武装反抗国民党反动派的第一枪，拉开了中国共产党创建人民军队的序幕。12月，叶挺又与张太雷、叶剑英等共同发动广州起义并担任起义军总指挥，在极其艰难的情

---

① 　毛泽东：《毛泽东文集》第3卷，人民出版社，1996，第309页。

况下发动起义、开展斗争。毛泽东为此曾当面评价叶挺：你是共产党的第一任总司令，人民军队的战史要从你写起。广州起义失败之后，叶挺辗转抵达莫斯科，却因广州起义的失败遭到共产国际的不公正对待，受到严厉批评和无情打击。叶挺性格刚烈，一气之下离开莫斯科流亡海外，经历了10年困顿与迷茫阶段，但一颗爱国爱党的赤子之心从来未曾改变。

九一八事变后，叶挺与家人从欧洲返回澳门居住，时刻关注时局变化，期待报效国家。全民族抗战爆发伊始，叶挺即刻回国投身抗战。在国共双方第二次合作的大背景下，中国共产党领导的南方八省游击队万余人组建国民革命军新编第四军，叶挺出任新四军军长。此时，叶挺脱离中国共产党已有10年之久。为表达自己对党的忠诚，就任新四军军长之前，1937年11月，叶挺抵达延安，在中共中央为其举行的欢迎会上，叶挺真诚表示："同志们欢迎我，实在不敢当。革命好比爬山，许多同志不怕山高、不怕路远，一直向上走。我有一段爬到半山腰又折回去了，现在又跟上来。今后一定遵照党所指示的道路走，在党和毛主席正确领导下，坚持抗战到底。"叶挺是这样说的，也是这样做的。担任新四军军长三年期间，叶挺坚决服从党中央指挥，为发展和壮大中国共产党领导下的新四军倾尽全力，为把新四军打造成为闻名海内外的抗日武装立下了卓越功勋。

1941年1月，根据国共两党协议，叶挺、项英等率领新四军军部9000余人撤离皖南驻地，准备渡江北上，行军途中遭遇国民党8万重兵围追堵截。变起仓促，叶挺将军在混乱中临危不惧，率领新四军将士与数倍于自己的对手浴血奋战七昼夜，弹尽粮绝，在前往谈判时遭国民党无理扣押，从此被辗转关押于上饶、桂林、恩施、重庆等地，囚禁长达5年2个月。这期间，为逼迫叶挺屈服，国民党使尽种种手段威逼利诱，甚至蒋介石也曾当面劝降，但叶挺却丝毫不为所动，在狱中写下"威武不能屈，贫贱不能移，富贵不能淫"的条幅悬挂于居室以明心志。抗战烽烟正浓，这位满腹军事才华、曾经叱咤风云的英武战将，或被关押于牢狱之中，或流连于田间农舍，其内心的失落、痛苦、愤懑，只能透过他笔下的文字得以宣泄。1942年，叶挺在重庆的牢狱中写下一首名为《囚歌》的诗作："为人进出的门紧锁着，为狗爬出的洞敞开着，一个声音高叫着：爬出来呵，给尔自由！我渴望着自由，但也深知道——人的躯体哪能由狗的洞子爬出！我只能期待着，那一天——地下的火冲腾，把这活棺材

图4-8　叶挺将军和家人

和我一齐烧掉，我应该在烈火和热血中得到永生！"

　　1946年3月4日，在中共中央和社会各界人士的不懈努力下，叶挺终于走出监狱。出狱后的第二天，他就提笔写下人生第二份入党申请书，致电党中央、毛泽东："我已于昨晚出狱，我决心实现我多年的愿望，加入伟大的中国共产党，在你们的领导之下，为中国人民的解放贡献我的一切。我请求中央审查我的历史是否合格，并请答复。"毛泽东对叶挺的申请给予高度关注，三次修改中央起草给叶挺的复电，亲笔将抬头改成"亲爱的叶挺同志"。得到同意入党的批复，叶挺兴奋、欣喜之情溢于言表，急于回到延安投入新的工作。有记者曾经提问叶挺将军：五年的牢狱之灾，将军为何还会做出参加共产党这样的抉择？叶挺回答：五年的思考，让我更加深信，今天的中国，真正为国家民族而奋斗的，只有中国共产党！记者又问：将军今后有何打算啊？叶挺低声却坚定地回答：除了为人民外，还有什么？

　　1946年4月8日，叶挺与王若飞、博古等人乘飞机返回延安，飞机在山西兴县黑茶山失事。叶挺的生命在光明开启的时刻戛然而止，只将一腔为国为民矢志不渝的信念留于青史之上，幻化成人民心中永恒的丰碑。从北伐战争中战功赫赫的第四军独立团团长，到抗日战争时期威名远扬的新四军军长，叶挺将军的一生功勋卓著。周恩来在悼词中给予他高度的评价："希夷！你是人民军队的创造者，北伐抗战，你为新四军立下了解放人民的汗马功劳。十年流亡，五年牢监，虽苍白了你的头发，但更坚强了你的意志。"[1]从1924年初次入党，到1946年重回组织，经历20余年奋斗，叶挺面对个人荣辱甚至生死抉择时，都能将国家和民族的利益摆在最高位置，经受种种严峻考验，终于再次回到中国共产党的怀抱。叶挺将军一生，献身国家民族，矢志追求理想，其对理想的执着与忠贞，将永载党的史册。叶挺的名字与其精神，如他的诗作描述的，已在烈火和热血中得到了永生，诉说着一名真正的革命者对于人生的终极选择。

（四）"坚持真理，修正错误"

勇于自我革命，是中国共产党最鲜明的品格和最大的优势。一个人、一个政党、一个民族都不可能不犯错误，关键在于对待错误采取什么样的态度。恩格斯曾经说过，一个聪明的民族，从灾难和错误中学到的东西会比平时多得多。这里的关键在于，能否认真地、实事求是地总结经验和教训。毛泽东在《为人民服务》一文中明确提出："因为我们是为人民服务的，所以，我们如果有缺点，就不怕别人批评指出。不管是什么人，谁向我们指出都行。只要你说得对，我们就改正。你说的办法对人民有好处，我们就照你的办。"[2]这是从践行党的根本宗旨的高度确定了随时修正错误的重要性，指出中国共产党既然是为人民服务的政党，就必须为人民利益坚持正确的、改正错误的。

在领导中国革命的奋斗历程中，中国共产党为什么能够在与各种政治力量反复较量中脱颖而出？为什么能够始终走在时代前列，成为中国人民和中华民族的主心骨？根本原因在于中国共产党始终保持了自我革命精神，保持了承认并改正错误的勇气，一次次拿起手术刀来革新自身病症，一次次靠自己解决了自身问题。毛泽东在党的七大预备会议上的报告中指出："有漏洞就改，原则

---

[1] 《新华日报》1946年4月19日。

[2] 毛泽东：《毛泽东选集》第3卷，人民出版社，1991，第1004页。

是坚持真理，修正错误。"①在党的七大政治报告中，毛泽东对坚持真理、修正错误做了极为深刻的阐述："共产党人必须随时准备坚持真理，因为任何真理都是符合于人民利益的；共产党人必须随时准备修正错误，因为任何错误都是不符合于人民利益的。""以中国最广大人民的最大利益为出发点的中国共产党人，相信自己的事业是完全合乎正义的，不惜牺牲自己个人的一切，随时准备拿出自己的生命去殉我们的事业，难道还有什么不适合人民需要的思想、观点、意见、方法，舍不得丢掉的吗？难道我们还欢迎任何政治的灰尘、政治的微生物来玷污我们的清洁的面貌和侵蚀我们的健全的肌体吗？无数革命先烈为了人民的利益牺牲了他们的生命，使我们每个活着的人想起他们就心里难过，难道我们还有什么个人利益不能牺牲，还有什么错误不能抛弃吗？"②这一段饱含感情的话语，是在回顾中国共产党奋斗历程的基础上，对所有共产党人提出的明确要求。延安时期，在总结中国革命经验和教训的基础上，中国共产党人开启了一场轰轰烈烈的整风运动，在全党开展了一次大规模的自我教育、自我改造，使党辨明了是非，统一了思想，达到了坚持真理、修正错误的目的，推动实现中国共产党在思想上、政治上、组织上的空前团结和统一。中国共产党人尤其是党的高级领导，正是靠着勇于直面错误、坚决改正错误的宽广胸怀和自我革命的勇气，本着对党高度负责的态度开展批评与自我批评，以自我革命的勇气进行深刻的自我剖析，形成了"坚持真理，修正错误"的良好政治氛围，为推动延安时期党的建设伟大工程奠定了强大的思想理论基础。

第一，坚持真理，修正错误，就要以对党高度负责的态度，开展真诚的批评与自我批评。

毛泽东在党的七大政治报告中指出："有无认真的自我批评，也是我们和其他政党互相区别的显著标志之一。我们曾经说过，房子是应该经常打扫的，不打扫就会积满了灰尘；脸是应该经常洗的，不洗也就会灰尘满面。我们同志的思想，我们党的工作，也会沾染灰尘的，也应该打扫和洗涤。'流水不腐，户枢不蠹'，是说它们在不停的运动中抵抗了微生物或其他生物的侵蚀。对于我们，经常地检讨工作，在检讨中推广民主作风，不惧怕批评和自我批评……

① 毛泽东：《毛泽东文集》第3卷，人民出版社，1996，第296页。
② 毛泽东：《毛泽东选集》第3卷，人民出版社，1991，第1095、1096-1097页。

正是抵抗各种政治灰尘和政治微生物侵蚀我们同志的思想和我们党的肌体的唯一有效的方法。"①延安时期，从党的领袖到党的高级领导干部再到普通党员，都能够本着对党和人民高度负责的态度，遵照中央规定，通过严肃认真的组织生活听取批评和开展自我批评。

1941 年 7 月 1 日，中共中央政治局通过了《中共中央关于增强党性的决定》，特别规定，从中央委员以至每个党部的负责领导者，都必须参加支部组织，过一定的党组织生活，虚心听取党员群众对自己的批评，增强自己的党性锻炼。为了保证思想斗争正常有效，刘少奇还提出了具体意见：首先，要有自我批评的空气，特别是中央负责同志应该有这种精神准备，随时接受干部和群众的监督与批评。其次，批评只准明枪，不许暗箭，彼此挑拨也是不对的。再次，发言一律称同志，不称首长，以利争论的展开。整风运动起始于高级干部，绝大多数党的高级领导干部都开展了深刻的自我批评。他们在组织生活中的开诚布公，开风气之先，起到了以上率下的良好引领作用。

党的最高领导人毛泽东就为全党做出了表率。一方面，毛泽东极为重视听取他人批评意见。1944 年 11 月，毛泽东在写给郭沫若的信中，十分谦逊地征求对方的意见："我虽然兢兢业业，生怕出岔子，但说不定岔子从什么地方跑来；你看到了什么错误缺点，希望随时示知。"②另一方面，毛泽东更加重视开展自我批评。在延安整风的后期，一度出现审干工作扩大化的错误，使许多同志受到了不公正待遇甚至蒙受冤屈。毛泽东发现之后立即予以纠正，并在之后多次为此进行自我批评。

1945 年 2 月，毛泽东在中央党校讲话时，公开向遭受错误打击的同志们行脱帽鞠躬礼。他首先承担了整风后期审干工作扩大化的所有责任："党校就犯了许多错误，谁负责？我负责，因为我是党校的校长。整个延安犯了许多错误，谁负责？我负责，因为发号施令的是我。别的地方搞错了，谁负责？也是我负责，因为发号施令的也是我。"③针对在审干工作扩大化中被"戴错帽子的人"，毛泽东坦诚地赔礼道歉："现在我向你敬礼，你不还礼，我的手放不下

①　毛泽东：《毛泽东选集》第 3 卷，人民出版社，1991，第 1096 页。
②　毛泽东：《毛泽东文集》第 3 卷，人民出版社，1996，第 227 页。
③　同上书，第 262 页。

来。同志，过去把你当特务、叛徒，不是当同志，我们搞错了。……在审查干部工作中，对被搞错了的人承认错误，赔一个不是，这是我们的进步，是我们全党的一个进步。我们对人民讲的话，作出的决议案，制定的这样那样的政策，都是这样，凡是搞错了的，都要修正错误，赔一个不是，老老实实地赔不是。我们要有这样的态度。这叫做什么态度？自我批评的态度。"①在党的七大上，毛泽东又一次主动承担责任："审干中搞错了许多人，这很不好，使得有些同志心里很难过，我们也很难过。所谓'一人向隅，满座为之不欢'。我们是与天下人共欢乐的。对搞错的同志，应该向他们赔不是，首先我在这个大会上向他们赔不是。在哪个地方搞错了，就在哪个地方赔不是。"②毛泽东这样诚恳地承担责任的态度，使受冤屈的同志们内心多了理解，心情舒畅了许多，曾经出现隔阂的同志们之间的团结自然就增强了。

延安整风是从党的高级领导干部开始的，从1941年"九月会议"到1943年"九月会议"，中央政治局的同志们都多次进行了深刻的自我批评，集中体现了党的老一辈革命家崇高的精神境界。

周恩来1943年在重庆红岩八路军办事处领导南方局同志整风学习时，曾为自己制定了《我的修养要则》，内容包括：（1）加紧学习，专注中心，宁精勿杂，宁专勿多。（2）努力工作，要有计划、有重点、有条理。（3）习作合一，要注意时间、空间和条件，使之配合适当，要注意检讨和整理，要有发现和创意。（4）要与自己的他人的一切不正确的思想意识作原则上坚决的斗争。（5）适当地发扬自己的长处，具体地纠正自己的短处。（6）永远不与群众隔离，向群众学习，并帮助他们。过集体生活，注意调研，遵守纪律。（7）健全自己身体，保持合理的规律生活，这是自我修养的物质基础。这篇《我的修养要则》为周恩来一生所遵循，展现了一位真正共产党人的胸怀与境界。1943年7月，他从重庆返回延安，参加全党的整风学习。11月，周恩来在中央政治局会议上连续5天回顾革命斗争历程，发言提纲长达5万字。他总结自己在几个历史关键时期从事领导工作的经验教训，对自己在党的历史不同阶段所犯的错误以及应该吸取的教训进行了认真系统的深刻检查。《我的修养要则》中有

---

① 毛泽东：《毛泽东文集》第3卷，人民出版社，1996，第263页。

② 同上书，第407页。

两条是讲批评和自我批评的，他说，在批评和自我批评这个"重要的武器"中，"最重要的是以身作则，从自我批评开始。"因为"人总是容易看到人家的短处，看到自己的长处。应该反过来，多看人家的长处，多看自己的短处"。

党中央领导同志，都在整风会议上开展了深刻的批评和自我批评。张闻天同志写下的党性分析报告长达4万余字，其深刻程度可见一斑。陈云对这一过程曾有过回忆：延安整风时期，毛泽东同志首先集中了几十位高级干部开了几个月的整风会议，大家面对面地指名道姓，进行批评和自我批评，认真总结建党以来的经验教训，以后就在所有干部中进行整风运动，在这个基础上写出《关于若干历史问题的决议》，在党的六届扩大的七中全会上通过这个决议。以后就开党的七大，全党同志团结一致，取得了抗日战争和解放战争的胜利。[①]

党的高级领导以上率下，开风气之先，带动批评与自我批评在全党广泛深入地开展起来。延安《解放日报》曾经刊载过许多机关党支部开展批评与自我批评的报道，其中一篇边区保安处开展整风讨论的报道中，有一段关于开展批评与自我批评的情况报告很有代表性：有一个有兴趣研究学术的党员，好久闷在心头的话，第一次讲了，向小组会支干会说出和写出了自己的缺点，提出了克服这些缺点的办法。他对自己的批评是："……一、有野心，企图在学术上有所成就，不愿意做现在的保卫工作。因此，形成我在工作上的不安心。二、……无论学习无论工作我都愿意单独去干。因此，在工作上或多或少形成一种小手工业的习气，妨碍了工作的进展；同时，在另一方面，使一些不大深知的人，以为我自高自大。三、趣味主义，趣味相投的就经常接近，乱扯；不投的就少来往或不来往，形成或多或少的孤僻。"

全体党员不仅在小组会上讲，而且都向党写出了自己的缺点和克服缺点的办法，也就是向党"发誓"，决心改正错误。但是也有5名违反党性较严重的党员自己不批评自己，而被别的党员指出来，受到了警告等党纪处分。对于个人是这样，对于全部工作也是这样。像小组会上，批评了各部门工作中的"妖怪"——主观主义，说秘书处和一、二科，尽订些大计划，完不成；总务科不理下面的意见，只按自己的一套去干，发东西不调查等。党员中出现自由主义

---

① 陈云：《陈云文选》第3卷，人民出版社，1986，第239-240页。

现象的也有十多件。其他还指出了工作关系、党员的不良现象、滥用职权，工作方式和领导方式等问题。

《解放日报》发表的这篇关于基层党支部的整风报告，既有个人自我批评的描述，也有集体开展批评的场景，还就总体情况进行了客观总结，有优点也有不足之处，极为真实地再现了延安整风过程中普遍开展的批评与自我批评，反映了延安各级党员干部批评与自我批评的深度。正因为开展深入广泛的自我提高、自我教育运动，延安时期全党上下形成了坚持真理、修正错误的氛围，为推动中国共产党思想上、政治上、理论上的成熟提供了强大的内生动力。对这一时期党内良好风气及其重要意义，邓小平曾经给予极高的评价："我们回想一下，正是根据毛泽东同志的建党学说，才建立了这样一个好的党。从延安整风以后，无论前方后方的人，真是生气勃勃，生动活泼，心情舒畅，团结一致。……既能够充分发扬民主，充分发挥下面遵守纪律的自觉性，又能够在这样的基础上建立高度的集中。……没有这样的党的风气，我们能够战胜比我们强得多的敌人吗？我们能够在建国以后，取得一个又一个的胜利吗？"[1]

第二，坚持真理，修正错误，就要有足够的勇气开展深入的自我反思，从灵魂深处完成自我革命。

遵义会议之前，党在探索中国革命道路过程中曾经犯过许多次错误，给党的事业造成了极大的损失。深刻反思错误的思想根源，是避免再犯错误的根本路径。延安时期，我们党的高级领导干部大都亲身参与了这一历史过程。对于他们而言，认识错误、修正错误的过程并不轻松，往往要经历一场深入灵魂的思想洗礼方可完成这场自我革命，达到"坚持真理，修正错误"的目标。

曾经担任临时中央总负责人的博古（秦邦宪）是第四次"左"倾机会主义错误的主要代表之一，因为执行错误路线曾经给党的事业造成了极其惨重的损失。遵义会议后，在惨痛的失败和同志们的批评面前，博古逐渐开始了对错误的反思，认识也日益深刻。在党的七大上发言时，博古对自己应当承担的责任没有丝毫回避："我是所有一切错误发号施令的总司令官，各种恶果我是最主要负责人。这里没有之一，我是最主要负责人。"面对参加七大的党员代表们，博古表示自己一定要脱胎换骨、重新做人。1946年，博古接受任务赴重

---

① 邓小平：《邓小平文选》第2卷，人民出版社，1994，第45页。

庆参加国共谈判。4月8日，乘机返回延安向中央汇报谈判情况，途中遭遇空难，不幸牺牲，年仅39岁。在重庆各界为"四八"烈士举行的追悼会上，祭文中有"秦公博古，南方之强，守正不阿，寡献深藏，为民请命，锐不可当，言室满室，言堂满堂。"对其品行和才华都予以了高度赞扬。作为一位曾经犯过严重错误的共产党高级领导人，博古从未放弃自己对理想的执着追求，始终秉持对信仰的绝对忠诚，勇于直面错误、敢于承担责任，坚持真理、修正错误，用实际行动阐释了共产党人勇于自我革命的优秀品格。

第三，坚持真理，修正错误，就必须有彻底为人民服务的价值追求，以人民利益作为判断是非对错的根本标准。

延安时期，党的高级领导干部见证过中国革命遭受的重大损失，他们渴求革命成功的愿望十分强烈，遭受挫折之后自我检讨的心情很强烈，找寻正确道路的心情极为迫切。他们一旦认识到正确的路线和观点，贯彻执行起来就非常坚决。一切以人民利益作为是非对错的评判标准，这是当时绝大多数共产党人尤其是党的高级领导干部坚持不变的原则。毛泽东在《为人民服务》一文中指出："只要我们为人民的利益坚持好的，为人民的利益改正错的，我们这支队伍就一定会兴旺起来。"①延安时期，党的高级领导干部为此走过了一条极为艰辛的改造提升之路，张闻天在党的七大所做的发言是这一历程最为真实的写照。

早在1941年"九月会议"上，张闻天就非常诚恳地表示，"反对主观主义，要做彻底清算，不要掩盖，不要怕揭发自己的错误，不要怕自己的痲痢头给人家看"，"要从自己先下手始"②。整风过程中，张闻天不仅写下了4万余字的党性分析报告，还亲自带队在陕北农村搞调查研究长达一年多，下决心彻底根除主观主义、教条主义和宗派主义的思想根源。在党的七大上，张闻天做了发言，他首先总结了自己参加革命之后对"为人民服务"的模糊认识："我曾经是一个小资产阶级出身的革命知识分子，曾经以小资产阶级革命知识分子的资格参加了'五四'以后的新文化运动。入党后，主观上虽是曾经决心做一

① 毛泽东：《毛泽东选集》第3卷，人民出版社，1991，第1004-1005页。
② 中共中央党史研究室张闻天选集传记组：《张闻天年谱》：中共党史出版社，2000，第658、669页。

个良好的无产阶级的战士，但是我的这种小资产阶级革命知识分子的思想与品质，并未在革命的火焰中被加以彻底改造，就被送到莫斯科学习去了。因此，我当时多半不是以无产阶级革命家的态度，而是以小资产阶级革命的态度来学习马克思主义的。我当时还缺乏'全心全意为中国人民大众服务'的深刻观念。我当时还缺乏一个中国共产党员应该'为中国人民负最后与最大责任'的深刻观念。因此，我当时还缺乏学习知识为了更能为中国人民服务而学习，即'学以致用'的深刻的观念。相反的，我的学习态度，却只是为学习而学习，却只是为个人获得马克思主义的书本知识而学习，为个人成为马克思主义的'理论家'而学习。这种小资产阶级知识分子的学习态度，自然决不能学到真正的马克思主义的，自然也决不能成为真正的马克思主义者的。"面对全体党员代表，张闻天从对为人民服务的认识不足入手，深刻剖析了自己思想问题产生的根源。

同时，曾经担任党的最高领导人的张闻天，对我们党历史上曾经犯过的错误，不推诿、不塞责，更没有把责任简单推给曾经是党的上级机关——共产国际，而是进行了实事求是的自我批评："首先，我没有把马克思主义当作行动的指南，却反而把它当作了教条。我只知背诵马克思主义的词句，而并未领会其实质。我满以为我只要熟读马克思主义的书籍，我就可以成为马克思主义的'理论家'。我不懂得以马克思主义的理论为指南，来研究中国政治经济的具体情况与中国革命的具体经验。相反的，一种完全反马克思主义的思想产生了，我以为有了马克思主义的词句，中国的事情就不值得研究了。其次，一点马克思主义的书本知识，反而使我背上了一个包袱，反而使我自己骄傲自大起来了。我满以为有了马克思主义的词句，依照这些词句来办事，中国革命很快得到胜利，我把中国革命看作是一件容易的事情。我从未想到中国革命有什么'残酷性、复杂性与长期性'。因而，最后，我对于中国党内的领导同志，尤其是那些犯过错误的留在莫斯科的同志，起了一种轻视与不信任之心；同时'物以类聚'的原则，使我和一些'志同道合''意气相投'的同志发生宗派的结合了。这就是我的教条主义、盲动冒险主义与宗派主义之由来。这些错误，自然应该由我自己负责，由我自己小资产阶级的思想与品质负责，而绝不能要马克思、恩格斯、列宁、斯大林来给我负责，因为他们都是反对把马克思主义的理论当作教条的！当然，共产国际在中国内战时期对于中国党的指导，也有错

图4-9 1942年9月，张闻天率农村工作调查团在神府合影。左起：雍文涛、曾彦修、尚明、刘英、马洪、张闻天、薛光军、徐大远、徐羽

误的地方，它的七次大会已经作了自我批评，其错误所在，如像曼努伊斯基所说的，'大半是宗派主义性质'，'把一国共产主义运动的经验，机械地搬到别国共产党中去'。我们的任务是发展我们的自我批评，而不是把责任推给'共产国际'。"张闻天对自身错误原因的分析，其实也是对中国共产党在探索中国革命道路过程中走过弯路的深层回顾，对于全体党员都有着醍醐灌顶的警醒作用，集中体现了中国共产党勇于自我革命的优秀品格。

更为难得的是，张闻天在发言中坦陈了自己在反思错误、认识错误进而完成自我提升的过程中经历的思想斗争："'良药苦口利于病'的这句中国俗话，实在是很有道理的。而且现在我觉得，药性越猛，作用也愈大，虽有点'副作用'，也不要紧。由于外力的推动与帮助，我开始反省我自己的一切错误，我开始严厉地批判自己，我开始抛弃自己的包袱，我开始虚心了。但是如果说，我在这个转变过程中，我没有内心的矛盾，毫无悔恨与不平的情绪的交替，一句话，毫无一个痛苦的过程，那我不是在说真话，而是在说谎。"张闻天究竟经历了怎样的痛苦与困惑呢？他用了一段极为深刻的语言进行了回顾："为了真理，我曾经必须从我自己的身上撕去一切用虚假的'面子'与'威信'所织成的外衣，以赤裸裸地暴露我自己的一切丑相；我曾经必须打倒把我高悬在半空中的用空洞的'地位'与'头衔'的支柱所搭成的空架子，使我自己从天上直摔到地下。一句话，为了真理，我曾经必须抛弃我的小'资产'，使自己变为'无产'者。这对于小资产阶级的灵魂来说，当然是非常痛苦的，然而不使它痛苦，它就肯轻易地把它的宝座让位给无产者吗？我的无产阶级的灵魂，就是这样慢慢地在斗争中占了上风。"

最后，张闻天以自身经历过的这一心路历程为例，语重心长地告诫全体党员，"口头上，我们常常说，一切为了人民大众的利益，而实际上则并不如此。我们常常为各种各样的事物所影响，而把工农兵大众，我们的母亲，忘记了。只要我们一忘记我们的母亲，我们就会犯错误，闹乱子。……所以，我想根据我自己的经验，我必须说，真正在我们头脑中建立起'群众观点'，还是我党当前的迫切任务。只要把这个'群众观点'真正建立起来，那么我们的骄气就可消失了，轻浮与急躁的态度就可改正了，个人主义、宗派主义就可没有了。一句话，我们的那种小资产阶级的思想与作风，自然要让位给毛泽东同志的思想与作风了，因为小资产阶级的思想与作风的本质就是脱离群众。"[1]

这篇发言从自我反思开始，以全党思想提升结束，根本上体现了为人民服务的根本宗旨，就是中国共产党人坚持真理、修正错误最为深刻的思想根基，为人民利益坚持对的、为人民利益改正错的，人民利益是衡量所有路线政策正确与否的最高标准和唯一标准。历史已经证明，延安时期的老一辈革命家，已经将他们人民至上的理念转化为提升党性修养的自觉行动。他们身上具有的自我革命精神，是延安整风留给我们最为宝贵的财富之一。

二　践行为人民服务的根本宗旨

我们共产党人区别于其他任何政党的又一个显著的标志，就是和最广大的人民群众取得最密切的联系。全心全意地为人民服务，一刻也不脱离群众；一切从人民的利益出发，而不是从个人或小集团的利益出发；向人

---

[1]　张闻天：《张闻天文集》第3卷，中共党史出版社，2012。

民负责和向党的领导机关负责的一致性；这些就是我们的出发点。①

——毛泽东

（一）"密切联系群众"

中国共产党是以全心全意为人民服务作为自己的根本宗旨的，但是怎样才能服务得好，怎样才能使党的各项方针政策都能符合人民的利益，根本保证就是密切联系群众，从群众中来、到群众中去。

"我们共产党人区别于其他任何政党的又一个显著的标志，就是和最广大的人民群众取得最密切的联系。"1943年，毛泽东在为中央所写的决定《关于领导方法的若干问题》一文中，从马克思主义认识论的高度对群众路线的领导方法做了理论概括，明确提出了"从群众中来，到群众中去"的观点："在我党的一切实际工作中，凡属正确的领导，必须是从群众中来，到群众中去。这就是说，将群众的意见（分散的无系统的意见）集中起来（经过研究，化为集中的系统的意见），又回到群众中去作宣传解释，化为群众的意见，使群众坚持下去，见之于行动，并在群众行动中考验这些意见是否正确。然后再从群众中集中起来，再到群众中坚持下去。如此无限循环，一次比一次地更正确、更生动、更丰富。这就是马克思主义的认识论。"②

刘少奇在党的七大上作《关于修改党章的报告》，对党的群众路线进行了准确的定位："党的群众路线是我们党的根本的政治路线，也是我们党的根本的组织路线。"党的群众路线"就是要使我们党与人民建立正确关系的路线，就是要使我们党用正确的态度与正确的方法去领导人民群众的路线，就是要使我们党的领导机关和领导人与被领导的群众建立正确关系的路线"③。"我们要领导群众前进，但是不要命令主义。我们要密切联系群众，但是不要尾巴主义。我们要从群众原来的水准出发，去提高群众的觉悟，率领群众前进。我们

---

① 毛泽东：《毛泽东选集》第3卷，人民出版社，1991，第1094–1095页。
② 同上书，第899页。
③ 刘少奇：《刘少奇选集》上卷，人民出版社，1981，第348页。

要在自己的工作中，把最高的原则性与群众最大限度的联合相配合。这就是我们的群众路线。这当然是不容易做到的，但只有如此，才够得上一个好的马克思主义者，才配得上一个好的共产党员。"①也是在党的七大上，群众路线的基本精神被载入党纲和党章中。延安时期，"密切联系群众"就是中国共产党人真正做到为人民服务的根本保证和基本要求。

第一，中国共产党的领导人都是"密切联系群众"的楷模。

延安时期，党中央要求群众工作者必须"深入乡村，深入家庭，与群众生活打成一片，真正了解群众的切身要求，并能反映其要求"②。毛泽东和党的高级领导干部们都能以此要求为标准，以身作则，始终与群众保持密切联系，为全党树立了光辉的榜样。

毛泽东本人就是联系群众的典范。1943年，中央机关搬到枣园不久，毛泽东得知枣园周围的群众因为缺水浇灌所以吃菜有困难，就动员中央机关干部帮助群众修了裴庄水渠，全长5公里，可灌溉土地1200亩，解决了群众种菜、吃菜问题，枣园附近的群众给这条水渠起名为"幸福渠"。曾任枣园乡乡长杨成福回忆，1945年农历正月初一清晨，毛泽东带了两名警卫员，端着一盘菜、两壶酒，来枣园乡政府给大家拜年，并提出要给村里的群众去拜年。大家认为群众居住分散，不好让主席爬山上洼地一家家走，就把群众请到乡政府，一家一位代表，同主席座谈交流。毛泽东主席问大家，粮食够不够吃，生活有没有困难。大家纷纷表示，日子过得不错，村里24户人家，过年就杀了19头猪。主席说，这很好，但是还不够好，明年争取每户都杀一头。座谈中，主席摸着一个9岁小女孩儿的头问："娃娃同志，上学了没有？"小女孩儿回答说没有。主席马上对区乡领导说："陕北文化落后，要办学校。中央不能长久在延安，将来走了，地方工作就靠你们。"后来，毛泽东专门要求为枣园村派了一名女教师，办起了裴庄小学，解决了附近孩子受教育的问题。1945年元宵节，毛泽东专门将枣园乡60岁以上的24名老人请到中央书记处礼堂，为他们集体祝寿，亲自为他们敬酒，给每人送了一条毛巾、一块肥皂作为寿礼，还为

---

① 刘少奇：《刘少奇选集》上卷，人民出版社，1981，第357-358页。
② 中央档案馆、陕西省档案馆编《中共陕甘宁边区党委文件汇集》（1940—1941），陕西人民出版社，第295页。

大家放映了电影《列宁在十月》。

作为人民领袖，毛泽东时刻牵挂着百姓的疾苦。在他眼里，群众的事都是大事。1944年的一天，时任中共延安市委书记张汉武接到中央办公厅的通知，说毛主席有紧急事情找他谈话。张汉武不敢耽搁，急匆匆赶到枣园毛泽东的住处，开口就问："主席，有什么紧急任务？"毛泽东让张汉武坐下，请他喝茶、吸烟，然后问他是否知道侯家沟有两个村庄的妇女不生孩子。张汉武回答说："情况是知道一些，就是不知道是什么原因。"毛泽东说，是不是水有问题呢？请中央医院去把水检验一下好不好？对于共产党员来说，群众的疾苦绝非小事情。谈话后不几天，张汉武正准备派人去侯家沟调查，中央医院的医生和负责同志也来了。原来，毛泽东又亲自给中央医院交代了这件事，让他们到侯家沟化验水质。经化验，果然那里的水中含有大量的有害物质。中央医院帮助群众对饮用水进行了科学处理。不久之后，这两个村的妇女们就真的开始有了孩子。

1941年11月13日，毛泽东出席中共中央和中共中央西北局招待陕甘宁边区参议会议员的宴会。据《解放日报》报道，毛泽东在宴席间与大家"纵话乡土风情，笑谈国际局势，犹如家人，一种亲爱精诚之气象，感奋四座"。

这些发生在延安的真实故事和报道，生动而形象地再现了延安时期共产党的领袖与人民同呼吸、共命运、心连心的动人情景。作为人民的领袖，无论工作多么繁忙，毛泽东总要抽出时间深入群众，展现了强烈的人民公仆意识与非凡的人格魅力，也征服了无数到访延安的党外人士。爱国华侨陈嘉庚在回忆录里曾记录毛泽东与国民政府一名科长的交往："毛泽东主席来余寓所数次，或同午饭，或同晚餐"，"晚餐后毛主席问余，寿科长住何处，余指其住所，毛主席即入其屋谈话，役人立门外等候。余在洞房前待与毛君相辞，乃久不出。余回洞内半点钟复出，视毛君尚未出来。时近十点钟，洞外晚风寒冷，余乃入洞安眠，不知毛君谈至何时回去。以一省府之科长，毛主席竟与长谈若是，足见其虚怀若谷也。"[1]毛泽东能够与一名国民政府的普通工作人员做如此交往，显然出乎陈嘉庚先生预料，而共产党人"密切联系群众"的作风也赢得了陈先生由衷的钦佩。英籍华人女作家韩素音在《早晨洪流》一书中评价毛泽东：他和

---

[1] 陈嘉庚：《陈嘉庚回忆录》，东方出版社，2010，第135页。

人民之间有一种亲切的感情上的交流，他好像永远生活在群众之中。

边区政府主席林伯渠德高望重，深受边区人民爱戴，他也深爱着边区的人民。由于常常生活在群众之中，边区百姓都亲切地称呼他为"林老头"。他曾经要求边区所有工作人员，"边区政府各厅处院的工作以什么为对象？就是以边区150万人民为对象，了解他们的生产和生活情况，为他们并依靠他们做好事。真理的标准是革命的实践，这个实践就是帮助人民把事情办好。"①林伯渠不仅这样要求大家，自己更是以身作则。为了切实了解实际情况，林老不顾年事已高，常年坚持下乡调查，在山沟里，在田埂上，在农舍里，时常见到林老的身影。

1943年3月，为了调查农业生产的问题，林老又到志丹、安塞两县农村进行调查，了解农民的生产和生活情况，听取他们对政府的意见和要求，并同他们讨论开荒、种植、制订家庭生产计划等问题。他先后对西河口六乡、安塞二区六乡、志丹一区、麻家坪等地进行考察。林老对自己的每一次调研考察都做了详细记录："我在志丹米家砭就遇到一个叫尚经宽的农民，他把自己的生产情形告诉我后，反过来问我：'主席，你看我够得上够不上一个劳动英雄？'最使老百姓高兴的是到处都把'二流子'抓紧了，强迫他们去生产，他们认为这是政府办的一件好事。农贷也帮助老百姓解决了不少问题，在安塞二区就解决了约十分之一的需要，老百姓再自己凑上一些就够了。""这次农村小住十日，觉得实际的内容太丰富了，需要虚心学习的地方还多着哩。"②林老的举动使当地农民很受感动。他们都说，边区政府主席下来帮助我们制订生产计划，我们还能不好好生产吗？当时有一首民谣在百姓当中传唱甚广："人人争识林老头，亲切有如家人父。灯前细谈几件事，米面油盐棉花布。"这应该是边区群众对他们爱戴的林主席的最高褒扬与敬意。"米面油盐棉花布"，这些老百姓最为关心的事情也正是林老时刻放在心上的。

大生产运动中，林伯渠为自己制订了极为严格的生产计划。他把计划贴在墙上，旁边还赋诗一首："待客开水不装烟，领得衣被用三年。淡巴菰（即烟

---

① 西北五省区编撰领导小组、中央档案馆：《陕甘宁边区抗日民主根据地》（回忆录卷），中共党史资料出版社，1990，第485–486页。

② 林伯渠：《农村十日》，《解放日报》1943年5月30日。

草）一亩公粮缴，糖萝卜二分私费瞻。施肥除草自动手，整旧如新不花钱。发动男耕和女织，广辟草菜增良田。边区子弟多精壮，变工轧工唐将班。"朴素的文字背后，是一位老共产党员令人肃然起敬的精神世界和与人民同甘共苦的质朴情怀。一天傍晚，一名美国记者在延河边散步，看见一个青年挑着一担马草从小路上过来。后面跟着一个戴草帽的老头，也背着一捆马草。走到眼前美国记者才发现，这老头竟然是林伯渠主席。他张开双臂，大声对林老喊道："主席先生，我在这块土地上，从你们的行动里，看到了中国的光明和希望。"美国友人斯特朗说，他在延安与中国共产党领导人的大量谈话中，"最常听到的词汇是'人民'，中国人民，最后往往总要提到世界人民。口号是'到人民中间去'、'向人民学习'。它们的含义似乎比口号要深远的多，似乎是表达了一种最根本的爱和最终的信念。"①

第二，密切联系群众，是中国共产党对全体党员干部的基本要求。

在中国共产党第七次全国代表大会通过的党章中，第一章关于党员义务的第三条规定："为人民群众服务，巩固党和人民群众的联系，了解并及时反映人民群众的需要，向人民群众解释党的政策。"按照这一规定，密切联系群众应该是每一名共产党员必须具备的能力和本领。正如张闻天指出："接触实际，联系群众，这是一个共产党员的终身事业，所以绝不要梦想，以为一年半载的工作，就可使自己有了实际，联系了群众。任何共产党员，即使他过去既接触实际，又联系群众，只要他一旦脱离实际、脱离群众，他就会硬化起来，走进老布尔什维克的博物馆，做历史的陈列品。"②密切联系群众，是中国共产党对每一名党员提出的基本要求，是每一名共产党员必须不断在实际工作中提高的为人民服务的能力和本领。毛泽东对此有着非常明确的态度："如果我们做地方工作的同志脱离了群众，不了解群众的情绪，不能够帮助群众组织生产，改善生活，只知道向他们要救国公粮，而不知道首先用百分之九十的精力去帮助群众解决他们'救民私粮'的问题，然后仅仅用百分之十的精力就可以解决救国公粮的问题，那末，这就是沾染了国民党的作风，沾染了官僚主义的

---

① 安娜·路易斯·斯特朗：《斯特朗在中国》，生活·读书·新知三联书店，1985，第179页。
② 张闻天：《张闻天文集》第3卷，中共党史出版社，2012，第142页。

灰尘。"①在1942年西北局高级干部会上，毛泽东曾为22位受到表彰的劳模题词，其题词内容充分彰显了这一要求，如"完全和群众打成一片""密切联系群众，为群众谋福利""一刻也不脱离群众""面向群众""善于领导群众"等等，为全体党员树立了一批密切联系群众、切实为人民服务的榜样。获得"面向群众"题词的模范县长李丕福，就是他们当中的一员。

1937年11月成立的华池县抗日民主政府，地处甘肃北部，下辖7个区44个乡，仅有5000多户居民，3万多人口。长期的战乱、匪患加上自然灾害，致使地广人稀、民不聊生。李丕福当选华池县县长后，充分依靠和发动群众，运用各种方法调动群众的生产热情，采取各种有效措施，成功推动华池的农业生产，把华池县建设成了边区有名的模范县。他的工作作风，确实无愧于毛泽东写给他的题词"面向群众"。

一是深入调查研究，帮助农户制订生产计划。为帮助华池县群众提高生产积极性与主动性，李丕福带领华池县、区、乡各级干部深入到每家每户，一方面宣传党的政策，说明公粮征收的总量不会增加，多生产是为了丰衣足食；另一方面，在调查研究的基础上帮助每一家农户制订出切实可行的生产计划，把全年的农事（如开荒、种地、发展牲畜）做出具体的计划，既可以使生产有具体目标，又可以检查工作进度和发动群众开荒、耕作的热情。《解放日报》曾详细介绍了华池县农户计划制订的全过程：（1）制表。由政府工作人员为全县5000多户制成统一的"农户计划"表，每份两联，内容包括户主、人口、劳动力、原有耕地、牲畜以及预备发展项目如开荒、增种和繁育牲畜各多少。（2）填表。由区、乡各级干部深入农户中宣传、调查，保证各户所填表格的真实性，表格共两联，由农户和乡政府各保存一联。（3）检查。乡政府协同村长按时挨户检查计划执行情况，报给上级，县、区政府根据上报情况开展检查，以确保计划的完成②。这样制订和执行生产计划的做法，不仅激发了群众的生产积极性，还激发了老百姓的生产竞赛，有力地保证了华池县各项农业生产目标的完成。在帮助农民制订生产计划的同时，华池县政府会根据情况变化调整生产计划。1940年5月，华池遇到大旱，庄稼种不上。李丕福及时向边区政府

① 毛泽东：《毛泽东选集》第3卷，人民出版社，1991，第933页。
② 《华池农户计划是怎样做的》，《解放日报》1942年2月28日，第4版。

呈请报告，希望上级给予救助。报告称："窃查本县各区群众，当次今春未雨，春耕时间已过，播种失时，群众异常焦灼，恐慌万状。日来怨声载道，喊天呼地。尤重者各区麦苗枯死，人民失望。因此于工作之推动、政令之行使大受障碍。"[1]收到灾情报告后，边区政府及时发出指令，"务须发动群众种植荞麦及其他适合迟种之庄稼，借资补救"。

二是加强宣传思想工作，奖励先进，改造落后。长期的兵灾匪患，极大地影响了群众的生产热情，也给政府开展工作制造了一些不利因素。为此，李丕福带领华池县政府展开了一场生产运动的宣传攻势。早在1937年，华池县悦乐三乡崖窑畔一位姓刘的妇女种了10多亩地，打粮4石多，政府为此专门开会对她给予奖励，在群众中引起了较大的反响。[2]大生产运动中，李丕福在华池县发现并树立了一大批先进模范人物，不仅熟悉和掌握这些劳模的情况、事迹，而且非常善于通过他们教育和引导群众。在接受《解放日报》记者采访时，李丕福介绍杜家河劳模郝四的情况，称他是华池县的吴满有，表扬他奉公守法、勤劳节俭，庄稼种得好，是一个模范农民和模范公民；对革命认识好，对政府的一切动员和号召都积极响应，对于送儿子上学尤其热心。记者通过实地走访，一一印证了李县长的评语，就以"华池县的吴满有"为题在《解放日报》上报道了郝四的事迹[3]。由于华池县的模范人物朴素真实，县政府宣传有力，很快在华池县掀起了学习模范人物的生产竞赛，对于当时华池县的生产建设起到了很大的推动作用。而其中很多劳模如劳动英雄孙荣茂、耕作模范高德寿、开荒英雄张振财等，在陕甘宁边区也颇有影响。开荒英雄张振财就曾经被评为边区特等劳动英雄，受到了毛泽东主席的接见，获颁了奖金和毛巾等奖品，极大地鼓舞了华池民众。在表彰先进的同时，李丕福率领华池县、区、乡各级干部，对各乡各村的"二流子"开展了改造工作。一方面通过耐心细致的思想工作，教育他们参加生产；另一方面，通过村民会议、限制农贷等手段在群众中形成舆论压力，树立正气，促使他们自食其力。在恢复生产过程中，各级干部还能够帮助他们解决具体困难，让他们真正体会到参加生产的好处。这

---

[1] 《陕甘宁边区政府文件选编》第2辑，国家档案出版社，1987，第274-275页。
[2] 《华池的农业生产》，《解放日报》1943年4月15日，第2版。
[3] 《华池县的吴满有》，《解放日报》1942年8月24日，第2版。

些举措与轰轰烈烈的劳模宣传相结合，在华池产生了很好的效果。正如《解放日报》所报道的，"自生产运动开始后，好吃懒做的'二流子'在政府及群众教育与督促下，纷纷改邪归正参加生产。"截至1942年，全县共有145名"二流子"改邪归正，不仅增加了劳动力，更有效提高了群众的劳动热情。

三是抓好组织协调工作，帮助群众解决实际困难。在大生产运动中，有农户劳动力不足，顾了种地顾不了放养；有农户家中牲畜种类不同，适宜种地不适宜驮盐，都影响了生产。为此，李丕福领导华池县政府帮助群众组织各种形式的变工队、互助队，把分散的个体劳动者组织起来参加集体劳动，开展竞赛，解决了群众许多诸如劳动力不足等具体问题，有效提高了劳动效率。至1943年，华池县共组织互助组547个。全县参加互助组的有4293户。全县"有牛2483对，入组的2206对"。同时，华池县政府每年都为贫苦农户发放农贷，以解决他们购买耕牛、农具以及纺织材料的困难。1942年，华池县及时发放农贷80万元，李丕福又指示合作社为群众代买铧700页，调剂荞麦籽种30石。1943年，华池县给525户农户发放农贷90万元，买回耕牛262头。在政府的协调与帮助下，每年的春耕时节，华池县的生产都能够正常开展。[①]

四是重视生产教育，帮助群众改良耕作方法，提高粮食产量。李丕福与华池县政府全体干部一起，深入到农户中去，召集村民座谈，编制诸如"谷锄三次尽是米""糜锄三次尽是粃"等通俗易懂的小调、俗语。为了使群众信服，李丕福要求县、区、乡各级干部开展认真细致的调查研究，计算改良耕作方法前后的产量变化，并用这些真实的数据再去说服和帮助更多农户改良自己的耕作方法。在李丕福的带领下，华池县农业生产取得了相当大的成就，1938年至1942年全县共开荒地14万亩，1943年开荒地83779亩，为原有熟地的12.5%。他领导下的华池县人民对革命的贡献逐年增加：1938年交公粮720石，1941年最困难之时交3963石；1942年又交5200石。因此，《解放日报》曾表扬说："华池县的农业生产，从38年到40年，耕地面积增加了122690亩，在边区各县中，是最有成绩的一县。"[②]

除了党的基层领导干部，密切联系群众也体现在边区各行各业从事技术工

①《华池发放农贷，春耕普遍开始》，《解放日报》1942年3月23日，第2版。
②《华池的农业生产》，《解放日报》1943年4月15日，第2版。

作的普通党员身上。在各种资源都极度匮乏的延安时期，掌握一定专业知识的医务人员是最为短缺的"资源"之一。他们数量不多，却是边区卫生医疗工作的主力军。

在党的七大会议上，毛泽东用简洁的语言总结了对包括医生在内的专业技术工作者的总体要求：他们要具有为人民服务的精神，从事艰苦的工作。延安时期，医务工作者治病救人的"病房"，常常坐落在每一个发生疫情的乡村农舍。1942年，延安附近几个乡发生了急性传染病，患者上吐下泻，死亡率相

图4-10 医务工作者下乡

当高。延安防疫委员会派出几个防疫队下乡执行调查、治疗和扑灭传染病任务。曾任白求恩国际和平医院院长徐根竹率领两位队员于4月前往疫情严重的川口三乡，该乡死亡人数高达48人。此疫病来势凶猛，患者往往一至三天就死亡。老乡们烧过香，找过巫师，结果还是无法挽救，都感到十分恐惧，甚至已经有人开始搬家迁往他处。徐根竹和他的医疗队在发病的乡村住了两个多星期，经过耐心缜密的调查、走访和医疗救护，救活了15名严重病患中的11人，找到了疾病流行的源头——两条被污染的河流。防疫队帮助百姓制定了消灭病源的办法，监督百姓遵照实行，直到疫情扑灭才回到医院。返回的当天晚上，徐根竹就向卫生部做了汇报，还画了一张很详细的疾病分布图，从饮食关系上对疫情进行了研究和说明。他总结对之后扑灭其他几个地方的疫情发挥了很好的作用。在这个汇报里，他并没有提及个人任何事情。同年8月，延安开展群众卫生工作模范人物选举和表彰活动，会场突然来了川口三乡的十几位老

乡，提着鸡蛋等各种礼物要求选举一位姓徐的医生当模范，在主席台上讲述徐医生为大家看病的种种经过。在会场的徐根竹医生局促之中说了一句："我只不过做了一个医生应该做的事……"这样的医生，这样的群众，这样的医患关系，是艰苦岁月里能够让边区百姓在一次次疫情中"少死很多人"最为重要的原因。

第三，密切联系群众，是陕甘宁边区推动一切工作的根本方法。

毛泽东在《论联合政府》中反复强调："共产党人的一切言论行动，必须以合乎最广大人民群众的最大利益，为最广大人民群众所拥护为最高标准。"[1]"全心全意地为人民服务，一刻也不脱离群众"[2]。为了切实做到这一点，毛泽东在报告中就具体的工作方法进行了深入阐述："我们的代表大会应该号召全党提起警觉，注意每一个工作环节上的每一个同志，不要让他脱离群众。教育每一个同志热爱人民群众，细心地倾听群众的呼声；每到一地，就和那里的群众打成一片，不是高踞于群众之上，而是深入于群众之中；根据群众的觉悟程度，去启发和提高群众的觉悟，在群众出于内心自愿的原则之下，帮助群众逐步地组织起来，逐步地展开为当时当地内外环境所许可的一切必要的斗争。"[3]毛泽东特别提出要注意防止工作中的"命令主义"和"尾巴主义"："在一切工作中，命令主义是错误的，因为它超过群众的觉悟程度，违反了群众的自愿原则，害了急性病。我们的同志不要以为自己了解了的东西，广大群众也和自己一样都了解了。群众是否已经了解并且是否愿意行动起来，要到群众中去考察才会知道。如果我们这样做，就可以避免命令主义。在一切工作中，尾巴主义也是错误的，因为它落后于群众的觉悟程度，违反了领导群众前进一步的原则，害了慢性病。我们的同志不要以为自己还不了解的东西，群众也一概不了解。许多时候，广大群众跑到我们的前头去了，迫切地需要前进一步了，我们的同志不能做广大群众的领导者，却反映了一部分落后分子的意见，做了落后分子的尾巴。"[4]

---

① 毛泽东：《毛泽东选集》第3卷，人民出版社，1991，第1096页。

② 同上书，第1094页。

③ 同上书，第1095页。

④ 同上书，第1095–1096页。

边区政府主席林伯渠也经常针对公务人员的工作作风和工作方法提出具体要求："为胜利地实现建设任务，政府人员应该经常努力加强为人民勤务员的民主作风与实事求是的科学态度""我请求各级人民的代表经常密切地督促行政干部和其他公务人员，督促和帮助我们成为名实相符的人民勤务员。"①

刘少奇坚决反对工作中的英雄主义、包办代替、恩赐观点，他说："共产党人在人民群众中的解放事业中，应该到处是、也只能是人民群众的引导者和向导，而不应该是、也不可能是代替人民包打天下的'英雄好汉'。""这种脱离群众的'英雄好汉'不能完成任何人民群众的解放事业。"②

中央大力倡导，领导人以身作则，密切联系群众的工作作风体现在边区工作的各个方面。

延安时期，陕甘宁边区作为抗日民主的模范政府，实行普遍的民主选举制度。但是，陕甘宁边区群众文化水平普遍较低，缺乏民主选举的思想基础。这样的现实面前采取"命令主义"，显然无法真正动员群众参与选举。毛泽东说过："凡是需要群众参加的工作，如果没有群众的自觉和自愿，就会流于徒有形式而失败。"③通过有效的群众工作以提高群众的觉悟使他们自愿的行动是唯一路径。为此，边区各级政府工作人员深入群众，开展了广泛的选举宣传教育。每逢选举到来，边区和县乡都要举办选举训练班，然后把受过训练的人派到各乡去做宣传工作，通过报纸、画报、戏剧和歌咏表演等群众喜闻乐见的形式来吸引大家对选举的关注，宣传选举的意义和具体做法，切实帮助大家行使民主权利。当时有一个《选举小调》在边区村镇之间广为流行，唱的是："民主政治要实行，选举为了老百姓。咱们选举什么人？办事又好又公平，还不要私情。"歌词简单易懂，曲调朗朗上口，选举宣传的内容便由此深入人心。

为了进一步动员群众自愿参加选举，提高群众民主参与的能力，陕甘宁边区还成立了各种社会组织和人民团体，各行业分别成立农救会、工救会、青救会、妇救会，商人们则组织商会，使边区大多数群众都能够加入到一个或数个

① 陕西省档案馆、陕西省社会科学院：《陕甘宁边区政府文件选编》第10辑，档案出版社，1991，第29、30页。
② 刘少奇：《刘少奇选集》上卷，人民出版社，1981，第352页。
③ 毛泽东：《毛泽东选集》第3卷，人民出版社，1991，第1012页。

社会团体中，通过社会团体活动来促进民主参与，以弥补边区群众因文化素质不高、独立参与民主政治能力不足的局限，从而提高了群众参与选举的普遍性，还从思想上提升了群众的参与能力。通过广泛而深入的群众动员工作，陕甘宁边区人民参加民主选举的情绪空前高涨。在正式选举过程中，各级政府工作人员结合群众实际情况，创造性地发明了许多投票办法：例如有一定文化程度的选民采取"票选法"，识字不多的人采取"画圈法"，不识字的人则采取"投豆子""烧洞洞"等方法，从而大大提高了群众参与选举的便捷程度。因为实行深入有效的群众工作方法，边区三次选举活动的参与度一次比一次高，由70%至80%进而提高到82.5%。在一些群众工作做得好的地方，连小脚老婆婆都强烈要求参加选举大会投票，形成了参与民主政治的良好社会氛围，很好地配合了边区抗日民主政权建设，极大地提高了边区群众对于民主政治的认知水平和参与能力。

延安时期，卫生防疫工作面临极大困难：一方面要面对艰苦卓绝的战争环境和极端匮乏的医疗资源；另一方面，在150万人口的陕甘宁边区内，还有100多万文盲，2000多个巫神，群众普遍存在迷信、愚昧、不讲卫生的习惯，致使地方病、传染病经常流行，严重地威胁着广大人民的身体健康。边区某些地方，婴儿死亡率曾经高达60%，成人死亡率为3%。如何才能有效开展卫生防疫工作，减少疫病滋生和蔓延呢？毛泽东指出："我们必须告诉群众，自己起来同自己的文盲、迷信和不卫生的习惯作斗争。"[1]边区一方面持之以恒开展经常性的群众卫生运动，通过报纸、小册子、办展览会等多种方式宣传卫生防疫知识；另一方面，边区卫生防疫主管部门经常组派大量专业人员深入基层，开展面对面的卫生防疫宣传教育，以起到成风化俗的作用。医疗队员们走村串户，不仅积极救治病患，而且放下医生干部的架子，与群众同吃、同住、同劳动，不怕脏、不怕累，很快与群众打成一片，既了解了造成疫病流行的各种原因，也赢得了群众的信任，他们进行的宣传教育便具有了特殊的针对性和有效性。

延安市一年四季都有胃肠道传染病流行，人员死亡的事常常发生。医疗队员们经调查发现，发病原因主要有两点：一是饮水不洁，水源周围多污秽不堪，且民众有直接饮用生水的习惯；二是厨房不卫生，存在距离厕所近、蚊蝇

---

[1] 毛泽东：《毛泽东选集》第3卷，人民出版社，1991，第1011页。

多、灶具不干净等问题，做饭时也有不良的卫生习惯。找到病源之后，防疫工作者制定了相应措施，帮助群众解决全市范围内的饮水、厨房卫生问题，要求饮用烧开之后的水，采取措施安排妇女将烧开的水送到田间地头供劳动者饮用，逐步养成喝开水的习惯。各地医疗队在帮助群众解决病痛的过程中，切身感受到封建迷信给大家带来的巨大伤害。《解放日报》载文称，延安县曾有巫神161人，每年每人跳神"看病"多达36次，且费用极高，请他们"看病"的百姓往往落个人财两空的结果。这些巫神大多并不相信自己，生了病反去找医生治疗，却用鬼神之说蒙骗病人，成为边区病死率居高不下的一个重要原因。各地医疗队组织了各种各样的巫神坦白大会，揭露他们"跳神"过程中的骗人伎俩，并采用科学的诊疗结果教育群众，从根本上破除群众的恐惧和疑惑。延安子长县一对母子患麻疹并发肺炎，孩子疹子发不出来，昏睡不醒，已经被请来的巫神宣布"不可救了"。医疗队派了两名医务人员登门救治，精心护理，终于使孩子脱离危险并在不久后痊愈。这样发生在身边的真实事件，极大地教育了群众，对于边区民众提升思想认知、移风易俗树立新风尚发挥了极大的推动作用。

第四，密切联系群众，是党的政策符合人民利益的根本保证。

在党的第七次全国代表大会上，毛泽东在《论联合政府》政治报告中强调密切联系群众的重要性："二十四年的经验告诉我们，凡属正确的任务、政策和工作作风，都是和当时当地的群众要求相适合，都是联系群众的；凡属错误的任务、政策和工作作风，都是和当时当地的群众要求不相适合，都是脱离群众的。"[1]

毛泽东善于运用群众观点来观察和思考问题，也善于带领中国共产党运用密切联系群众的方法分析和解决问题，及时制定符合人民利益的方针政策。延安时期许多重大政策的制定都与此相联系，"雷公事件"的处理就是一个非常典型的案例。

1941年6月3日下午，陕甘宁边区政府召开县长联席会议，主要讨论征粮问题。恰逢雷电交加的天气。随着一声响雷，雷电击中会场礼堂的一根柱子，坐在柱子旁边的延川县代县长李彩云不幸受伤身亡。雷电灾害还造成了一位农

---

① 毛泽东：《毛泽东选集》第3卷，人民出版社，1991，第1095页。

民的驴子也遭雷击而死。这个农民借此抱怨说，老天爷不睁眼，雷公咋不把毛泽东打死呢。保卫部门听说后高度重视，就把这个农民抓了起来。毛泽东知道后，急忙制止并要求放人，认为农民如此不满肯定另有原因，应该调查清楚。结果发现征缴公粮太多，农民负担过重，引发人民群众的不满。

毛泽东在1945年党的七大上作口头政治报告时，主动对这件事进行了一番回顾："一九四一年边区要老百姓出二十万石公粮，还要运输公盐，负担很重，他们哇哇地叫。那年边区政府开会时打雷，垮塌一声把李县长打死了，有人就说，唉呀，雷公为什么没有把毛泽东打死呢？我调查了一番，其原因只有一个，就是征公粮太多，有些老百姓不高兴。那时确实征公粮太多。要不要反省一下研究研究政策呢？要！从一九二一年共产党产生，到一九四二年陕甘宁边区开高干会，我们还没有学会搞经济工作。没有学会，要学一下吧！不然雷公要打死人。……延安人民对我们是什么态度？我说就是'敬鬼神而远之'。为什么会这样呢？因为他们觉得共产党虽然很好，他们很尊敬，但是加重了他们的负担，他们就要躲避一点。"①面对挨骂，毛泽东没有责怪骂人的群众，更没有想要惩罚群众，而是在第一时间调查群众开口骂自己的真实原因并加以分析和解决。为了切实减轻农民负担，从根本上解决坚持抗战需要的物质基础，党中央下定决心开展轰轰烈烈的大生产运动，自己动手，解决困难，整个抗日民主根据地很快走出了严重的财政经济困境。

1945年，毛泽东在陕甘宁边区劳动英雄和模范工作者大会上讲话，再一次回顾了这个问题产生的原因与解决的办法："在我们陕甘宁边区，则更由于部队和机关的人数和边区人口比较，所占比例数太大，如果不自己生产，则势将饿饭；如果取之于民太多，则人民负担不起，人民也势将饿饭。因此，我们决定开展大规模的生产运动。拿陕甘宁边区说，部队和机关每年需细粮（小米）二十六万担（每担三百斤），取之于民的占十六万担，自己生产的占十万担，如果不自己生产，则军民两方势必有一方要饿饭。由于展开了生产运动，现在我们不但不饿饭，而且军民两方面都吃得很好。"②

1977年，邓小平在《完整地准确地理解毛泽东思想》中回忆此事："在延

① 毛泽东：《毛泽东文集》第3卷，人民出版社，1996，第338-339页。
② 同上书，第1017-1018页。

安的时候，生产运动是怎么搞起来的。为什么提倡生产运动呢？原因之一就是当时征粮征多了，群众有怨言。我们好多共产党员听了心里非常不舒服。毛泽东同志看法不同，他说，讲得有道理，群众的呼声嘛！毛泽东同志就是伟大，就是同我们不同，他善于从群众这样的议论当中，发现问题，提出解决问题的方针和政策。毛泽东同志一向非常注意群众的议论，群众的思想，群众的问题。"①延安时期中国共产党为人民服务的宗旨通过"密切联系群众"的工作方法得到了切实的贯彻，中国共产党在人民心中树立了崇高的形象，局部执政的群众基础日益巩固和扩大。

（二）"必须给人民以看得见的物质福利"

给人民以看得见的物质福利和精神福利，是中国共产党延安时期局部执政取得的巨大成效，是中国共产党践行为人民服务宗旨的成果彰显，也是能赢得人民群众由衷信任和矢志追随的根本所在。如何才能将为人民服务落到实处？毛泽东在《经济问题与财政问题》中直截了当予以回答："一切空话都是无用的，必须给人民以看得见的物质福利。""特别重要特别值得指出的，是我们学得了经营经济事业的经验，这是不能拿数目字来计算的无价之宝。我们不但应该会办政治，会办军事，会办党务，会办文化，我们也应该会办经济。如果我们样样能干，惟独对于经济无能，那我们就是一批无用之人，就要被敌人打倒，就要陷于灭亡。"②在给予人民东西和向人民要东西两个工作的关系方面，毛泽东明确指出要反对两种错误观点：既要反对不顾军队和政府的需要，不顾抗日战争的需要，片面强调减轻人民负担的所谓"仁政"观点；又要反对只顾政府和军队的需要，不顾人民的困难，不管人民生活的"竭泽而渔，诛求无已"的观点。"我们的第一个方面的工作并不是向人民要东西，而是给人民以东西。我们有什么东西可以给予人民呢？就目前陕甘宁边区的条件说来，就是组织人民、领导人民、帮助人民发展生产，增加他们的物质福利，并在这个基

---

① 邓小平：《邓小平文选》第 2 卷，人民出版社，1994，第 45–46 页。
② 毛泽东：《毛泽东文集》第 2 卷，人民出版社，1993，第 466 页。

础上一步一步地提高他们的政治觉悟与文化程度。为着这个，我们应该不惜风霜劳苦，夜以继日，勤勤恳恳，切切实实地去研究人民中间的生活问题，生产问题，耕牛、农具、种子、肥料、水利、牧草、农贷、移民、开荒、改良农作法、妇女劳动、二流子劳动、按家计划、合作社、变工队、运输队、纺织业、畜牧业、盐业等等重要问题，并帮助人民具体地而不是讲空话地去解决这些问题。……只有在做了这一方面的工作，并确实生了成效之后，我们去做第二方面的工作——向人民要东西的工作时，我们才能取得人民的拥护，他们才会说我们要东西是应该的，是正当的"①。"首先用百分之九十的精力去帮助群众解决他们'救民私粮'的问题，然后仅仅用百分之十的精力就可以解决救国公粮的问题"②。只有使人民在有所失的同时又有所得，并且使其所得大于所失，他们才能支持长期抗战。

第一，把发展生产作为边区的中心任务，切实改善人民生活水平。

陕甘宁边区以及各抗日根据地所处的环境，是一个建立在个体经济基础上的、被敌人分割的、又是游击战争的农村根据地，抗战进入相持阶段后，陕甘宁边区面临严重的财政经济困难。以此实际情况为出发点，毛泽东在1942年12月高级干部会上作了长篇报告，对根据地的经济建设方针做了系统阐述，指出："发展经济，保障供给，是我们的经济工作和财政工作的总方针。"③这个总方针阐明了经济工作的重要性，以及财政工作与经济工作的关系。财政情况的好坏固然足以影响经济，但是决定财政的却是经济。财政困难，只有从切切实实的有效的经济发展上才能解决。为了保证财政经济工作总方针的实现，中共中央制定了经济建设的具体方针。主要有：（1）在各项生产事业中，实行以农业为主的农业、畜牧业、工业、手工业、运输业和商业全面发展的方针。（2）在公私关系和军民关系上，实行"公私兼顾"和"军民兼顾"的方针。（3）在上下关系上，实行统一领导分散经营的方针。（4）在生产和消费关系上，实行努力生产、厉行节约的方针。（5）实行组织起来的方针。这些方针政策的贯彻执行，使陕甘宁边区的生产运动得到迅速发展，边区军民的生活有了

---

① 毛泽东：《毛泽东文集》第2卷，人民出版社，1993，第467-468页。
② 毛泽东：《毛泽东选集》第3卷，人民出版社，1991，第933页。
③ 同上书，第891页。

明显的改善。

陕甘宁边区是经济落后的农业区，毛泽东曾对边区农业生产进行了极为准确的描述："由于是农村，农民都是分散的个体生产者，使用着落后的生产工具，而大部分土地又还为地主所有，农民受着封建的地租剥削，为了提高农民的生产兴趣和农业劳动的生产率，我们就采取减租减息和组织劳动互助这样两个方针。减租提高了农民的生产兴趣，劳动互助提高了农业劳动的生产率。"①

为了提高农民的生产积极性，边区政府制定了许多具体政策：一是减租减息，中共中央通过《关于抗日根据地土地政策的决定》及3个附件，规定"政府法令应有两方面的规定，不应畸轻畸重，一方面要规定地主应该普遍的减租减息，不得抗不实行。另一方面，又要规定农民有交租交息的义务，不得抗不缴纳。""一切尚未实行减租的地区，其租额以减低原租额的25%（二五减租）为原则，即照抗战前租额减低25%。"②二是发展合作事业，组织劳动互助。主要通过"民办公助，号召人民组织各种形式的合作社"，同时组织劳动互助，号召边区军民用协作互助的劳动方式开展生产建设。三是大量安置移民难民，解决大生产运动开展后劳动力短缺的问题，使移民成为边区农业生产发展的一支重要力量。四是发放农贷，提倡精耕细作，采取改进农业技术的措施。边区公布《陕甘宁边区农业贷款章程》，规定四类农业贷款，及时解决农民生产中的各种困难，使缺乏资金的农户发展了生产。五是奖励生产，开展劳模运动。由于边区不适宜种植棉花，为了保证粮食和棉花产量的不断增长，边区提倡扩大种植面积，实行奖励开荒的办法，如"种植棉花者三年不交公粮；试种者全免公粮；如有损失，政府负责赔偿一半；低价供给棉籽；奖励优秀棉农；普及植棉技术"等等。

1943年开始，边区召开劳动英雄大会，开展奖励劳模的劳模运动，使劳动者在边区受到前所未有的尊重，产生了极为深远的社会影响。边区政府主席林伯渠在工作报告中指出："以吴满有、赵占奎、张治国等为代表的劳动英雄，表现了生产的积极性、组织性和创造性，在群众中起着带头、骨干和桥梁

① 毛泽东：《毛泽东选集》第3卷，人民出版社，1991，第1016-1017页。
② 中共中央党校教材审定委员会：《中共中央文件选编》第13册，中共中央党校出版社，1991，第283、286页。

图4-11　制药厂工人在晾晒中草药

的作用。"以上各项农业生产政策的贯彻执行，大大激发了农民的生产积极性，提高了劳动生产率，使得陕甘宁边区耕地面积迅速增加，农田灌溉面积不断扩大，粮食产量大大提高，推动了边区农业生产的迅速发展。耕地面积比抗战前增加了79.4%；粮食产量逐年增加，1941年为45.586万石，1943年达到181.2215万石，实现了自给有余，为敌后抗日根据地的总后方奠定了坚实的物质基础。除粮食产量外，边区的棉花种植面积一路攀升，由1939年的3767亩，猛增到1944年的31万亩。棉花产量也逐年增加，1941年为100万斤（皮棉），1942年为140万斤（皮棉），1943年为173万斤（净花），1944年为300万斤（净花），已经可以保证边区军民穿衣之用。在粮棉产量增长的同时，边区的畜牧业也有相当的发展，牛的数量从1939年的15.0892万头，增加到1943年的22.0781万头，羊、猪的数量也有较大增长。

　　农牧业生产的发展也促进了工业生产的发展。边区原来的工业几乎一片空白，只有一个清朝末年开办的延长油矿。经过大生产运动，到1944年，边区办起了11个造纸厂、2个肥皂厂、12个被服厂、8个工具厂、4个印刷厂、3个陶瓷厂、23个纺织厂等77个公营工厂，职工达到12000多人。在公营工业发展的同时，私营工业也迅速发展，如私营纺织厂，1938年只有5家，年产布1260匹；到1943年发展到50家，年产布1.2万匹。另外，私营造纸厂、私营煤炭和私营盐业等也有一定的发展。至1943年，边区的面纱、布、铁、纸及其他很多日用品做到了基本自给。

　　工农业生产的发展促进了商业的繁荣与市场的活跃。边区政府先后成立光

图4-12 延安机关医药合作社

华商店、盐业公司、南昌公司、土产公司、永昌公司等，主要组织土产输出，换取边区必需品输入，以保证军民的基本供应，稳定边区物价和货币。同时，大生产运动后，公营、合作、私人等各种类型的商业组成了遍布边区的商业网点，极大地方便了军民生产与生活。抗战之前，延安只有店铺123家，1943年发展到473家。位于延安城南的新市场，成为当时最繁荣的商业中心，被大家戏称为延安的"列宁格勒"。随着商业的繁荣，各种性质和组织形式的运输队纷纷成立，客店、骡马店越来越多，大大促进了经济繁荣。

第二，推动文化教育事业发展，提高边区人民文化素养。

使人民接受文化教育，是中国共产党在陕甘宁边区局部执政过程中的又一项重要任务。毛泽东在陕甘宁边区文教工作者会议上说："我们的工作首先是战争，其次是生产，其次是文化。没有文化的军队是愚蠢的军队，而愚蠢的军队是不能战胜敌人的。"[①]陕甘宁边区原有的经济社会发展十分落后，反映在文化教育上，就是封建、文盲、迷信和不卫生等现象大量存在，文盲占边区总人口的90%以上，方圆几十里找不到一所学校，文化生活十分匮乏。据当时在盐池县1670多人中的调研，其中中学生仅有21人，连小学生在内，识字者不到2%；就是文化水平较高的延安县，也仅有小学7所。埃德加·斯诺在《西行漫记》中记录了1936年7月徐特立讲述当时边区文化教育的状况："除了少数官吏、地主、商人以外，几乎没有人识字。文盲几乎达到95%左右。"

---

① 毛泽东：《毛泽东选集》第3卷，人民出版社，1991，第1011页。

图4-13　1944年10月11日至11月16日，陕甘宁边区文教工作者大会
　　　　在延安召开。这是代表走出会场时情景

　　陕甘宁边区政府成立后，1939年11月，陕甘宁边区第二次代表大会决议指出："边区文化教育必须努力除去革命前旧制度对于广大民众所遗留的文化落后状态——文盲、迷信、不卫生等现象，必须立足于进步的科学理论基础上，为建立中华民族的新文化而斗争。"①根据这一指导方针，边区政府高度重视教育事业，推动边区教育事业迅猛发展，并呈现以下特点：一是，兴办国民教育，从幼稚园一直到大学，上学一律不收教育费、学费，并为在大专院校上学者免费提供衣食住等基本生活条件。边区人民或来往边区的人，除汉奸外，任何人都有受教育的权利和机会。二是，从抗战和边区建设以及人民群众生产、生活的实际出发，运用各种方式兴办适合群众生产与生活条件的社会教育。针对不能脱离生产的文盲和半文盲，以及党、政、军等部门机关的工作人员，举办冬学、识字组、剧团、夜校，有计划地组织开展文化、政治、业务等教育，使得一般老百姓和广大干部都能够普遍地受到教育。在财政异常困难的情况下，边区投入巨大的财力、物力、人力大办教育，1945年，边区教育投入占财政支出的1/4，当年财政报告中讲："在目前的中国甚至在全世界还找不

---

① 任学龄、谭虎娃：《陕甘宁边区史稿》，中央文献出版社，2011，第128页。

到一个政权能像今天边区政府这样，用它的经费的25%以上的钱来从事教育事业。"

在边区政府的高度重视下，边区教育事业有了长足发展。就国民教育而言，据统计，1937年边区有学校320所，学生2000人；到1940年，小学校增至1342所，学生41230人。抗战前，边区只有中学3所，1940年增至7所。结合边区实际情况，边区政府将更大的关注度投入到兴办社会教育方面，采取需要什么教什么、条件允许怎样学就怎样教的教学原则，对于居住集中的村庄和单位实行集中教学，对于居住分散的村庄和单位则实行分散教学。

据统计，1937年，边区创办冬学382所，有学员10337人。1939年，有识字组3852个，组员24107人；夜校535所，学生8086人；半日校202所，学生3323人；冬学643所，学生17750人。1941年，有识字组1937个，组员12259人；夜校505所，学生7907人；半日校393所，学生5990人；冬学659所，学生20915人；民教馆25处；剧团10个；读报组3371个（平均每450人有一个读报组）；秧歌队949个（平均每1500人有一个秧歌队）；自乐班114个。另外，各种类型的读报识字组，在1943年至1944年发展得最快，最高时达到五六万人之多。1944年办了3470所冬学，入学的农民达5万余人，延安各单位

图4-14 延安保育院小学全体师生合影（1939年）

派到各地支援冬学的就有千余人。社会教育的广泛开展，把边区变成了一个开放的大学校、大课堂，广大干部群众可以依据自己的生产生活需要和工作生活许可的条件，参加不同类型的教育形式，极大地激发了大家的学习热情，有效提高了边区一般群众的文化水平，推动了社会进步。边区教育事业的发展，在加强抗日民主思想和提高国民文化科学知识两方面，都堪称当时中国的模范。

第三，大力发展医疗卫生事业，开展社会改造运动。

陕甘宁边区政府成立之初，边区卫生条件极差，缺医少药，人畜死亡率很高，婴儿死亡率高达60%，成人死亡率3%；全边区范围内巫神多达2000余人，招摇撞骗，为害甚烈。边区人民不仅不得温饱，也吃尽了文盲、迷信、不卫生的苦头，人民的健康和生命得不到保障。

同时，由于长期战乱和兵匪横行，边区存在大量游手好闲、不务正业的"二流子"，仅在延安市就占到人口总数的11%，延安县占5%。如果按照这样的人口比例推算，全边区"二流子"人数可以高达7万余人，其中存在大量吸食鸦片人员；边区境内尚存成群的土匪多达48股，人数4000多人，枪支2000余支。[①]

面对这样的社会现状，中国共产党在陕甘宁边区大力推动民生福祉、社会进步。

一是肃清匪患和毒患。1938年肃清了匪患。1942年基本上肃清毒患。烟毒的危害很大，小则毁身败家，大则亡国灭种，这在中国历史上是有深刻教训的。边区政府颁布了《禁烟禁毒条例》，成立"禁烟督察处"，严格执法，从不姑息迁就。对于查出的吸食者，集中举办戒烟所，对其强行戒除，有效地遏制了边区的烟毒为害势头。以延安市为例，1939年前登记烟民1500人，至1941年已经有1398名戒除毒瘾，戒毒率达到93%。

二是开展"二流子"改造运动。所谓"二流子"，是指那些游手好闲、装神弄鬼、不事生产、吸毒耍赌、为害乡里的人。边区政府明确划分"二流子"的界限，干部们进行经常性的说服教育，同时发动群众，调动社会各方力量齐抓共管，采取不同方法对症下药。至1943年底，全边区"二流子"的改造面

---

① 李智勇：《陕甘宁边区政权形态与社会发展（1937—1945）》，中国社会科学出版社，2001，第111、106页。

图4-15 陕甘宁边区新华书店

达到了94.4%。最终，"二流子"在边区销声匿迹。

三是大力发展医疗卫生事业。在经济建设取得长足发展，边区军民生活水平明显改善的同时，因疫病而死亡造成的"财旺人不旺"现象依然较为严重。要扭转这一局面，必须首先改变群众迷信、愚昧和不卫生的生活习惯。在中共中央的领导下，陕甘宁边区把医疗卫生工作纳入政权建设的轨道，从组织建设、政策法规、制度完善等方面予以全方位推动。边区政府成立了由马海德、张任俊、傅连璋等7人组成的边区卫生委员会，主管边区及各县医药卫生工作。陆续颁布了卫生保健医药条例及其他规章制度，采取了一系列发展医疗卫生事业的措施，如：实行救死扶伤的革命人道主义和中西医结合的医疗方针；建立健全卫生机构和卫生制度，颁布发展医药卫生事业的命令、计划、条例和相关制度；采取以预防为主、专门工作机关与群众运动相结合的群防群治工作方针；举办各种类型的医药卫生学校和短期训练班，培养医药工作者；成立医药团体和学术机构，加强对医疗卫生工作的领导和研究工作。上述举措极大地改善了边区军民的医疗卫生状况。

大生产运动全面开展之后，随着边区财政经济状况明显改善，边区政府在医药卫生方面的投入不断增加，边区医疗机构全面建立，除中央医院及门诊部、八路军总医院及门诊部、留守兵团野战医院、中国医科大学及白求恩护士学校之外，边区按照系统、行业分别设立了各种类型的医院、医疗站、疗养社；各分区均设有较大的卫生院和医疗点，各县有保健药社和卫生合作社，每区设一个卫生所，连队设有卫生员，此外还有不同层级的防疫和妇幼保健机构，从而自上而下形成了一套较为完整的医疗卫生工作网络。这些医疗机构不仅为本单位工作人员服务，而且全部面向边区群众开放，为所在地区的群众提供医疗卫生服务。

四是开展群众性的卫生运动。边区持之以恒地开展经常性的群众卫生运动，通过报纸、小册子、展览会等宣传和普及医药卫生知识，教育群众破除迷信、反对巫神，增强健康防病意识；坚持防治结合、预防为主的卫生工作方针，边区卫生防疫主管部门经常派遣大量专业人员深入基层，结合实际情况创造性地开展面对面的卫生防疫宣传教育，以为人民群众服务为根本宗旨，救死扶伤，医治群众的疾病，起到成风化俗的作用。

在中共中央和边区政府的正确领导下，边区社会稳定，市场繁荣，人民安居乐业，边区呈现人财两旺、兵强马壮的新气象。埃德加·斯诺在第二次采访延安后感慨："在七年中，延安政府以在世界上一块最贫穷和落后的地区上建立了文明与繁荣的社会生活。""鸦片烟已经禁绝，娼妓和儿童奴役有效地被禁止了。没有一个乞丐，'二流子'被改造参加工作。"

1940年5月，爱国华侨陈嘉庚到访延安期间，曾与延安女子大学多位来自南洋华侨的学生谈论日常学习生活，问及她们在上课读书之外的工作，大家回答："大日子及星期日，须分队到各乡村演说，劝告农民等爱国、同仇敌忾及卫生清洁，和睦亲善等事。"先生又问效果如何，答："甚见成效。前外间讥刺陕北人，一生洗三次，生时一次，结婚一次，死一次，今者大不相同，虽衣服亦常洗，可于行路之人及农民验之便知。"谈到延安农民生活状况，大家回答："二年前伊等初来时到处多见穿破衣者，十左右岁女童无裤可穿者颇多。近来穿破衣者极少，女童虽数岁者亦有裤穿。"即将离开延安时，陈嘉庚先生结合在延安期间的所见所闻，对比来延安之前国统区对延安的种种不实宣传，颇多感慨："余在重庆时，常闻陕北延安等处，人民如何苦惨，生活如何穷困，稍有资产者则剥削榨净尽，活埋生命极无人道，男女混杂人伦不讲，种种不堪入耳之言。""及到延安界特注意前所闻之事。如民众生活惨苦，则所见所闻都未有。资产剥夺，则田园民有，商店自由营业。至于男女不伦，如行路来往，座谈起居，咸有自然秩序，常有一二南洋女生，在招待所留晚餐后，将回校须十左右里，余问夜时有无关碍，答绝对无关碍，此处风俗甚好，一人原常夜行，此为余所见者。"①由此可见，至1940年，中国共产党推进民生福祉、致力社会改造的行动已经初见成效，边区已经初步呈现安居乐业的祥和氛围。回顾中国共产党在陕甘宁边区进行的大量社会工作，美国学者马克·塞尔登给予了十分中肯的评论："用通常的标准来衡量，边区政府在医疗卫生、教育和民间文化等方面所取得的成就已经够感人的了。考虑到陕北是一块特别封闭、贫穷和被人遗忘的地方，考虑到当时的战争环境所带来的财政压力，边区政府的这些成就实在了不起。"②

正如毛泽东所说："中国一切政党的政策及其实践在中国人民中所表现的作用的好坏、大小，归根到底，看它对于中国人民的生产力的发展是否有帮助及其帮助之大小，看它是束缚生产力的，还是解放生产力的。消灭日本侵略者，实行土地改革，解放农民，发展现代工业，建立独立、自由、民主、统一和富强的新中国，只有这一切，才能使中国社会生产力获得解放，才是中国人民所欢迎的。"③在《论联合政府》中，毛泽东对国民党统治区与中国共产党领导的边区进行了系统的比较，结果是："在国民党区域，工人、农民、店员、公务人员、知识分子以及文化工作者，生活痛苦，达于极点。中国解放区的全体人民都有饭吃，有衣穿，有事做。"④给人民看得见的物质福利和精神福利，证明了中国共产党为人民服务的货真价实，也让中国人民在比较中进一步认识了中国共产党的伟大与先进。1946年6月，著名法学家陈瑾昆教授初次到访延安，比较北平与延安政治经济社会各层面，撰写了《余为何参加中共工作》等文章，在北平和天津知识界引发轰动。文中，陈瑾昆这样概括延安社会经济状况："无论从上层领袖，下级干部，政治见解、经济措施、行政效能，人员真挚，工作均紧张，无官僚习气，更无贪污情形。军队训练，士兵精神，教育普遍，文化提高，金融稳固，民负减轻（民负最重亦未有超过30%者），秩序安

① 陈嘉庚：《陈嘉庚回忆录》，东方出版社，2010，第131、137-138页。
② 马克·塞尔登：《革命中的中国——延安道路》，魏晓明、冯崇义译，社会科学文献出版社，2002，第254页。
③ 毛泽东：《毛泽东选集》第3卷，人民出版社，1991，第1079页。
④ 同上书，第1048页。

定，盗匪绝迹（夜间不闭户且警察极少），生活向上，贫困日稀（乞丐绝迹），民主发达，乡村自治，官民合作，官兵互爱（士兵待遇特优，且发挥官教兵、兵教官精神），加紧学习，奖励生产（工作人员亦每日学习与生产，各机关组织生产，并奖励人民生产，提倡'劳动英雄'，合作事业尤为发达），组织民众，加强自卫（除组织各团体外，并组织民兵，一切民众均知卫国保乡）等任何点观察，均觉共与国有天渊别。两句结论：解放区虽尚非天堂，非解放区则确为地狱。"①后经毛泽东诚挚邀请，陈瑾昆教授偕全家赴延安参加工作，并由毛泽东、刘少奇介绍，正式加入了中国共产党。

（三）"甘为民仆耻为官"

毛泽东在党的七大政治报告中曾总结中国共产党军队的力量之源："这个军队之所以有力量，是因为所有参加这个军队的人，都具有自觉的纪律；他们不是为着少数人的或狭隘集团的私利，而是为着广大人民群众的利益，为着全民族的利益，而结合，而战斗的。紧紧地和中国人民站在一起，全心全意地为中国人民服务，就是这个军队的唯一的宗旨。"②这段精辟的论述，充分揭示了延安时期中国共产党取得一个又一个辉煌成就的根本原因之所在，那就是，每一位共产党员都是为人民服务的忠实实践者。延安时期，以毛泽东、刘少奇、周恩来、朱德、任弼时、张闻天、林伯渠等为代表的老一辈无产阶级革命家，严以律己、艰苦朴素、清正廉洁，是共产党人践行为人民服务的典范。

第一，老一辈革命家都是艰苦奋斗的楷模和表率。

毛泽东说，我们民族历来有一种艰苦奋斗的作风，我们要把它发扬起来。1947年到达延安的美军观察组，对延安共产党人最深刻的印象就是：他们最大的魅力就是简朴。他们的目标是勤奋工作、简单生活，而他们的精力、活力和真诚使他们与腐化的国民党形成鲜明的对比。延安时期，是毛泽东一生创作的高峰阶段。《毛泽东选集》共4卷，收入毛泽东的著作159篇，其中在延安时

①　陈瑾昆：《余为何为中共工作》，东北书店，1946，第3页。
②　毛泽东：《毛泽东选集》第3卷，人民出版社，1991，第1039页。

期撰写的多达112篇，占到70%以上。《毛泽东文集》共8卷，收入著作802篇，其中在延安写作的达385篇，占到约32%。《毛泽东军事文集》共6卷，收入著作1628篇，其中在延安写作的多达938篇，占50%以上。这些对中国历史发生重要影响的鸿篇巨制，都是在极其简陋的条件下完成的。

埃德加·斯诺在《西行漫记》中记录："毛泽东是个认真研究哲学的人。我有一阵子每天晚上都去见他，向他采访共产党的党史。有一次一个客人带了几本哲学新书来给他，于是毛泽东就要求我改期再谈。他花了三四夜的工夫专心读了这几本书。在这期间，他几乎是什么都不管了。他读书的范围不仅限于马克思主义的哲学家，而且也读过一些古希腊哲学家的作品。"[①]与读书相比，写作的过程更为艰辛。据毛泽东警卫员回忆，毛泽东在延安凤凰山的窑洞里写作《论持久战》，在微弱的油灯下废寝忘食，饭热了好几遍也顾不上吃，五六天都没有好好休息，太累太困时就叫警卫员打盆凉水洗洗脸。第七天晚上，火盆里的火烧着了毛泽东的棉鞋，毛泽东哈哈大笑："怎么搞得，我一点没觉着就烧着了。"时任毛泽东保卫参谋蒋泽民回忆："毛泽东写文章是非常辛苦的。没有电，点着两根蜡烛照明，灯光昏暗而又跳动，很影响视力，容易眼睛疲劳。毛泽东写累了，就揉揉眼睛再继续写。一夜之后，脸上沾了一层烟尘。""他埋头书写很长一段时间后，往往要停下笔休息几分钟，或者点燃一支烟吸，或者站起来到门外的空场上走一走。如果他表情是平静的，面带微笑，和我们或公务员唠几句嗑，那么他已经完成一部分文稿了。"毛泽东废寝忘食写下的这些著作，为推动马克思主义中国化的第一次理论飞跃作出了极其重要的贡献。轰轰烈烈的大生产运动中，中央所有领导同志全部投身其间，并无一人例外。毛泽东在杨家岭山脚下耕种了一小块地。1942年，他托苏联机组的同志送给斯大林一小布袋亲手种的红辣椒，以表示对斯大林派飞机给延安送来医务人员和皮大衣、毛毯等礼物的谢意。著名爱国将领续范亭为毛泽东赋诗一首："领袖群伦不自高，静如处子动英豪。先生品质难为喻，万古云霄一羽毛。"毛泽东复信写道："不自高，努力以赴，时病未能，你的诗做了座右铭。"

周恩来在延安时期主要负责中共长江局和南方局领导工作，常年战斗在统

---

① 埃德加·斯诺著《西行漫记》，董乐山译，解放军文艺出版社，2002，第59页。

战工作最前线。他以共产党人崇高的精神追求、高尚的人格魅力，以及勤奋的工作和简朴的生活，赢得了社会各阶层人士的认可和尊敬，许多人就是通过周恩来感受到了中国共产党的伟大。周恩来对自己的言行有着极为严格的要求，是清正廉洁的杰出楷模。1937年秋，周恩来要乘坐火车前往石家庄会见卫立煌将军。警卫人员想要为他买一张舒适一些的包厢票或者软卧票，都被周恩来阻止：不要软卧，就买普通票。路不长，在车上只过一个晚上嘛！警卫员们认为太不安全，周恩来却坚持买了三等票。火车到站后，当接站人看到周恩来从三等车厢走下来时十分惊讶，不禁感叹：周将军这样廉洁奉公，实在可敬可佩！在重庆期间，周恩来常常在办公桌旁一坐就是几个小时，总务科工作人员就给他买了一张藤椅，以便劳累时可以靠一靠。周恩来发现办公桌旁多了一把椅子，非常生气，便把总务科长狠狠批评了一顿，要求大家要多与延安的同志们比一比，保持艰苦奋斗的本色。两件事情虽小，但却足以令人感佩老一辈革命家的革命本色。大生产运动中，周恩来只要回延安，无论工作多么繁忙，他总是积极参加生产劳动。没有办法耕地开荒，他就积极学习纺纱纺线，而且还要求自己纺得又快又好。1943年中央直属机关举办的纺纱比赛中，周恩来初评为第二名。1947年3月，胡宗南率大军进攻延安，中央决定撤出延安城，周恩来与毛泽东、任弼时一起率领中央机关转战陕北。艰苦的行军中，鞋底磨出了洞，有时吃饭也成了问题。周恩来就勉励中央机关的同志们：我们要和陕北父老同甘共苦，适应艰苦的战争环境，给部队做出样子，只要一息尚存也要像蚕一样，将最后一根丝吐出来贡献给人民。条件越是艰苦，周恩来越是要做大家的表率。

朱德作为人民军队的总司令，生活极为简朴，不仅穿着打扮与战士无区别，生活中也总是与战士们亲如一家。据抗大一分校学员侯秉鑫回忆："朱总司令喜欢打篮球，他那时才50多岁，我们小家伙们陪他打，差不多他来一次就打一次，大家还专门逗他。打篮球有个趣味就是大家都推他的'平头'。什么叫平头呢？我把球一下通过他的脑袋推到他后面去，他就去抢，一块玩。大家又笑又闹，部队上下级关系非常融洽。"①朱总司令1944年住到王家坪后，开了3亩地，种了10多种蔬菜，连四川老家的菜也在那里落户了，种的菜完全

---

① 中国延安干部学院：《抗大》，中共党史出版社，2015，第211页。

可以自给，还经常请前线回到延安的同志们到家里做客"打牙祭"。大生产期间为了搞运输，他让出自己的马参加生产，还经常背上粪筐拾粪积肥。1943年11月举行的边区生产展览会上，展出了朱德总司令亲手种的一个大冬瓜，有一名参观的干部当场写了句打油诗："工余种菜又栽花，统帅勤劳天下夸。愿把此风扬四海，逢人先说大冬瓜。"一位外国记者说，如果总司令从讲台上走下来，几分钟后你就无法辨认出哪个是总司令。那一句"时人未识将军面，朴素浑如田舍翁"，确实是这位身经百战的将军最为真实的写照。

任弼时常说自己有"三怕"：一怕工作少，二怕麻烦人，三怕用钱多。他担任中共中央秘书长期间，制定了统一的作息时间，供给标准，成立了中共中央办公厅，加强了机关正规化建设，提高了工作效率。从人事安排到谁吃大灶、中灶、小灶都要管。由于处理问题周到，待同志和蔼可亲，被称为"党的管家婆"。大生产运动中，任弼时参加纺纱，因为眼睛近视，学起来很是费劲。起初纺的纱不是粗细不匀，就是常常断头。他虚心向会纺纱的同志学习，有空就练习。1943年3月，中央直属机关在枣园举行了纺纱比赛大会，几百辆纺车整整齐齐排在礼堂门前。从重庆回到延安的周恩来也参加了比赛。任弼时被评为第一名，周恩来第二名。他们纺的纱还被拿到生产成果展览会上，与朱德种的大冬瓜一起展览，一时在边区传为佳话。任弼时一生严格自律，艰苦朴素，廉洁奉公。叶剑英在回忆文章里这样评价道："任弼时是我们党的骆驼，中国人民的骆驼，担负着沉重的担子，走着漫长的艰苦的道路，没有休息，没有享受，没有个人的任何计较。他是杰出的共产主义者，是我们党最好的党员，是我们的模范。"[①]

革命老人谢觉哉，在大生产运动中为自己订了一个生产节约计划：（1）建议总务处设公马，我的两匹马加入，估计一年内有10个月可供公家生产用；（2）每月10盒待客烟不要；（3）衣服、鞋子、被单不领；（4）种地一分，种植西红柿20株、茄子20株、秋白菜100棵；（5）晒腌小菜100斤。这个计划到了年终超额完成。当时，中央特意给谢觉哉老人送来一条边区工厂生产的土色毛毯。谢老冬天铺，夏天盖，办公时当垫子放在椅子上，一直用了七八年，毛毯都磨光了，转战陕北时还继续用着。后来谢老将毛毯送给警卫员闫树清，作为文物被保留下来。

徐特立，1911年参加辛亥革命，曾经是毛泽东的老师。在大革命失败的白色恐怖中，51岁的徐特立加入了中国共产党，是延安时期著名的革命老人，是廉洁奉公的光辉典范。他曾经说，他的节俭作风自儿童时代养成至今，已成了自然；他一生节衣缩食、勤俭朴素，当时才能做些社会事业，后来参加革命就能艰苦奋斗、克己奉公。徐特立回忆长征过程时这样记述："在二万五千里长征中，骑马时间至多不过二三千里。自抵卓克基以后，我的衣服，从脚上的鞋一直到头上的帽子，都是自己缝的。在缺乏粮食的草地，我也一般的吃草。但我的愉快精神如故。其他的共产党员和群众也一般的愉快如故。故总的原因，就在于只要党存在，红军存在，我们在政治上是有出路的。我们党给的信心，群众的信心，结合成为战胜帝国主义的民族自信心，因此就战胜了一切肉体上的困难。"①这段回忆说明了共产党人艰苦奋斗背后的精神力量。徐老的事迹在党内流传甚多，很多都被写成了诗作："延安诸公惟公特，生活简单如老卒。粗布征衣常补绽，自煮瓜果充粮食。""徐老当时墨子徒，赤脚麻鞋又健步。公家有马不肯骑，不要随从来照顾。口若悬河声如钟，苦口婆心难遇住。携带两个冷馍馍，一天开会好几处。"诗句通俗易懂，一位可爱可敬的革命老人跃然如见。

1937年1月31日，延安各界要为徐特立六十寿辰举行庆祝大会。30日这一天，毛泽东给时任中华苏维埃共和国中央政府教育部长徐特立写信祝贺，全文如下：

徐老同志：

你是我二十年前的先生，你现在仍然是我的先生，你将来必定还是我的先生。当革命失败的时候，许多共产党员离开了共产党，有些甚至跑到敌人那边去了，你却在一九二七年秋天加入共产党，而且取的态度是十分积极的。从那时至今长期的艰苦斗争中，你比许多青年壮年党员还要积极，还要不怕困难，还要虚心学习新的东西。什么"老"，什么"身体精神不行"，什么"困难障碍"，在你的面前都降服了。而在有些人面前呢？

---

① 徐特立：《徐特立文集》，湖南人民出版社，1980，第246-247页。

却做了畏葸不前的借口。你是懂得很多而时刻以为不足，而在有些人本来只有"半桶水"，却偏要"满得很"。你是心里想的就是口里说的与手里做的，而在有些人他们心之某一角落，却不免藏着一些腌腌臜臜的东西。你是任何时候都是同群众在一起的，而在有些人却似乎以脱离群众为快乐。你是革命第一，工作第一，他人第一，而在有些人却是风头第一，休息第一，与自己第一。你总是拣难事做，从来也不躲避责任，而在有些人则只愿意拣轻松事做，遇到担当责任的关头就躲避了。所有这些方面我都是佩服你的，愿意继续地学习你的，也愿意全党同志学习你。当你六十岁生日的时候写这封信祝贺你，愿你健康，愿你长寿，愿你成为一切革命党人与全体人民的模范。

1937 年 1 月 30 日于延安

毛泽东在这封信里表达了对老师的敬意，不仅以"革命第一、工作第一、他人第一"高度赞扬了徐特立，也为全党树立了一位学习的榜样。

第二，老一辈革命家是反对官僚作风的典范。

毛泽东本人对于党内出现官僚主义作风是非常警惕的。早在 1938 年，他就对所有共产党员提出要求："共产党员在政府工作中，应该是十分廉洁、不用私人、多做工作、少取报酬的模范。共产党员在民众运动中，应该是民众的朋友，而不是民众的上司，是诲人不倦的教师，而不是官僚主义的政客。"[1]在延安期间，毛泽东有一次要去马列学院作报告，学院党总支书记张启龙、副院长范文澜叫来教育处长邓力群、教育干事安平生、宣传干事马洪和校务处长韩世福，要他们4人一起去杨家岭接毛泽东。当他们4人走到延河桥头时，就遇到了正要前往马列学院的毛泽东。毛泽东得知他们4人是来接自己的，连说"要不得"。他幽默但很认真地讲："四个人，轿子呢？你们不是抬轿子来接我么？下回呀，跟你们领导说，再加四个人，来个八抬大轿，又体面，又威风。要是还有人，再来几个鸣锣开道的，派几个摇旗呐喊的。你们说好不好？"大家都笑了。毛泽东接着说："那才不像话嘛，对不对？皇帝出朝，要乘龙车凤辇；官僚出阁，要坐八抬大轿，前簇后拥，浩浩荡荡摆威风。我们共产

① 毛泽东：《毛泽东选集》第2卷，人民出版社，1991，第522页。

党人,是讲革命的,要革皇帝和官僚的命,把旧世界打它个落花流水。我们既要革命,即要和旧的制度决裂,就万万不能沾染官僚主义习气。从杨家岭到马列学院,十里八里路。二万五千里长征都走过来了,这几步路算得了什么?我又不是不知道路,不要接接送送的嘛!我们要养成一种新的风气,即延安作风。我们要用延安作风打败西安作风。"来到马列学院礼堂门口,毛泽东握着大家的手说:"韩愈的《师说》是有真知灼见的。'生乎吾前,其闻道也,固先乎吾,吾从而师之;生乎吾后,其闻道也,亦先乎吾,吾从而师之。'一路上,你们给我介绍了很好的情况,真是'亦先乎吾,吾从而师之'。谢谢你们!然而我还是要坚持一条原则,再做报告时,不搞接接送送了。"[1]这个故事在延安很快传开了,共产党要以"延安作风"打败"西安作风"也成了大家努力的方向。毛泽东是非常善于以小见大的领袖,他总是能够抓住身边发生的小事教育广大党员干部,以身作则地诠释了什么叫作"延安作风"。

第三,老一辈革命家是严以律己、从严治家的楷模。

毛泽东自投身革命后,大多数时间都在动荡中度过。杨开慧牺牲之后,毛泽东与儿子岸英、岸青失散多年。两兄弟在上海四处流浪,备受欺凌。直至1937年初,他们俩才由党组织送到了苏联,开始接受正规的教育。

延安时期,毛泽东十分牵挂儿子的生活和成长。在给儿子的书信中,他也像普通父亲一样慈爱有加:"很早以前,接到岸英的长信,岸青的信,岸英寄来的照片本,单张相片,并且是几次的信与照片,我都未复,很对你们不起,知你们悬念。""你们长进了,很欢喜的。岸英文理通顺,字也写得不坏,有进取的志气,是很好的。"同时,他对儿子们在学业上谆谆教导:"惟有一事向你们建议,趁着年纪尚轻,多向自然科学学习,少谈些政治。政治是要谈的,但目前以潜心多习自然科学为宜,社会科学辅之。将来可倒置过来,以社会科学为主,自然科学为辅。总之注意科学,只有科学是真学问,将来用处无穷。"虽然儿子远在苏联,但毛泽东对他们的要求却非常严格:"人家恭维你抬举你,这有一样好处,就是鼓励你上进;但有一样坏处,就是易长自满之气,得意忘形,有不知脚踏实地、实事求是的危险。你们有你们的前程,或好或坏,决定于你们自己及你们的直接环境,我不想来干涉你们,我的意见,只当作建

---

[1] 中国延安干部学院:《红色延安的故事》,党建读物出版社,2017,第328页。

议，由你们自己考虑决定。总之我欢喜你们，望你们更好。"①字里行间，既有牵挂、教导，也有严肃的告诫。

毛岸英在苏联学习非常刻苦，先后到苏联士官学校快速班、莫斯科列宁军政学校和伏龙芝军事学院学习，并于1943年加入联共（布），1946年回国后转为中国共产党正式党员。在军校毕业后，毛岸英获得中尉军衔，参加了苏联对德国的大反攻作战，表现十分英勇。回国前他受到了斯大林的接见，斯大林送给他一支手枪作为参加卫国战争的奖励。1946年1月，毛岸英终于回到延安，见到了阔别19年的父亲。由于长期生活在苏联，岸英的许多生活习惯与延安的干部们不一样。毛泽东就开始教儿子待人接物，首先让儿子换下从苏联穿回来的制服和皮靴，换上延安的棉衣棉服；又让儿子从自己住的地方搬到他工作的地方。考虑到毛岸英在苏联待的时间长，吃不惯小米、烩菜，组织上就安排他吃干部中灶。毛泽东知道后很快就把岸英叫来说："你妹妹一直就在大灶吃饭，你这么大了，还要提醒吗？"于是，毛岸英坚持和战士们一起在大灶用餐。岸英对延安的生活刚刚适应，毛泽东又让他去上"劳动大学"，拜工农为师，还为他找到边区著名的劳动英雄吴满有做老师。送24岁的儿子去农村锻炼时，毛泽东告诉岸英："你在苏联读书，读的是洋学堂，我们中国还有个大学堂，就是劳动大学。你要到农村去了解中国，了解农民。"他叮嘱儿子要注意的一些事："你过去吃的是面包牛奶，回来要吃中国的小米，可养人喽。你到了农村见了年纪大的，要叫爷爷奶奶；年纪轻些的，要叫叔叔婶婶；和你年纪一般大小，你差不多大的，要叫同志哥。千万不要随便喊人家的名字，不要没大没小的。农村是有虱子的，见了不要怕，有水就多洗几次，没有水就多捉几次。"毛岸英对父亲的每一个要求都愉快地接受，在吴满有所在的延安县柳林区二乡吴家枣园，与农民们同吃同住同劳动，从送粪、耕地、点种、除草到收割，一件件认真学习。在掌握农活的同时，他也了解了中国农村的基本情况，熟悉了农民的生活，培养了深厚的群众感情。脚踏实地做有益于人民的人，是毛泽东对子女不变的要求。1947年10月8日，毛泽东在给岸英的信中写道："你现在怎么样？工作，还是学习？一个人无论学什么或做什么，只要有热情，有恒心，不要那种无着落的与人民利益不相符合的个人主义的虚荣

① 毛泽东：《毛泽东文集》第2卷，人民出版社，1993，第327页。

心，总是会有进步的。"①这句话，岸英不仅记住了，而且将它作为座右铭严格要求自己。

世界为什么需要共产党？毛泽东曾经给予了极为生动的回答："是因为世界上的小米太多了，剩下了，非请我们吃不可，因此需要共产党，还是因为房子太多，专门要有一批房子给共产党住呢？当然都不是。世界上需要共产党，就是为了团结大多数人，组织军队，打倒敌人，建设新中国。此外还有什么事？没有了。"②延安时期，中国共产党的每一位成员对自己参加革命的目的都有着深刻的理解。他们组成了一个目标明确、步调一致的伟大团队，用行动践行为人民服务的宗旨，引领了中国革命前进的方向。1946年，美国纽约《先锋论坛报》记者斯蒂尔访问延安后深有感触地说："我体味到共产党常常说的'为人民服务'，在延安所亲见的各种具体事实，我认为这是货真价实的。"③斯蒂尔之所以得出这样的结论，不是因为某一个个体，也不是因为某一件孤立的事件，而是延安时期一大批"甘为民仆耻为官"的共产党人以及他们共同造就的"只见公仆不见官"的陕甘宁边区。

① 毛泽东：《毛泽东文集》第4卷，人民出版社，1996，第306页。
② 毛泽东：《毛泽东在七大的报告和讲话集》，中央文献出版社，1995，第155页。
③ 安娜·路易斯·斯特朗：《斯特朗在中国》，三联书店出版社，1985，第179页。

第五章

05

以建设伟大的政党为目标，
创建人才圣地

　　领导中国民主主义革命和中国社会主义革命这样两个伟大的革命到达彻底的完成，除了中国共产党之外，是没有任何一个别的政党（不论是资产阶级的政党或小资产阶级的政党）能够担负的。而中国共产党则从自己建党的一天起，就把这样的两重任务放在自己的双肩之上了，并且已经为此而艰苦奋斗了整整十八年。

　　这样的任务是非常光荣的，但同时也是非常艰巨的。没有一个全国范围的、广大群众性的、思想上政治上组织上完全巩固的、布尔什维克化的中国共产党，这样的任务是不能完成的。因此，积极地建设这样一个共产党，乃是每一个共产党员的责任。①

——毛泽东

① 毛泽东：《毛泽东选集》第2卷，人民出版社，1991，第652页。

一　开展全党范围内的马克思主义学习运动

指导一个伟大的革命运动的政党，如果没有革命理论，没有历史知识，没有对于实际运动的深刻的了解，要取得胜利是不可能的。

在担负主要领导责任的观点上说，如果我们党有一百个至二百个系统地而不是零碎地、实际地而不是空洞地学会了马克思列宁主义的同志，就会大大地提高我们党的战斗力量，并加速我们战胜日本帝国主义的工作。①

——毛泽东

（一）"学习运动是有必要的"

"既要革命，就要有一个革命党。没有一个革命的党，没有一个按照马克思列宁主义的革命理论和革命风格建立起来的革命党，就不可能领导工人阶级和广大人民群众战胜帝国主义及其走狗。"②1938年10月，在党的扩大的六届六中全会政治报告中，毛泽东首次提出"马克思主义中国化"的历史命题。为达此目的，毛泽东集中论述了加强学习的重要性，号召"来一个全党的学习竞赛"："我希望从我们这次中央全会之后，来一个全党的学习竞赛，看谁真正地学到了一点东西，看谁学的更多一点，更好一点。"③由此开启了长达3年之久的全党范围内的马克思列宁主义理论学习运动。这场学习运动，与其后开展的整风运动一起，开创了中国共产党大规模提升党员理论水平、培养干部、统一思想进而推动马克思主义中国化的历史进程，建构了独具特色的干部培养制

---

① 毛泽东：《毛泽东选集》第2卷，人民出版社，1991，第533页。
② 毛泽东：《毛泽东选集》第4卷，人民出版社，1991，第1357页。
③ 同①。

度，为党的事业发展作出了极其重要的历史贡献。为什么要在艰苦卓绝的战争年代，进行一次全党范围内的学习运动呢？用毛泽东的话来说，就是"学习运动是有必要的"。

第一，这是由中国共产党的自身特点决定的。

列宁说，没有革命的理论，就没有革命的运动。在长期的革命斗争中，中国共产党以坚忍不拔、艰苦奋斗、英勇牺牲著称于世，展现了极强的组织能力和战斗能力。然而，正如刘少奇所指出的，"中国党有一极大的弱点，这个弱点，就是党在思想上的准备、理论上的修养是不够的，是比较幼稚的。因此，中国党过去的屡次失败，都是指导上的失败。"1940年6月，毛泽东在延安新哲学会第一届年会上讲话时强调指出："理论这件事是很重要的，中国革命有了许多年，但理论活动仍很落后，这是大缺憾。要知道革命如不提高革命理论，革命胜利是不可能的。"[1]中国革命在遵义会议之前14年间有过两次胜利、两次失败，对于所有经历这一过程的共产党人而言，找到背后的原因是至关重要的。延安时期，陈云曾经三次向毛泽东请教：人为什么会犯错误？像陈独秀、瞿秋白、李立三这样有学问的人，为什么还会犯错误？党的历史上每次出现错误路线时，为什么总有一部分同志跟着走？毛泽东说，犯错误的重要原因不是经验少，而是"思想方法不对头"，并建议他多读点哲学著作，学点唯物辩证法。陈云得出的结论就是：今后要避免犯错误，只有一个办法，就是学习，肚子里多装一些"是真正的、是老实的、不是假的"马列主义[2]。陈云得出的结论，适用于全体中国共产党党员。

早期的中国共产党，其马克思主义修养"较之若干外国的兄弟党，未免逊色"，这是与中国共产党自身发展相联系的。中国共产党初创时期，在思想上、理论上的准备是不够充分的。毛泽东在1942年《改造我们的学习》中明确指出："我党在幼年时期，我们对于马克思列宁主义的认识和对于中国革命的认识是何等肤浅，何等贫乏"[3]。在党的七大预备会议上，毛泽东用十分生动通俗的语言同全体七大代表谈到了马克思列宁主义在中国的传播。他说，

---

① 《新中华报》1940年6月28日。
② 金冲及：《陈云传》上卷，中央文献出版社，2005，第347页。
③ 毛泽东：《毛泽东选集》第3卷，人民出版社，1991，第795-796页。

"马克思、恩格斯创立马克思主义学说始于一八四三年（鸦片战争后三年），但由一八四三年到一九一七年，七十四年之久，影响主要限于欧洲，全世界大多数人还不知道有所谓马克思主义。""那时我们中国除极少数留学生以外，一般人就不知道，我也不知道世界上有马克思其人……以前在中国并没有人真正知道马克思主义的共产主义。十月革命一声炮响，比飞机飞得还快。""因为它走得这样快，所以一九一九年中国人民的精神面貌就不同了，五四运动以后，很快就晓得了打倒帝国主义、打倒封建势力的口号。"接下来，毛泽东谈到了党的一大，"所谓代表，哪有同志们现在这样高明，懂得这样，懂得那样。什么经济、文化、党务、整风等等，一样也不晓得。当时我就是这样，其他人也差不多。""我们开始的时候，也是很小的小组。这次大会发给我一张表，其中一项要填何人介绍入党。我说我没有介绍人。我们那时候就是自己搞的，知道的事也并不多，可谓年幼无知，不知世事。"毛泽东引用了《庄子》中的一句话"其作始也简，其将毕也必巨"。"这二十四年我们就是这样走的：七年是从建党到北伐战争，十年国内战争，八年抗日战争。我们党尝尽了艰难困苦，轰轰烈烈，英勇奋斗。从古以来，中国没有一个集团，像共产党一样，不惜牺牲一切，牺牲多少人，干这样的大事。"[1]从这几段生动的讲述中可知，中国共产党一经诞生，中国革命的面貌就焕然一新。然而，由于党在创立之初对于马克思列宁主义的研究不够深入，确实存在思想上、理论上准备不充分的问题。在第一次大革命失败后长期艰苦的、分散的农村战争环境中，我党并没有机会进行全党范围内的、系统的马克思列宁主义理论水平提升，这个问题始终没有得到彻底的解决，这是六届六中全会之前党面临的重大议题。

第二，中国共产党的党员队伍存在许多错误的思想意识。

中国共产党是在一个无产阶级人数很少、农民和其他小资产阶级占人口绝大多数的半殖民地半封建的东方大国建立和发展起来的，许多党员不是出身于无产阶级而是出身于农民和其他小资产阶级。刘少奇说："在我党内，最本质的矛盾，就是无产阶级思想与非无产阶级思想的矛盾，其中最主要的是无产阶级思想与农民、小资产阶级思想的矛盾。"[2]毛泽东认为，"这是一个极其严重

① 毛泽东：《毛泽东文集》第2卷，人民出版社，1993，第290–292页。
② 刘少奇：《刘少奇选集》上卷，人民出版社，1981，第327页。

的矛盾，一个绝大的困难"。表现在党员个体身上，刘少奇在《论共产党员的修养》中将其系统地总结为5种错误的思想意识：

一是"带着各种各色不同的目的和动机"入党。有些人因为共产党坚决主张抗日、主张抗日统一战线而入党；有些人只是因为仰慕共产党的声望而入党；有些人主要是因为在社会上找不到出路，或者为摆脱家庭束缚、包办婚姻而入党；个别人甚至是要依靠共产党减轻捐税，为了将来能够"吃得开"而入党；也有被亲戚朋友带进来的。刘少奇明确指出，许多人带着各种不同的目的和动机入党，让他们在入党之前就深刻理解共产主义和党纲、党章，是不可能的。因此，对他们的教育，他们自己的修养和锻炼，是一个极为重要的问题。

二是在某些党员中还存在着比较浓厚的个人主义和自私自利的思想意识。表现在把个人利益摆在党的利益之上，或者患得患失，斤斤计较个人利益；或者假公济私；或者借口原则问题和党的利益，打击报复自己所怀恨的同志。讲到待遇、享受和其他个人生活问题，"孜孜以求之"；有吃苦的事，设法避开；在危难的时候，企图逃走。对勤务员要的多，房子要住好的，荣誉要享受，相信"人不为己，天诛地灭"。这种自私自利的个人主义，常常表现在党内无原则的纠纷、派别斗争、宗派主义和本位主义的错误中，表现在对党的纪律不尊重和随意破坏的行动中。这些错误大部分是从个人利益出发，把个人或少数人的利益摆在党的利益之上。

三是不少同志或多或少地存在着自高自大、个人英雄主义、风头主义。这种人首先计较在党内地位的高低，好出风头，喜欢别人奉承抬举。他有个人野心，好居功，好表现，好包办，没有民主作风。他有浓厚的虚荣心，不愿埋头苦干，不愿做事务性、技术性的工作。他骄傲，有一点成功就盛气凌人、不可一世。他自满，好为人师，指挥别人，不愿接受别人的正确意见和批评。他只能"高升"，不能"下降"；只能"行时"，不能"倒霉"，受不起委屈。他"好名"的孽根未除，企图把自己装扮成为"伟大人物"和"英雄"，为满足这种欲望而不择手段。刘少奇说，共产主义事业需要无数英雄，需要很多有威信的群众领袖，但与个人英雄主义、风头主义不同，前者是追求真理、拥护真理，为真理而斗争。

四是少数同志不择手段地对付党内的同志，处理党内问题完全没有互助精神和团结精神。有这种思想意识的人，总想抬高自己，并且以打击别人、损害别人的方法达到抬高自己的目的。他不甘心居于人下，嫉妒强过他的人，总想把别人拉下来。看见别的同志遇到困难，遇到挫折，就幸灾乐祸、暗中窃喜，甚至落井下石。他利用党的组织工作中的各种弱点，以取得个人的某些好处。他好挑拨是非，挑拨同志间的关系。他好参加党内一切无原则的斗争，特别当处于困难时期更要在党内制造和扩大这些纠纷。

五是某些同志计较小事，不识大体，为了一针一线、一言一语的小事，可以郑重其事地和别人争论不休，伤感备至，没有共产主义的伟大气魄和远大眼光。这些人很容易被小恩小惠所笼络，具有农村社会中小生产者的狭隘性的特点。还有人在党内生活中常常表现不清楚不确定的态度，这样也是，那样也是。这些一种是认识问题，一种是品质问题。后者总是喜欢投机取巧，双方讨好，到处逢迎，毫无原则。这种人具有旧商人的许多特点。

刘少奇分析上述错误思想在党员个人身上，时而潜伏时而暴露，表现为无产阶级思想意识和非无产阶级思想意识的矛盾和斗争。这些存在于党员队伍中的错误思想意识，是中国共产党建设伟大政党必须高度重视的问题。

第三，中国共产党的干部队伍出现了严重的"本领恐慌"。

全民族抗战爆发后，民族革命战争形势的迅猛发展，更加迫切急需各方面的抗战人才，而当时党的干部队伍状况则完全不能适应形势需要：一是干部严重短缺，长征到达陕北后，共产党员总数大约25000人。二是干部大多数出身于工农，文化水平较低，文盲占相当大的比重。据调查，边区政府成立之初，安塞县干部当中文盲率占比分别是：县区委书记4.3%，区长57.1%，自卫军营长85.7%，妇联主任100%，工会主任67.1%，保安助理员28.6%，青救会主任28.6%。三是中国共产党长期处于分散的农村战争环境，广大干部缺乏马克思列宁主义教育，许多人往往单凭经验办事。少数干部虽然也读了一些马列主义的书籍，但缺乏把马列主义理论运用于中国革命实际的自觉性。

在新的革命形势面前，在革命队伍不断壮大的现实面前，就出现了领导工作方面的"本领恐慌"，出现了不学习就不能继续领导工作的严重问题。早在1937年10月，毛泽东在《目前抗战形势和党的任务报告提纲》中，就专门提到了"目前干部的恐慌"问题。1939年5月20日，毛泽东在延安在职干部教育动员大会上发表讲话，把这个问题阐述得非常透彻："我们队伍里边有一种恐慌，不是经济恐慌，也不是政治恐慌，而是本领恐慌。过去学的本领只有一点点，今天用一些，明天用一些，渐渐告罄了。好像一个铺子，本来东西不多，一卖就完，空空如也，再开下去就不成了，再开就一定要进货。我们干部的'进货'，就是学习本领，这是我们许多干部所迫切需要的。"①毛泽东对当时党内干部队伍真实情况有着非常清醒的认识："有些老干部，他们从前在其他部队里搞过一个时期，一切工作都是靠下命令；但是在我们红军里，单靠发命令就不行了。人家不听你，就打人，结果，工作就领导不起来，战士逃跑的很多。在部队中发命令，这是威风，但光有威风而没有本领是无用的。我们的八路军、新四军和游击队，所有的干部，在有威风之外，还要有本领，这就要学习。现在我们的有些战士，他们识字比营长识得多，他们从前一个字也不认识，现在能认得五百、一千、二千、三千，能写短短的文章，登在墙报上。我们的营长、连长，在指导员上课的时候，不去听课，他们以为这课是战斗员听的，他们去听，未免要'失格'了！为了要维持'格'，结果，他们不但文章不会做，许多东西都不知道，战士反而比他们高明。"②毛泽东还以当时部分教员的情形来举例，说明整个干部队伍本领落后于现实需要的现状："现在看到我们的有些教员，他手里的一本政治常识，还是中央苏区时代出版的，他对这本书上的东西相当熟，因为大概他已教过七八十遍了，但是其他东西就不知道了，真是'两眼不看书外事，一心只管政治常'，他不知道结合新的形势把书上的东西加以进一步的发挥。在民众团体里，在军队中，在支部中，这种情形也有看到。我们现在要打破这种现状，改善我们的工作，就要加紧学习。"③毛泽东的讲话，真实反映了当时党内干部的整体状态。提高整个干部队伍的马克思主义理论水平和领导工作能力，解决干部中的"本领恐慌"问题，是延安时期中国共产党面临的一个相当紧迫的任务。

第四，中国共产党建设成熟政党的需要。

延安时期，中国共产党总结了自成立以来的经验教训，从领导民族民主革命的需要出发，逐步确立党的建设目标。1937年10月，毛泽东在《目前抗战形势与党的任务报告提纲》中，提出要"建立全中国的强固的共产党"，强调

---

① 毛泽东：《毛泽东文集》第2卷，人民出版社，1993，第178页。
② 同上书，第177—178页。
③ 同上书，第178—179页。

要"从苏区与红军的党走向建立全中国的党"①。1939年10月，在《〈共产党人〉发刊词》中，毛泽东明确提出"建设一个全国范围的、广大群众性的、思想上政治上组织上完全巩固的布尔什维克化的中国共产党"的建党任务②，指明了新民主主义时期党的建设目标。指导伟大的革命，要有伟大的党，"如果领导者是一个狭隘的小团体是不行的，党内仅有一些委琐不识大体、没有远见、没有能力的领袖和干部也是不行的。"③伟大的政党需要有几十万、几百万党员，更需要大批干部做骨干。毛泽东说："我们要建设的一个大党，不是一个'乌合之众'的党，而是一个独立的、有战斗力的党，这样就要有大批的有学问的干部做骨干。这个任务摆在我们面前，我们要时刻注意，我们要率领几万万人革命，现在的力量显然是不够的。"④为了实现党的建设目标，延安时期的中国共产党面临从数量上扩大党的队伍和从思想上政治上巩固党的组织的艰巨任务。

一是要把党建设成全国范围的、广大群众性的大党。为了适应形势的需要，迅速扩大党的组织，1935年12月召开的瓦窑堡会议提出："在新的大革命中，共产党需要数十万至数百万能战斗的党员，才能率领中国革命进入彻底的胜利。"⑤全民族抗战爆发之后，随着抗日民族统一战线的发展以及中国共产党政治影响力的不断提高，大批革命分子集结到共产党的旗帜之下，壮大了革命队伍。1938年3月15日，中共中央作出了《关于大量发展党员的决议》，强调指出："目前党的组织力量，还远落后在党的政治影响之后，甚至许多重要的地区，尚无党的组织，或非常狭小。因此大量地十百倍地发展党员，成为党目前迫切与严重的任务。""大胆向着积极的工人，雇农，城市中与乡村中革命的青年学生，知识分子，坚决勇敢的下级官兵开门，把发展党的注意力放在吸收抗战中新的积极分子与扩大党的无产阶级基础之上。"⑥此后，八路军、新四军

---

① 毛泽东：《毛泽东文集》第2卷，人民出版社，1993，第59页。

② 同上书，第602页。

③ 毛泽东：《毛泽东选集》第1卷，人民出版社，1991，第277页。

④ 同①书，第179页。

⑤ 中共中央文献研究室、中央档案馆：《建党以来重要文献选编》第12册，中央文献出版社，2011，第547页。

⑥ 中央档案馆：《中共中央文件选集》第11册，中共中央党校出版社，1991，第466-467页。

积极贯彻《决议》精神，到1938年冬，军队中的党员占比已经超过20%，连以上干部几乎都是党员。到1940年，八路军老部队中的党员人数占总人数的百分比达到30%~40%，新部队也达到25%~30%。新四军刚集结组建时，党员数量占全军总人数的25%；截至1939年2月，党员占比增至40%。同时，各地党组织也加大了发展党员的力度。例如，抗大第四期1938年4月开学，共招收学生5562人，其中知识青年党员只有530人，占知识青年总人数的11%；到12月结业时，知识青年党员已经发展到3304人，占知识青年总人数的70%。陕北公学的情况也是如此，1937年至1938年陕北公学招收学员6000多人，发展的新党员有3000多名。[①]这样，在短时间内，中国共产党的党员数量急剧增加，从全国抗战初期的4万余人猛增至1938年底的50余万人，1940年发展到80万人。党员队伍的大发展，使党的组织从狭小的圈子走了出来，成为具有广泛群众基础的大党。

二是把党建设成"布尔什维克化"的大党。刘少奇说，"我们党还不是布尔什维克化的"，需要进一步推动马克思主义化和无产阶级化。随着党员数量的迅猛增长，推动全党"布尔什维克化"的任务更加迫切而艰巨。大量新党员虽然组织上入了党，但是思想上存在许多模糊认识。1937年底加入中国共产党的宋平就曾经回忆道："大批青年怀着抗日救国的激情来到延安。他们向往共产党，但对党的性质、纲领并不甚了解。我当时已经入党，但怎样做一个共产党员，在一些问题上也若明若暗，还不能说思想上完全入党了。"[②]要解决大批新党员思想上的入党问题，就必须加强对党员的培训和教育，开展深入的思想教育和普遍的学习运动势在必行。毛泽东指出："指导伟大的革命，要有伟大的党，要有许多最好的干部。在一个四亿五千万人的中国里面，进行历史上空前的大革命，如果领导者是一个狭隘的小团体是不行的，党内仅有一些委琐不识大体、没有远见、没有能力的领袖和干部也是不行的。中国共产党早就是一个大政党，经过反动时期的损失它依然是一个大政党，它有了许多好的领袖和干部，但是还不够。我们党的组织要向全国发展，要自觉地造就成万数的干

---

① 中央档案馆：《中共中央文件选集》第12册，中共中央党校出版社，1991，第155页。

② 宋平：《缅怀陈云同志》，《人民日报》1995年5月23日。

部，要有几百个最好的群众领袖。"①中国共产党需要培养一大批懂得马克思列宁主义，有政治远见，有工作能力，富于牺牲精神，能独立解决问题，在困难中不动摇，忠心耿耿为民族、为阶级、为党而工作的干部作为骨干力量。所以，毛泽东号召全党同志，"我们要建设大党，我们的干部非学习不可。学习是我们注重的工作，特别是干部同志，学习的需要更加迫切，如果不学习，就不能领导工作，不能改善工作与建设大党。这领导工作、改善工作与建设大党，便是我们学习运动的直接原因，我们六中全会关于学习运动的决议，是非常重要的。"②

三是要把党建设成为思想上政治上组织上完全巩固的大党。毛泽东在《矛盾论》里援引中国革命两次胜利、两次失败的过程，说明党在思想上政治上组织上完全巩固的重要性："一九二七年中国大资产阶级战败了无产阶级，是通过中国无产阶级内部的（中国共产党内部的）机会主义而起作用的。当着我们清算了这种机会主义的时候，中国革命就重新发展了。后来，中国革命又受了敌人的严重的打击，是因为我们党内产生了冒险主义。当着我们清算了这种冒险主义的时候，我们的事业就又重新发展了。"结论就是，"一个政党要引导革命到胜利，必须依靠自己政治路线的正确和组织上的巩固。"③在开展全党大学习的过程中，毛泽东分析了党的现状和提出党的建设目标的原因："党已在全国有了大数量的发展。现在的任务是巩固它"④，"我们现在有大批的新党员所形成的很多的新组织，这些新组织还不能说是广大群众性的，还不是思想上、政治上、组织上都巩固的，还不是布尔什维克化的。同时，对于老党员，也发生了提高水平的问题，对于老组织，也发生了在思想上、政治上、组织上进一步巩固和进一步布尔什维克化的问题。党所处的环境，党所负的任务，现在和过去国内革命战争时期有很大的不同，现在的环境是复杂得多，现在的任务是艰巨得多了。"毛泽东进一步指出，"现在是民族统一战线的时期，我们同资产阶级建立了统一战线；现在是抗日战争的时期，我们党的武装在前线上配合友

① 毛泽东：《毛泽东选集》第1卷，人民出版社，1991，第277页。
② 毛泽东：《毛泽东文集》第2卷，人民出版社，1993，第179页。
③ 同①书，第303页。
④ 同上书，第232页。

军同敌人进行残酷的战争；现在是我们党发展成为全国性的大党的时期，党已经不是从前的样子了。如果把这些情况联系起来看，就懂得我们提出'建设一个全国范围的、广大群众性的、思想上政治上组织上完全巩固的布尔什维克化的中国共产党'，是怎样一个光荣而又严重的任务了。"①为了切实达到党的这一建设目标，中共中央颁布《关于巩固党的决定》等文件，明确指出今后一定时期的中心任务是巩固党的组织。而巩固党的中心一环，是加强马克思列宁主义教育、阶级教育与党的教育。同时，必须建立新老干部之间相互学习、相互尊重的和谐关系，加强党的团结，并加强党的纪律。一场普遍的马克思主义学习运动和深刻的思想政治教育势在必行。党的第七次全国代表大会上，毛泽东在所作的政治报告《论联合政府》中总结说："掌握思想教育，是团结全党进行伟大政治斗争的中心环节。如果这个任务不解决，党的一切政治任务是不能完成的。"②

（二）"学习运动是可能的"

学习运动虽然必要，但是不是可能呢？这是毛泽东在延安在职干部教育动员大会上提出的问题，也是当时党内许多人内心的疑虑。毕竟，那是抗日战争进入相持阶段的艰难时日。毛泽东对此给予了肯定的回答，而且就现实中存在的两个问题予以了明确的解答，他说："一个是大家忙得很，一个是看不懂。这两个问题完全是实情。""共产党员不学习理论是不对的，有问题就要想法子解决，这才是共产党员的真精神。"为了使全党同志切实投入到学习运动中并取得进步，毛泽东在讲话中针对当时边区和党的队伍中存在的现实问题，耐心而不失幽默地劝导大家，"在忙的中间，想一个法子，叫做'挤'，用'挤'来对付忙。好比开会的时候，人多得很，就要挤进去，才得有座位。又好比木匠师傅钉一个钉子到木头上，就可以挂衣裳了，这就是木匠向木头一'挤'，木头让了步，才成功的。自从木头让步以来，多少木头钉上钉子，把看不见的纤

---

① 毛泽东：《毛泽东选集》第2卷，人民出版社，1991，第603页。

② 毛泽东：《毛泽东选集》第3卷，人民出版社，1991，第1094页。

维细孔，'挤'出这样大的窟窿来，可见'挤'是一个好办法。"还有一种人，因为文化程度低，"宁可挑大粪，不愿学理论"，因为他们看不懂。毛泽东语重心长地说："看不懂的东西我们不要怕，就用'钻'来对付。在中国，本来读书就叫攻书，读马克思主义就是攻马克思的道理，你要读通马克思的道理，就非攻不可，读不懂的东西要当仇人一样地攻它。现在有些人是不取攻势只取守势，那就不对，马克思主义决不会让步，所以不攻是得不到结果的。"[①]讲话循循善诱，足见毛泽东"劝学"的坚决态度。这次动员大会以后，为了加强对干部学习的指导，并起到率先垂范的作用，首先在中央各机关由多位高级干部牵头，组织了马克思列宁主义、中国问题、党的建设、政治经济学、哲学、时事等各种问题研究会，各学校各机关担任或准备上课的教员一律参加，在全党做出了"挤""钻""学到底"的榜样。这些研究会中比较有影响的包括张闻天和陈云任组长的中央宣传部学习小组和中央组织部学习小组。

张闻天领导的中央宣传部在兰家坪成立了有几十人参加的哲学小组，参加者大部分为马列学院和中宣部的工作人员，组长由艾思奇兼任。张闻天经常在定期举行的讨论会上发言，许多年轻党员都去听。1937年底入党的宋平回忆说："每次讨论会他都有系统发言，我们学到了不少东西。闻天同志实际上成了我学习马克思主义哲学的入门老师"[②]。陈云在中央组织部组织了一个领导干部学习小组，时间最长，影响力最大。毛泽东在动员大会的发言中就点了陈云的名，"陈云同志有'挤'的经验，他有法子'挤'出时间来看书，来开会。"这个学习小组由陈云担任组长，李富春担任副组长。先后参加学习小组的有10余人，旁听干部30余人，旁听者自称"后排议员"。学习小组从1938年11月一直坚持到1942年，主要学习马列主义经典著作，包括《共产党宣言》《社会主义从空想到科学的发展》《国家与革命》《共产主义运动中的'左'派幼稚病》《联共（布）党史简明教程》《政治经济学》《哲学概论》等。陈云对学习小组的成员们说："像我们这样一些没有什么底子，各种知识都很

---

① 毛泽东：《毛泽东文集》第2卷，人民出版社，1993，第180-181页。
② 中共中央党史研究室张闻天选集传记组：《张闻天年谱》上卷，中共党史出版社，2000，第604-605页。

缺乏的人，要老老实实做小学生。"①

在陈云领导下，学习小组执行严格的学习纪律，规定"每个星期必须读到哪一章哪一段，谁也不能借口工作忙没有读完规定的章段"②。每天上午9点以前为固定的自学时间，每周集体讨论一次，由一个或两个同志做好发言准备，讲讲本周读的这一章这一段中心思想讲的是什么，然后大家讨论，互相交流补充，形成了相互之间的教学相长。曾经参加过旁听的刘家栋回忆当年学习讨论的场景时说："在讨论中，年岁大的同志，往往能联系他们在白区、苏区的斗争经验，讲的生动活泼。而我们这些年轻人，只能联系自己的思想实际，说起话来难免有点'学生腔'。著名学者对每本书的学习，一般辅导两次，一次是开头，讲讲这本书主要说什么，中心思想是什么。一次是在大家讨论的时候，根据学习情况，解答一些大家讨论中的疑难问题。他们的辅导既帮助大家正确理解经典著作，又不完全包办代替，要发挥每个人的主观能动性。"对于这样的学习经历，在中央青委工作的武衡印象深刻："对于像我这样的年轻同志来说真是太重要了。我真正系统地学习，并且懂得一点马克思列宁主义及党建知识，就是在陈云同志的亲自领导和教诲下取得的。它对我后来的学习和工作具有深远的影响。"③

图5-1　用马列主义的理论来武装我们的头脑

---

① 陈云：《陈云文选》第1卷，人民出版社，1995，第188页。
② 王鹤寿：《沉痛悼念陈云同志》，《人民日报》1995年7月21日。
③ 武衡：《尊重知识，尊重人才的先行者》，《人民日报》1996年3月25日。

（三）"学习要把自己摆进去"

毛泽东说："掌握思想教育，是团结全党进行伟大政治斗争的中心环节。"①但是，思想教育要取得实效，首先需要解决全体党员学习的动力问题。正如毛泽东所指出的，学习运动的基础，是我们同志们自觉地热情。总结延安学习运动的历史经验，就是"学习要把自己摆进去"。延安时期有句形象的话，叫"自己钻文件，又用文件钻自己"，"把文件中的道理当作尺码来量一量自己，当作天平来称一称自己，当作镜子来照一照自己。"意思就是学习要把自己摆进去，这是延安时期从新党员到党的高级领导干部的共同经验。

第一，学习要把自己摆进去，是延安时期新党员们实现思想上入党的必由之路。

全民族抗战爆发之后，党员队伍经过迅猛发展，由抗战初期的4万人左右到党的七大召开时的120万人。刘少奇在《论共产党员的修养》中指出，党员是"带着各种各色不同的目的和动机"入党，不可能在加入党之前就深刻理解共产主义和党纲、党章，对于他们的教育，他们自己的修养和锻炼，是一个极为重要的问题。以作家茅盾的女儿沈霞为例，她于1940年初到达延安，进入延安大学学习俄文，1941年入党。初到延安，密集的学习教育令她非常不适应，她在日记里表达自己的困惑："我现在必须俄文第一，政治理论等等是必要的，但是不想弄到竟占了俄文应有的时间。说我政治落后，不关心政治，我完全不在乎。况且到底是不是落后、不关心，是不是就从他看不看政治书，是不是满口政治上去观察？这些观点还是应该打问号的。"经过一段时间的学习和培训，1942年底，沈霞在日记里用学到的政治理论进行自我剖析："因为不是从集体出发，从革命的需要出发，而是从个人的情绪出发，就做出了错误的结论。"她开始自省，"强调个性爱好是我到延安后的一个中心缺点。"这时的沈霞，不仅学会了用集体主义的价值观来反省自己，而且开始欢迎别人对自己的批评："我很喜欢看见现在所有的同志都能毫不顾忌地对我说出他心中的

① 毛泽东：《毛泽东选集》第3卷，人民出版社，1991，第1094页。

话，现在我已经能心平气和地听别人的意见，而且尽自己所能想到的提出材料，供大家参考。"1943年初，沈霞在日记中感叹："失眠的夜晚，想到自己是在做一个有用的螺丝钉（哪怕是很小很小的），白天少见的笑不自觉地挂在嘴边了。"沈霞这样的心路历程，应该是抗战时期入党的大批知识分子共同拥有的，从组织上入党到思想上入党，党组织为他们提供的学习教育层层递进、严格而有耐心，他们自身具备对党的信任与自我改造的真诚态度则是不可或缺的内在动因。

第二，学习要把自己摆进去，是延安时期老党员们实现由被动学习到主动学习的重要路径。

与新党员们对学习教育的低姿态不同，经历过革命斗争锻炼和生死考验的老党员，出于对自身经历的骄傲与政治信仰的自信，往往更容易将自己置身于学习培训旁观者的地位，能否将自己摆进去，就成为老党员们从被动学习到主动改造的重要转折点。曾任中共甘肃省委书记杨植霖，是1930年入党的老革命，谈到自己最初参加学习的体会时这样说："开始听到改造二字很感刺耳，我自己就觉得搞了许多年革命，坐过牢、打过游击，到头来怎么还得改造？别的同志也有此想法。"要让他们把自己摆进去，首先要引导他们认识到思想入党不是一劳永逸，而是终身所求，有针对性的干部教育培训此时起到了关键作

图5-2 干部在学习文件

用。1943年6月24日至7月4日，中央党校进行了学习文件的考试，题目是毛泽东亲自修改过的。试题之一是这样的：什么是学风中的教条主义？你所见到的最严重的表现是哪些？你自己在学习和工作中曾否犯过教条主义错误？如果犯过，表现在哪些方面？已经改正了多少？今后将如何改正或预防？这样的试题旨在引导学员将自己摆进学习内容中深入分析思考，切实加深对所学内容的领会和运用。学习中的杨植霖开始反思：拿无产阶级思想、党的要求照一照，又觉得很应该改造。用毛泽东整风报告和其他著作作为箭射自己这个靶子，收获很大。这时他对"改造"二字不但不反感，反而觉得实在是个救命之宝，并认为每一个真想革命的同志都应该欢迎思想改造，特别欢迎别人帮助自己进行思想改造。这样将自己摆进去的学习、领会和运用，结果就如作家刘白羽所说的，"我像越过了一道阴阳分界线，懂得了一个伟大的真理；过去自以为是在砸烂一个旧世界，实际上这个旧世界首先得从自己身上开始清除。"当这些老党员认识到自己需要进行思想教育，就开始自觉要求自我提升。秦基伟当年打报告要求去北方局党校学习，得到批准之后欣喜异常，在日记里写道：万分的高兴和痛快！学习的意识一旦树立，党性修养的主动性便大幅提升。

第三，对于党的高级领导干部而言，他们学习的内生动力则往往来自对党的历史进行的深刻反思，就是把自己摆进党的历史中进行反思。

毛泽东说过："指导一个伟大的革命运动的政党，如果没有革命理论，没有历史知识，没有对于实际运动的深刻的了解，要取得胜利是不可能的。""学习我们的历史遗产，用马克思主义的方法给以批判的总结，是我们学习的另一任务。"[1]因为亲身经历，这样的反思开始时并不容易，但

图5-3 饲养员在学文化

---

[1] 毛泽东：《毛泽东选集》第2卷，人民出版社，1991，第533页。

结果往往更加深邃。

从1940年下半年开始，毛泽东亲自主持收集和编辑了《六大以来——党内秘密文件》这本书，它汇集了从1928年6月党的六大到1941年11月期间党的历史文献519篇，包括党的会议纪要、决议、通告、声明、电报、指示，以及党报社论、主要领导人文章、信件，等等，共约280万字，于1941年8—9月份编印成册，毛泽东将其称为"党书"，作为当时党的高级领导干部学习与研究党史的主要材料。全程参加延安学习运动和整风运动的杨尚昆回忆说，他们系统读了"党书"，有了一个鲜明的比较，才开始认识到什么是正确路线，什么是错误路线；什么是创造性的马克思主义，什么是教条主义。"延安整风学习马列，研究历史，分清路线，整顿'三风'，特别是毛泽东提倡'实事求是'，从思想方法的高度总结历史经验教训，这是很伟大的；不然，全党的思想统一不了，七大可能开不成功，以后中国革命的发展也不会那么快取得胜利。"[1]1943年3月，在毛泽东的安排下，陈云在枣园养病期间，阅读了毛泽东的大量文电。几十年后，他同一位老同志谈话时说："在延安的时候，我曾自己研究过毛主席起草的文件、电报。当我全部读了毛主席起草的文件、电报之后，感到里面贯穿着一个基本指导思想，就是实事求是。那么，怎样才能做到实事求是？当时我的体会就是十五个字：不唯上、不唯书、只唯实，交换、比较、反复"。[2]高级领导干部在学习中把自己摆进去，所得到的收获和认知提升，就不仅是自身党性提高的体现，更为党的建设提供了重要的思想指南。

正是由于秉持了把自己摆进去的学习态度，因此从思想上解决了学习的动力问题。延安的学习热潮逐步转为常态，演变为广大党员工作和生活的一部分，其学习所能达到的广度和深度，今天看来还是让我们为之惊叹。作家高鲁（又名王世学）1938年入党，他在日记里非常完整地记录了自己的学习。仅1939年9月，高鲁与其他鲁艺学员一起前往晋察冀，途中历经一个月，他学了些什么呢？途中先后读了《中国启蒙运动史》《民族问题》《社会科学概论》《列宁主义概论》等理论著作，在野外听何干之（历史学家，1906—1969，入读早稻田大学和明治大学经济科，1934年入党，1937年入陕北公学任理论教

---

① 杨尚昆：《杨尚昆回忆录》，中央文献出版社，2001，第215页。
② 陈云：《陈云文选》第3卷，人民出版社，1995，第371页。

员）、沙可夫（1903—1961，艺术家、教育家，1926年入党，1937年在延安任新华通讯社主任，鲁艺副院长等职）的课各两次，月初还参加了一次军政测验，题目包括民主集中制在军队中的作用等。有意思的是，高鲁日记中还有一段有趣的记述：因为背粮，今天没听《八路军的政治工作总结报告》，是最大的损失。只能看同志们的笔记，也记得很简略，比起听报告来，效果差多了。显然，未能参加此次学习令高鲁感到遗憾。浓厚的学习氛围甚至导致资源短缺，朱德曾经在1940年的一次讲话中谈到：前方学习中的困难，首先是缺教授。缺到什么程度呢？邓小平同志带了两个马列学院毕业的同志到前方去，走到半途被人留下了，于是打了整整半年官司，结果还是从总司令部抽调了两个能教书的同志替他们"顶赎"回来。其次是缺书本子，最近延安给山东送去一二百本联共党史，他们只收到七本，半途上你一本我一本被抢光了。置身如此学习氛围当中的党员们感受如何呢？高鲁说："这确实是在战斗中学习，停下了就上课，这是中国共产党能成为民族解放战争中的主力的原因。"1944年到访延安的著名记者赵超构在系列通讯《延安一月》中曾经感慨共产党人坚定党性之来源：共产党员的一种特质，是入党之后，仍需不断接受训练。所谓党性之增强，一方面靠组织的力量，同时也须依赖那无时无刻不灌输到脑中的党教育，它使得每个党员，依照党的要求来改造自己。

二　有组织有计划地培养大批新干部

　　中国共产党是在一个几万万人的大民族中领导伟大革命斗争的党，没有多数才德兼备的领导干部，是不能完成其历史任务的。十七年来，我们党已经培养了不少的领导人才，军事、政治、文化、党务、民运各方面，都有了我们的骨干，这是党的光荣，也是全民族的光荣。但是，现有的骨干还不足以支撑斗争的大厦，还须广大地培养人才。在中国人民的伟大的斗争中，已经涌出并正在继续涌出很多的积极分子，我们的责任，就在于组织他们，培养他们，爱护他们，并善于使用他们。政治路线确定之后，干部就是决定的因素。因此，有计划地培养大批的新干部，就是我们的战斗任务。[①]

——毛泽东

（一）"革命的大熔炉"

全民族抗战爆发后，中华民族面临生死存亡的危急时刻，抗日救国成为国家政治生活的主题，民族危亡牵动着每一位中华儿女的赤子之心。中国共产党高举抗日民族统一战线的旗帜，用实际行动践行为人民服务的根本宗旨，使延安成为全中国最进步、最革命、最民主的抗战圣地，吸引着立志报国的青年和爱国知识分子，"到延安去"成了千万有志之士的共同愿望。他们渴望民主，追求光明，向往自由，从祖国的四面八方，从万里海外，不顾日本侵略者的铁骑和炮火，冲破国民党对边区的重重封锁，冒着生命危险像潮水般涌向陕甘宁边区，形成了"天下人心归延安"的壮观景象。从西安到延安蜿蜒起伏数百里

图5-4 爱国青年奔赴延安

---

① 毛泽东：《毛泽东选集》第2卷，人民出版社，1991，第526页。

的山路，成为追求真理的人们用意志和鲜血铺就的信仰之路、理想之路、救国之路。印度援华医疗队在赴延安途中，看到一批又一批奔赴延安的青年成群结队行进在崎岖难走的山路上，蔚为壮观。据统计，仅1938年5月至8月，经八路军驻西安办事处介绍赴延安的知识青年就有2288人。在投奔延安的人流中，有600余位海外归来的华侨青年，有200余位国际友人，还有国民党军政人员。人数最多的是青年知识分子，包括许多来延安之前已经在各个领域取得成就的知识分子，如一二·九运动的学生领袖黄华、姚依林、蒋南翔等；艺术界和教育界更多，如周扬、高士奇、徐懋庸、柳青、欧阳山尊、吴伯箫、艾青、何其芳、萧三、贺敬之、冼星海、陈荒煤、吴雪、马可、沙丁、吕骥、贺绿汀、周立波、刘白羽、艾思奇、范文澜、何干之、马健翔、吴亮平，等等。在这个群体中，还有一批女性更是令人钦佩，如丁玲、陈学昭等人，堪称人才荟萃，星光灿烂。尽管出身、信仰、年龄、职业、文化程度、生活习惯甚至语言都各不相同，但他们不约而同地汇聚到了延河岸边，会集到了中国共产党的旗帜下。

当时有不少作家用文字记录了知识分子投奔延安的盛况。王云风1938年在《奔向光明》诗作中写道："万重山，难又险，仰望圣地上青天。延安路上人如潮，青年男女浪滔滔。"柯仲平1939年创作《延安与青年》，诗中写道："青年，中国青年，延安吃的小米饭，延安穿的麻草鞋，为什么你要爱延安？青年回答：我们不怕走烂脚底板，也不怕遇上'水妖十八怪'，怕只怕吃不上

图5-5 中国抗日军政大学校门

图5-6　陕北公学开学典礼

延安的小米饭，不能到前方抗战，只怕取不上延安的经典，不能变成最革命的青年。"抗大政治部主任张际春在一篇纪念抗大三周年的文章中，回忆抗大学员奔赴延安的情景：他们有母女相约、夫妻相约、姐妹相约、兄弟相约、师生相约以至长官相约部署，结队成群来上抗大。例如孙炳文烈士的女儿孙维世，经周恩来介绍于1937年来延安，与她的母亲任锐在抗大同期同队学习。据曾在抗大第四期学习、后留校工作的孙毅民回忆，1938年4月抗大第四期开学，学员中有艺术家郑律成、贺绿汀，演员欧阳山尊、莫耶、汪洋等，还有张学良的弟弟张学思，杨虎城之子杨拯民，冯玉祥之侄冯文华，傅作义之弟傅作良，

图5-7　英姿飒爽的女学员

赵寿山之子赵元杰，武昌起义总司令黄兴之子黄鼎，等等。此外，还有5名国民党的县长。足见当年延安、抗大对于国人的吸引力之强大！

大批爱国青年和知识分子会聚延安，为中国共产党扩大组织、培养干部提供了绝好的机会，中央在《关于大量发展党员的决议》中明确指出："由于日本帝国主义的压迫与民族革命的新高潮，由于党的抗日民族统一战线政策的正确领导与党的影响的威信的扩大与提高，大批的革命分子要求入党，这给了我们发展党以极端有利的条件。"①如何将他们培养成真正的栋梁之才？毛泽东认为，最好最有效的办法是办学校。从1935年10月党中央落脚陕北到1945年抗日战争取得胜利，中国共产党先后创办和组建了大量的干部学校，其发展历程大致可划分为三个阶段：

一是1936—1939年，为初创阶段。先后创办了抗日军政大学、陕北公学、中国女子大学、延安自然科学院、马列学院、鲁迅艺术学院、鲁迅师范学院、延安工人学校、延安农业学校、安吴青训班、军委通信学校、回蒙学校、步兵学校、边区党校、延安中学、外籍抗属妇女学校、八路军荣誉军人学校、华北联合大学、八路军卫生学校等，还有中央组织部训练班和各类短期训练班。这一阶段是干部学校大发展阶段，创办了一些较正规的高等学校和专业学校，但大多数属于短训性质。为了抗战的急需，一般学习3~6个月，最多1年，主要进行马列主义启蒙教育和党的方针政策教育。在办学方向上，从抗战的实际需要出发，要求有一定的理论水准和军事技能，尤其是一些党、政、军学校。虽然条件十分艰苦，却开创了留住人才、培养人才的大好局面。

二是1940年至1941年12月，是干部学校规范化发展阶段。先后创办和组建了中国医科大学、民族学院、行政学院、延安大学、泽东青年干部学校、新文字干部学校、八路军军政学院、日本工农学校、敌军工作干部学校、军事学院、延安医药学校、部队艺术学校等。从短训向着学制发展（一般二至三年），确立了比较正规的学习制度，进一步明确了办学方向；比较系统地学习马克思列宁主义基础理论和文化知识，提高干部的理论水平、文化素质和各种专业技能。在推动教学质量提高的同时，在教学中也出现了理论与实际相脱离的现象。

---

① 中央档案馆：《中共中央文件选集》第11册，中共中央党校出版社，1991，第466页。

三是 1942—1945 年，为整顿提高阶段。这一阶段创办的学校不多。1941年 12 月，毛泽东主持中央政治局会议通过《中共中央关于延安干部学校的决定》，对各干部学校的教育方针、培养目标、领导关系、教师队伍、教材、学风、教学内容、教学方针等做出了 14 条规定，旨在推动理论与实际相结合，提高学生用马克思列宁主义理论解决中国实际问题的能力。延安全党整风是从中央党校开始的，以各干部学校为主要阵地，不只整顿了党的作风，也端正了各干部学校的学风，把延安的干部教育提高到了新的水平，极大地推动了马克思主义中国化的历史进程。

党中央高度重视干部教育问题，对各类干部学校的学生培养和教育予以高度关注。选派李维汉、凯丰、成仿吾、艾思奇、何思敬、何干之、吴亮平等优秀教育家、理论家到抗大、陕公、鲁艺等学校任教，为学院讲授马克思主义基本原理、中国革命基本问题、抗日民族统一战线、民众运动等课程；毛泽东、张闻天、朱德、刘少奇、陈云等中央领导人也经常到各校讲课，作时事报告，使进步青年得到了系统的学习和教育。

在延安这座革命的大熔炉中，成千上万的革命青年学到了新的思想、新的文化、新的技能、新的作风，提高了理论素养，树立起科学的世界观、人生观和价值观，增强了为人民服务的本领，从要求抗日的热血青年成长为有坚定信仰的革命战士、抗日先锋，迅速投身到抗日战争的各条战线中，极大地提高了党和军队的战斗能力。毛泽东在抗大成立三周年庆祝大会的讲话中兴奋而自豪地说："抗大三年来有其贡献于国家、民族、社会的大成绩，这就是它教成了几万个年轻有为与进步革命的学生。抗大今后必能继续有所贡献于国家、民族与社会，因为它还要造就大批年轻有为与进步革命的学生。昔日之黄埔，今日之抗大，是先后辉映，彼此竞美的。"[①]

从 1939 年开始，中央更加重视知识分子工作，一再重申对知识分子的使用和培养。12 月，毛泽东为中共中央起草了《大量吸收知识分子》的决定，特别强调了吸收知识分子的重要性："在长期的和残酷的民族解放战争中，在建立新中国的伟大斗争中，共产党必须善于吸收知识分子，才能组织伟大的抗战力量，组织千百万农民群众，发展革命的文化运动和发展革命的统一战线。

---

① 毛泽东：《毛泽东文集》第 2 卷，人民出版社，1993，第 187 页。

没有知识分子的参加，革命的胜利是不可能的。"决定明确提出："一切战区的党和一切党的军队，应该大量吸收知识分子加入我们的军队，加入我们的学校，加入政府工作。""全党同志必须认识，对于知识分子的正确的政策，是革命胜利的重要条件之一。"①在中央的要求下，中国共产党的各级组织开始大量吸收知识分子，使得党的干部中知识分子的比重大大提高。据1939年11月统计，边区党政方面的中级干部中，有85%是知识分子。华北地区的大多数干部是在1938年前参加工作的青年学生。就是靠这些干部，打开了局面，开展了工作，而且搞得非常好。通过对大量知识分子的成功培养和正确使用，中国共产党党内干部的政治理论水平和文化水平普遍提高，迅速扭转了干部队伍中存在的问题。

1946年，林伯渠在陕甘宁边区第三届参议会第一次会议上所作的工作报告中曾经有一个数字统计：在8年抗战期间，延安为其他解放区训练了4万名以上的政治、军事干部和数千名技术干部。抗日军政大学共培养抗战干部29072名，连同分布在各根据地的12所分校算在一起，培养干部总数达10万人。延安，为中国革命的胜利造就了一代新人，成为人才的"圣地"。

"百年积弱叹华夏，八载干戈仗延安。试问九州谁做主，万众瞩目清凉山。"陈毅的这首著名诗作生动地再现了"天下人心归延安"的火热年代。诗人何其芳在1938年11月创作的诗歌《我歌唱延安》中描述自己在延安的所见所感："延安的城门成天开着，成天有各个方向走过来的青年，背着行李，燃烧着希望，走进这城门。学习，歌唱，过着紧张的快活的日子。然后一群一群地，穿着军服，燃烧着热情，走散到各个方向去。"美国著名记者白修德和贾安娜在《中国的惊雷》一书中写道："延安真是一所巨型的实验室，在这所实验室里，所有热血澎湃的学生献出了他们的思想的精华，就在这些山沟的无数窑洞里，党把这些精华熔化成了全国性的政策，把这些智慧铸成实际组织的能力，然后又把这些人员和他们头脑里的成熟思想一股脑儿地重新送回到各个地区"②。邓小平曾经对延安干部教育的深远影响有过极高评价："抗日战争时期吸收了一部分知识分子，后来政治干部除了老红军以外，就靠这批人，从这批

① 毛泽东：《毛泽东选集》第2卷，人民出版社，1991，第618、619、620页。
② [美]白修德·贾安娜：《中国的惊雷》，人民出版社，1996，第125页。

'三八式'里边选出的。"①

（二）"要把全党变成一个大学校"

为了切实提高干部教育质量，使延安的干部教育有计划、有组织，切实完成大规模培养干部的任务，在1938年召开的党的六届六中全会上，毛泽东对干部问题予以了特别关注，把培养干部当作战斗任务提了出来："政治路线确定之后，干部就是决定的因素。因此，有计划地培养大批的新干部，就是我们的战斗任务。"②全会之后，延安从中央到地方掀起了一个普遍的、系统的、有计划有组织的在职干部学习热潮。

1939年2月，根据毛泽东的提议，中共中央设立了干部教育部，张闻天任部长，李维汉任副部长，管理各学校的教育方针、教育工作、招生工作，领导全党开展马列主义学习，并制定了《延安干部教育暂行计划》。5月20日，在陕北公学大礼堂召开干部学习动员大会，出席大会的有延安各机关学校团体的代表1000余人。会上，毛泽东把延安在职干部教育制度叫作"新发明的大学制度"，是"天下第一"的"无期大学"，对参加学习的人员范围和学习运动的领导做了明确的界定："要把全党变成一个大学校。学校的领导者，就是中央。各地方党部，八路军、新四军、游击队，都是这个大学的分校。全党同志以及非党的战士们，都须进这个学校。"③动员大会之后，延安在职干部教育广泛地开展起来，真正成为了一所学员最多、条件最简陋但最有成效的大学校。随着学习运动的深入，延安在职干部教育的方针、体制和内容都进一步完善起来，形成了独具特色的中国共产党干部教育的制度基础。

第一，针对不同教学对象，实行分类组织和教学指导。

党的六届六中全会为全党制定的干部教育总方针是："为了保证共产党员能在抗战建国大业中起其应有的作用，为了使共产党扩大发展成为能担当抗战

---

① 邓小平：《邓小平文选》第2卷，人民出版社，1994，第62页。
② 毛泽东：《毛泽东选集》第2卷，人民出版社，1991，第526页。
③ 毛泽东：《毛泽东文集》第2卷，人民出版社，1993，第185页。

图5-8　学员在露天上课

建国大业中一部分光荣任务的巨大力量，必须大批培养和提拔有胆有识能做能为的党员干部和非党员干部，并且最适当地使用教育和爱护这些干部。必须加紧认真地提高全党理论水平，自上而下一致地努力学习马克思、恩格斯、列宁、斯大林的理论，学会灵活地把马克思列宁主义及国际经验应用到中国每个实际斗争中来。研究孙中山先生的三民主义，研究中国历史，提高工农干部和一般党员的文化水平。"[1]根据这个总方针，中央书记处于1940年1月3日发布《中共中央关于干部学习的指示》（以下简称《指示》），对干部教育的方针、课程与在职干部学习等问题做了一般规定。遵循"由浅入深、由中国到外国的原则"制定了干部教育的学习内容，大体分为："甲、初级课程：中国近代革命史、中国革命与中国共产党、游击战争、社会科学常识。乙、中级课程：联共党史、马列主义。丙、高级课程：政治经济学、历史唯物论与辩证唯物论、近代世界革命史。丁、时事政治课程分为中国、日本、国际三个方面经常研究。戊、军队中应有的军事学习课"[2]。同时该《指示》特别规定："凡不识字的或

---

① 陕西师范大学教育研究所：《陕甘宁边区教育资料（在职干部教育部分）》，教育科学出版社，1981，第2页。
② 同上书，第32页。

文化水平过低的干部，必须以学习文化课消灭文盲为主"。这些课程是对全党干部的总体要求。

在此基础上，同年3月20日，中共中央作出《关于在职干部教育的指示》（以下简称《在职教育指示》），以文化理论水平的高低与参加革命的早晚作为划分标准，将在职干部大致分为四类，即"有相当文化理论水准的老干部；文化理论水准都较低的老干部；有相当文化水准的新干部；工农出身的新干部"。针对上述四类干部，《在职教育指示》将课程内容分为不同次序，即"甲类、联共党史、马列主义、政治经济学、哲学。乙类、文化课与中国问题同时并进。然后转入甲类课程。但文化课须提到能够自由阅读普通书报。丙类、中国革命与中国共产党（党建），中国问题，然后转入甲类课程。丁类、文化课与中国问题同时并进，文化课须提到能够自由阅读普通书报，党建学完则学中国问题"。另外还规定："时事问题为一切在职干部必须经常研究的科目（党建为主要材料）；军事工作干部必须研究军事；地方工作干部必须学习必要的军事知识。"[1]根据以上文件精神，各级组织针对不同的学习对象，实行了分类组织与教学指导，延安及延安附近的学校、团体、机关、部队中，干事、科员、班长以上的在职干部以至中央负责同志都参加了学习，并均取得了一定的学习效果。其学习范围之广，受益范围之大，堪称是全党办学兴学。

第二，把政治理论教育放在首位。

延安时期，党十分重视对干部开展政治教育工作，政治理论教育是延安时期干部教育最为重要的内容，在提高广大干部政治思想觉悟方面发挥了重要作用。为推动马列主义基本原理与中国实际相结合，用革命的理论武装中国共产党，在党的六届六中全会上，毛泽东将政治理论教育提高到了中国革命能否取得胜利的战略高度来认识，集中阐述了党的理论学习问题，指出："一般地说，一切有相当研究能力的共产党员，都要研究马克思、恩格斯、列宁、斯大林的理论，都要研究我们民族的历史，都要研究当前运动的情况和趋势；并经过他们去教育那些文化水准较低的党员。特殊地说，干部应当着重地研究这

---

① 陕西师范大学教育研究所：《陕甘宁边区教育资料（在职干部教育部分）》，教育科学出版社，1981，第34页。

些，中央委员和高级干部尤其应当加紧研究。指导一个伟大的革命运动的政党，如果没有革命理论，没有历史知识，没有对于实际运动的深刻的了解，要取得胜利是不可能的。""在担负主要领导责任的观点上说，如果我们党有一百个至二百个系统地而不是零碎地、实际地而不是空洞地学会了马克思列宁主义的同志，就会大大地提高我们党的战斗力量，并加速我们战胜日本帝国主义的工作。"正是在这次会议上，毛泽东向全党发出了加强理论学习的号召："普遍地深入地研究马克思列宁主义的理论的任务，对于我们，是一个亟待解决并须着重地致力才能解决的大问题。"①

党的六届六中全会之后中央出台的一系列文件，也都将政治理论教育作为干部教育的重中之重。从学习教育初始阶段，中央就将联共党史、马列主义、政治经济学、历史唯物论与辩证唯物论、近代世界革命史等政治理论课程列入学习教育内容，并制定了一系列制度以保证这些教育内容在党的各级领导干部中大力推广。整风运动开始后，中共中央于1941年12月17日通过《中共中央关于延安干部学校的决定》（简称《决定》），明确指出了延安政治理论教育中存在的理论与实际、所学与所用脱节，主观主义与教条主义严重等问题，强调学习马列主义理论的目的是为了使学生能够正确地应用这种理论去解决中国革命的实际问题，而不是为了书本上各项原则的死记与背诵。该《决定》的精神在其后的延安干部教育中得到了很好的贯彻，尤其是在延安的干部学校内贯彻落实最为彻底，形成了中国共产党干部教育独具特色的政治理论教育的雏形。

以抗日军政大学为例，作为一所以培养抗日战争中军事政治的领导干部为目的的学校，其教育方针的重要一方面就是"坚定正确的政治方向"。为此，学校开设的主要科目包括政治常识、政治工作、抗日民族统一战线、政治经济学、中国革命史、社会科学等，充分体现抗日军政大学的人才培养方向。同时，根据抗日军政大学学生专业培养方向的不同，政治课开设的比重也有区别。培养军事干部的军事队，军事操课时间占全部教学时间的三分之二，政治课占全部教学时间的三分之一。而以培养军队政治干部为主的政治队，在课程时间安排上则刚刚相反，军事操课时间占全部教学时间的三分之一，政治课占全部教学时间的三分之二。政治理论课教学在当时发挥了重要的马列主义思想

① 毛泽东：《毛泽东选集》第2卷，人民出版社，1991，第532–533页。

启蒙的作用，许多学员的马列主义启蒙教育就是从党校开始的。

1941年9月，中共中央决定将陕北公学、中国女子大学、泽东青年干部学校合并成立延安大学，"实施新型正规化的新民主主义教育，大量培养为人民服务的各项专业干部及普通干部为目的"[①]。作为中国共产党开设的第一所综合类院校，遵照延安时期政治理论教育的相关要求与经验，延安大学的课程设置分为"各系共同的政治课与各系专修业务课两种"，将中国政治、中国经济、根据地情况及政策、敌伪研究、中国通史，国际问题、三民主义、思想方法论、国文等课程作为一般政治必修课，要求所有院系学生共同学习。至此，延安时期干部教育中的政治理论教育课程开始走向系统化、规范化。开设政治必修课，也成为中国共产党领导下的高等教育独具特色的教学内容，沿用至今。

第三，高度重视文化知识教育。

延安时期，党的干部队伍中，存在大量工农出身的、文化水平较低的干部，这是延安学习运动开始之后干部教育所面临的主要困难之一。学习运动开始之初，中央对此就已经予以关注，《六中全会决议》中关于干部教育的方针明确提出要"提高工农干部和一般党员的文化水平"；《中共中央关于干部学习的指示》强调："凡不识字的或文化水平较低的干部，必须以学习文化课消灭文盲为主。"[②]但是，随着延安学习运动向纵深发展，这个问题还是成为提高学习教育效果亟待解决的问题。

学习运动开始之后，中央宣传部（干部教育部后来合并到中宣部中）曾经做过三次总检查，发现一个非常突出的问题，就是学习进程存在极端不平衡现象，其中丙类干部（一般是指工农出身、没有看书能力、担任事务工作的干部[③]）的学习是最薄弱的一环："一般的比较差，有许多则很差"。"丙类干部事务工作大都繁忙，难于按时学习；文化水平太低，进步慢；他们年龄大了，学

---

① 陕西师范大学教育研究所：《陕甘宁边区教育资料（高等教育和干部学校部分）》，教育科学出版社，1981，第128页。

② 陕西师范大学教育研究所：《陕甘宁边区教育资料（在职干部教育部分）》，教育科学出版社，1981，第33页。

③ 同上书，第23页。

不进，没有学习的习惯，不会'挤'，更不高兴'钻'。"①中共中央对此予以高度重视，不仅从制度上严格学习教育的各项规定，而且进一步提升了文化知识教育的宣传力度和考核目标，从简单的扫盲提升到要求具备政治理论、业务能力学习的基本知识条件。《解放日报》发表的一篇社论，将文化水平的提高与能否真正克服主观主义和教条主义错误联系在一起。"掌握文化是掌握马列主义的钥匙，不知道为什么会打雷下雨，为什么要开窗户，不懂得百分数与比例，不知春秋战国是什么，不晓得中国现在到底有多少行省，阿哥廷与巴西在哪里，而夸夸其谈的说'无产阶级专政是无产阶级斗争的最高形式'，'质与量的关系''两个世界的对立'之类，这不只是会使学习者望而却步，不只是本末倒置，而且简直是对马列主义的讽刺。这种主观主义和教条主义的毒害应该是肃清的时候了。"②这样的宣传引导，有力地增强了干部对文化学习的重视程度。

为了推动文化知识教育取得实效，《中央关于延安在职干部教育的决定》（以下简称《决定》）对文化知识教育对象、教育内容和所应达到的标准都进行了非常具体的阐述。"其教育与学习范围，暂定为国文、历史、地理、算数、自然、社会、政治等课，宣传教育部门应负责解决课本问题。其教育与学习方法，在环境许可的地方，必须一律开办文化补习班或文化补习学校，或一机关独办，或数机关合办，或采取轮训制，轮流抽调干部集中一地学习，都是好的。在这些补习班或补习学校中应有专职的教职员，辅之以兼任的教职员。在环境不许可的地方，则用小组学习制，以该机关某一文化程度较高的干部减少其日常工作使他兼任教员，亦可专用教员。文化班或文化学校，可分为初级的及中级的两种，初级班为不识文字及粗识文字的人而设，以学至大体相当于高小程度为合格。中级班为已有高小程度的人而设，以学至大体相当于中学程度为合格。干部分班应以文化程度为标准，不以职位为标准。

"此外，某些从事宣传教育工作的干部，虽属知识分子，但尚有补习国文

---

① 陕西师范大学教育研究所：《陕甘宁边区教育资料（在职干部教育部分）》，教育科学出版社，1981，第93页。

② 同上书，第160页。

及文法之必要者，则用小组学习制或其他学习办法补习之。为着提高广大干部的文化水平，应在党政军机关内提高文化教员的地位，最好的文化教员应受到极大的欢迎和优待。对办理文化教育成功的人员应受到奖励。"①上述《决定》对县级营级以上领导干部文化知识教育的目标界定为："没有较高的文化水平，马列主义理论的学习是不可能的。凡文化水平太低而又需要与可能学习的县级营级以上工农出身的老干部，应先补习文化。这种补习，不应只限于识字之多少，而应包含阅读写作能力，历史地理常识，社会政治常识与自然科学常识的获得。文化班编制的标准，应依照学生的文化水平，而不依照其工作职位。"②

同时，地方政府根据各地实际情况，进一步明确了对文化知识学习的目标要求。由于陕甘宁边区干部文化水平很低，特别是区一级的干部，各区负责人多系文盲，所以在边区第二次党代表大会上，曾严肃地提出了提高干部文化程度和政治理论水平的任务，并通过《关于党内干部教育问题的决议》。这个决议规定："边区内凡不识字的党的干部，应一律参加识字组，或由所属机关团体中的支部指定专人经常教学，务期于一九四〇年内完全消灭党员干部中的文盲，达到每人至少认识一千字。由边委出版一个党员千字课本，作为测验标准。"③通过以上具体规定不难看出，中共中央不仅对领导干部文化知识教育予以了高度重视，创造了当时条件下可以提供的最好学习环境，而且非常重视利用现有资源，将文化知识教育与干部整体素质提升紧密联系在一起，立足当下、放眼未来，是对党的领导干部开展的一次卓有成效的素质教育。

第四，加大对专业业务教育的投入力度。

相比于政治理论教育和文化知识教育，专业业务教育一度并未被予以足够重视。《中共中央关于在职干部教育的决定》中对此曾有批评："在有些地方有些部门中，甚至还没有出现，没有强调业务教育，而大多数在职干部要求学习

---

① 陕西师范大学教育研究所：《陕甘宁边区教育资料（在职干部教育部分）》，教育科学出版社，1981，第165页。
② 同上书，第150页。
③ 同上书，第173页。

业务与精通业务的热情则是很高的。"①随着延安时期党政军各项管理工作日益健全，边区社会经济日益发展，形成了各种不同的专业分工，党的干部必须具备一定的专业业务水平，才能够胜任工作岗位的要求。因此，中央对领导干部专业业务教育开始予以高度重视，不仅明确了延安各种干部院校的培养目标，提出了更广泛的进行专业业务教育的要求，而且将之作为延安干部教育的重要内容写入中央文件当中。

1940年2月2日，中共中央、中央军委发布《关于培养财经人员理论知识和技能的指示》，要求在八路军和新四军中迅速培养一批有理论基础和较高财经技能的干部，并要求财经干部有计划地学习马克思主义通俗经济学，研究苏联的财经政策、党的各时期财经政策和法令以及中国经济问题，比较完整地提出了关于提高专业业务教育的要求。

1940年12月发布的《中共中央关于延安干部学校的决定》，首次对学校的专业业务教育提出明确要求："凡带专门性质的学校（例如军事的、政治法律的、财经政治的、自然科学的、文艺的、师范教育的、医学的等等），应以学习有关该项专门工作的理论与实际的课程为主。"②该决定首次对所有在职干部提出了明确的专业业务学习要求："对一切在职干部，都需给以业务教育，实行'做什么学什么'的口号。不论从事政治、党务、文化、教育、宣传、组织、民运、锄奸、财政、经济、金融、医药、卫生及其他任何工作部门的干部，必须学会精通自己的业务，这是第一个教育任务与学习任务。各级党委、各级政治部及其宣传教育部门则负总领导的责任。"

至此，专业业务教育成为延安时期干部教育的重要内容，其内容规定非常具体翔实："第一是关于与各部门业务密切关系的周围情况的调查研究。例如军事部门精密调查敌友我三方情况，加以分析研究，摘其要点，编成教材，用以教育军事干部；其余类推。第二是关于与各部门业务密切关系的政策法令指示决定的研究。例如财政工作人员应熟悉财政政策与财政法令，锄奸工作人员应熟悉锄奸政策与锄奸法令；其余类推。第三是关于各部门业务具体经验的研

---

① 陕西师范大学教育研究所：《陕甘宁边区教育资料（在职干部教育部分）》，教育科学出版社，1981，第162-163页。

② 同上书，第150页。

究。例如党的组织部门研究党的组织工作与干部工作的经验，加以分析和综合，抽出要点，写成文件，教育所属干部；其余类推。第四是关于各部门业务的历史知识。例如党的宣传部门将我党二十年宣传鼓动工作及其政策的变化发展，加以叙述与总结，编成教材，教育宣传工作干部；其余类推。第五是关于各部门业务的科学知识。例如军事干部研究军事学，医务干部研究医学等，每一部门均须研究自己的理论。对于上列各项业务学习，各部门领导机关负有供给教材、指导学习及考查成绩的责任，务使所属干部从理论与实际两方面，逐渐达到学会与精通自己职业之目的。轻视学习业务与精通业务的观点是错误的。"[①]

图5-9　陕北公学外景

为确保学校专业业务教育落到实处，《中共中央关于延安干部学校的决定》还对几种课程类型的比例做了明确规定："文化课、政治课与专门课的比例应以各校情况决定之。一般来说，专门课应占百分之五十（不需补习文化之学校，则专门课应占百分之八十），文化课应占百分之三十，政治课应占百分

---

① 陕西师范大学教育研究所：《陕甘宁边区教育资料（在职干部教育部分）》，教育科学出版社，1981，第163-164页。

图5-10 学员们高唱抗战歌曲

之二十，坚决纠正过去以政治课压倒其他一切课目的不正常现象。"

以陕北公学为例，作为培养抗战干部尤其是培养民众干部的学校，以抗战干部最需要什么为切入点，陕北公学的办学者们得出了4点抗战干部最低限度的迫切需要，即：（1）抗战的基本理论；（2）抗战的政策及方法；（3）指挥民众武装进行战斗的基本知识；（4）对于目前的时局的认识。据此，学校的中心课程开设以下4门：（1）社会科学概论；（2）抗日民族统一战线与民众工作；（3）游击战争与军事常识；（4）时事演讲。在课程配备上，原则上是三分军事七分政治。同时，为了进一步培养专门的学者，陕北公学在大学部上面还筹备一个研究部，分了4个系：民主政法系、民生经济系、民族文化系、国防教育系。这样的预想在陕北公学与中国女子大学、泽东青年干部学校合并成立延安大学后得以初步变为现实。延安大学分设行政学院、自然科学院、鲁迅文艺学院及医药系，以分别培养各种专门干部。行政学院分设行政、司法、财经、教育4系；自然科学院分设工学、农学、化学3系；鲁迅文艺学院分设戏剧、音乐、美术、文学4系。各系内依照业务性质分班或分组。课程设置方面，除开设全部院系均需学习的必修政治课之外，则均以各专业专门课程为主体。

在中共中央和毛泽东的高度重视下，延安的干部教育与延安整风同步推进，取得了极为显著的成就。1942年在《关于整顿三风》的报告中，毛泽东从党的历史和延安所具有的政治地位出发，对延安干部教育的意义给予充分肯定："现在延安所进行的教育和学习，是有全国意义的。""延安这个地方集中了全国的人才，所以我们的教育工作有全国性的意义。延安的干部教育好了，学习好了，现在可以对付黑暗，将来可以迎接光明，创造新世界，这个意义非常之大。"①

（三）"抗大抗大，越抗越大"

抗日军事政治大学是中共中央落脚陕北后建立的第一所干部院校，其前身是中国抗日红军大学。1936年6月1日，在中华民族生死存亡的重大历史关头，中国抗日红军大学在陕北瓦窑堡米粮山上的一座旧庙堂举行开学典礼，简称"红大"。1937年1月，中国抗日红军大学随同中共中央迁至延安，更名为中国抗日军事政治大学，简称"抗大"。从1936年创立到1945年抗战结束的9年办学期间，抗日军事政治大学总校在烽火硝烟中开办了8期培训班，其中延安办学4期。深入敌后办学4期。抗大还在敌后根据地建立了12所分校、5所陆军中学和1所附设中学，共培养了10多万德才兼备、信念坚定的军政人才，一批又一批地输送到中国共产党领导的敌后抗日根据地和各地的抗日武装，为中国抗日战争的全面胜利乃至新中国成立和社会主义建设打下了坚实的人才基础。作为一所驰名中外的军政大学，抗大是中国共产党在延安时期创建干部学校的典范，积累了成功的办学经验，培育了延安精神的原生形态之一——抗大精神，成为民族解放和社会解放的一面光辉旗帜，代表了延安的办学方向和办学成就。

第一，坚定正确的政治方向。

抗大的教育方针，是毛泽东亲自制定的。1938年4月9日，毛泽东参加抗大第四期第三大队开学典礼，围绕抗大应当学什么的问题，发表了十分精彩的演讲。他首先肯定了同学们的抗日精神与决心，"诸同学不避艰苦，从很远的

---

① 毛泽东：《毛泽东文集》第2卷，人民出版社，1993，第412页。

地方，风尘跋涉，来此学习，这种精神，这种决心，是很好的。"然后他强调了抗大的特殊性，"你们在这里学习的时间很短，只有几个月，学不到很多的东西，不像别的大学可以学几多年"。毛泽东告诉大家，在抗大可以学一样东西，就是抗日救国的宗旨。"首先是学一个政治方向。……你们要学一个正确的政治方向，这就是要打日本、怎样打日本、为什么日本帝国主义一定能打倒的正确的政治方向。"他勉励大家要有坚持政治方向的决心："革命的过程，像在波涛汹涌的江河中行船，怯懦者常常会动摇起来，不知所措。在革命的大浪潮中遇到困难便动摇退缩的人在历史上是有的，希望你们中间没有这样的人，你们要为中华民族的解放，为建设新中国而永不退缩，勇往直前，要坚决地为全国四万万五千万同胞奋斗到底！"①毛泽东告诫大家，要奋斗到底，就要做好牺牲的准备，就是牺牲升官、牺牲发财甚至牺牲生命的准备。在抗大成立三周年讲话时，毛泽东又一次强调了这一点："抗大的教育方针是，坚定正确的政治方向，艰苦奋斗的工作作风，灵活机动的战略战术。这三者，是造成一个抗日的革命的军人所不可缺一的。抗大的职员、教员、学生，都是根据这三者去进行教育与从事学习的。"②为了确保抗大成为造就党的优秀军政人才的熔炉，整个办学期间，抗大始终坚持了这一办学方针。

一是坚持把政治教育作为中心一环。抗大的学员主要分为两大类：一类是八路军、新四军和各抗日民主根据地抽调的干部，有高级将领也有基层干部；第二类就是从敌占区、国统区奔赴延安的青年知识分子，从1937年7月至1939年6月，延安接纳的3万多名青年学生中，一半以上进入抗大学习。他们在抗大各期学员中占比很大，如第二期占45%，第三期占37%，第四期占83%，第五期占78%。他们有着可爱的革命的热情，也是怀着一定的"决心"来革命的。但正如宋平在回忆中讲到的，"抗日的高潮推动大批有志爱国的青年涌进了革命的队伍。然而这批革命青年（包括已经加入共产党的青年党员）的抗日热情虽然很高，在理论上却没有什么准备。他们寻找共产党，投奔延安，只是为了参加抗日斗争，为了投奔光明，至于共产党究竟是什么？社会发

---

① 毛泽东：《毛泽东文集》第2卷，人民出版社，1993，第116、119页。
② 毛泽东：《毛泽东文集》第2卷，人民出版社，1993，第188页。

展的前途和规律又是什么？头脑并不十分清楚"[①]。坚定正确的政治方向，就是要帮助学员们牢固树立为抗日救国和抗战建国奋斗的决心。为此，在课程设置上，抗大将马克思主义概论、中国革命问题、共产主义和共产党、哲学、政治经济学、民众运动以及毛泽东的一些重要著作作为必修课，使他们掌握马克思主义的基本理论和立场、观点、方法，了解中国社会和基本国情，认识中国社会的发展规律，教育引导学员把抗日救国的满腔热情转化为为实现民族解放和社会解放乃至为实现共产主义奋斗终生的坚定信念。很多学员就是通过这些课程完成了马克思列宁主义的启蒙教育。抗大第四期一位学员说，到延安一个月，我了解中国原来是一个半殖民地半封建的国家，于是豁然贯通，大彻大悟。中国的经济性质知道了，中国革命的性质知道了，目前的中心是抗日问题也知道了！所以为了抗日，便要联合一切抗日的阶层、党派，来建立统一战线，同时也要减租减息，改善人民生活。不可否认，一个月的教学成果，对于这名学员而言，确实是一场思想深处的革命。

二是高度重视师资力量配备。抗大初创时期，干部、教员奇缺，红大在职干部14人，教员仅有3人。为了办好学校，中共中央对抗大工作高度重视，选调了一大批经过战争考验、具有军事或政治工作经验的干部到学校工作。毛泽东亲自兼任抗大教育委员会主席，直接领导学校的工作。林彪、刘伯承、罗瑞卿、许光达、滕代远、何长工、徐向前、彭绍辉等先后任校长。同时，中央通过各种渠道，从大后方请了艾思奇、何思敬、任白戈等知名学者到抗大、陕北公学任教。为了让大家安心教学工作，毛泽东多次强调做好教育工作的意义，要同志们安心当好"母鸡"，因为"母鸡"是教育干部的干部。中央要求领导干部们都要抽出时间承担一些教学任务，如毛泽东给抗大第二期讲授"辩证唯物论"，每周讲授2次，每次4个小时，下午还参加学员讨论。从1937年4月开始，他坚持3个月，授课共110多小时。其他中央领导同志也都曾为抗大学员授课，朱德总司令讲授过党的建设，董必武讲授中国近代革命史，张闻天讲授中国问题，博古讲授马列主义基础知识。毛泽东多次参加抗大开学或毕业典礼，多次在抗大讲话。仅在中央档案馆保存下来的讲话记录，从1938年至1939年就多达25篇。抗大刚刚成立时，教员只有3位，却享受到了最好的

---

① 宋平：《张闻天对干部理论教育的贡献》，《党的文献》1988年第3期。

"师资"。罗瑞卿这样描写："我们的教员困难吗？但我们却有了更好的教员，许多共产党的领袖，他们抽出了不能抽出的时间亲自给我们教课。我们的第一期学生，可以说就是他们所亲自教养出来的。仅就这一点来说，我们第一期的学生可又太幸运了。"①

三是严肃政治纪律、军事纪律和生活纪律。毛泽东为抗大制定了"团结，紧张，严肃，活泼"的校训，塑造昂扬向上的革命校风。毛泽东说："抗大的革命与进步，是因为它的职员教员与课程是革命与进步的，又因为它的学生是革命与进步的，没有这两方面的革命性进步性，抗大决不能成为全国与全世界称赞的抗大。"②抗大官兵平等，罗瑞卿担任副校长期间，实行民主管理，经常与同学们一起打球、散步、谈心，大家亲切地称他为"罗头"。抗大民主自由，学校设有意见箱，每个人都可以自由发表自己的意见和看法，每周都开民主生活会，学员之间团结互助，进行批评与自我批评，共同提高。学生们物质生活艰苦，但精神生活富足，他们随时随地都在唱歌。抗大经常举办文娱晚会、体育活动以及各种各样的戏剧表演，业余生活丰富多彩。

但与此同时，抗大的纪律是非常严明的。学员一进校就实行严格的军事生活，每天从起床到熄灯，出操、上课、讨论、晚点名，雷厉风行，紧张有序。1937年底，因恋爱不成而杀人的抗大第三期第六队队长黄克功被执行枪决，在抗大曾引起很大反响。黄克功案件后，毛泽东专门到抗大作了《革命与恋爱》的报告，向抗大学员提出婚恋要遵循的三条原则，即"革命的原则、不妨碍工作学习的原则和自愿的原则"，引导教职员工正确处理恋爱婚姻问题。1939年发生的另外一件事情，在抗大也产生了很大的震动。抗大有一位普通党员刘立功，1938年入党，在抗大毕业后又进了党的训练班，专门学习"党的建设"。训练班毕业后，他在学习期间的鉴定是：非常自高自大，有不少共产党员所不应该有的观点。党组织根据这个鉴定，同时考虑他是没有工作经验的新党员，所以决定让他到基层工作中去锻炼。刘立功谎称生病，以此为理由拒绝接受分配。经过许多教育说服工作，刘立功仍然坚持个人意见，坚决不服从党的决定，拒绝工作。中央党务委员会认为，刘立功采取个人主义的态度，

① 罗瑞卿：《抗大的过去与现在》，《解放周刊》第48期，第17页。
② 毛泽东：《毛泽东文集》第2卷，人民出版社，1993，第187页。

图5-11　抗大毕业学员奔赴抗日前线

不服从党的分配，完全没有党员服从组织的立场，于是在1939年4月19日决定开除刘立功的党籍，并要求各级党组织讨论这一决定，从中吸取教训。时任中央组织部部长陈云撰写了《为什么要开除刘立功的党籍》的评论，他指出："处在抗日战争的时代，战争中共产党员遵守党的纪律是胜利的必要条件。""只有使全体党员自觉地遵守纪律，纪律才能成为铁的、不可动摇的有效的东西。共产党之所以能够成为无产阶级有组织的部队，正是因为它的每个党员都有着高度的政治觉悟，对革命有无限忠诚和责任心的无产阶级先锋队的分子。"①陈云的这篇评论，非常有说服力，对广大党员尤其是抗大和延安干部学校的所有学员加强纪律教育起了重要的警示作用。正如毛泽东在抗大第二期开学典礼上的讲话中所指出："抗大像一块磨刀石，把那些小资产阶级意识——感情冲动、粗暴浮躁、没有耐心等等，磨他个精光，把自己变成一把雪亮的利刃，去创新社会，去打倒日本。"抗大培养的是拥有坚定理想信念、决定将革命进行到底的坚强战士。

第二，艰苦奋斗的工作作风。

毛泽东把艰苦奋斗称为"完成这种政治方向的工作作风"，认为只有艰苦

---

① 《解放》1939年第37期，第24页。

奋斗的工作作风才能达到和完成坚定正确的政治方向。抗大是在极为艰苦的条件下创立的。学员莫文骅回忆道："我们的教室选择在一个最大的石洞中，它原是一个羊圈。我们先把羊粪清除走，在石壁上凿出了一块大黑板，用石头砌成了桌子和凳子，还选了一些石头作粉笔，又给老师用石头砌了一个挺像样的讲台。"①毛泽东与其他领导同志参观红大简陋的校舍时曾幽默地说："你们是过着石器时代的生活，学习当代最先进的社会科学——马克思列宁主义。你们是元始天尊的弟子，在洞中修炼，什么时候下山呢？天下大乱你们就下山。"美国记者埃德加·斯诺在《西行漫记》中描述这所学校是"世界上唯一不怕轰炸的高等学府"，因为它就设立在山上天然形成的石洞中。

1938年4月，《在抗大应当学习什么?》的演讲中，毛泽东再次强调了艰苦奋斗工作作风的重要性。他说："在我们的征途上摆着一样东西，其名曰'困难'，我们告诉它，我们是从抗日军政大学锻炼出来的，不怕你！它说它有很大的本领，能使我们没衣服穿，我们不怕；能使我们没饭吃，我们不怕。它说它还有飞机、大炮、坦克，但我们都不怕。我们克服了一切的困难，再问它还有没有，它说没有了，便只好缴枪。我们便是这样去战胜日本帝国主义!"②抗

图5-12 抗大毕业学员奔赴敌后抗日根据地

---

① 中国人民解放军历史资料丛书编审委员会：《院校回忆史料》，解放军出版社，1995，第188页。

② 毛泽东：《毛泽东文集》第2卷，人民出版社，1993，第117-118页。

大学员秉持着艰苦奋斗的作风，不仅习惯了爬山、吃小米饭，而且学会了不怕所有困难，练就了坚强的意志品质。在抗大，每个学员都要经历吃、穿、住这些日常生活的艰苦考验。他们要住窑洞，要吃野菜，要开荒种地，要上山背柴，要到数十里甚至上百里的地方去背粮，还要自己打草鞋、缝补衣服等。这些日常生活的考验让学员们懂得了革命就是要吃苦，真正培养了艰苦奋斗的工作作风。许多青年特别是南方的青年刚来延安时，第一餐看到小米饭还以为是黄黄的"蛋炒饭"，一吃才感觉粗糙难以下咽。经过几个月的锻炼，慢慢就习惯了。

1941—1943年，边区和各抗日根据地财政经济面临严重困难，抗大总校和不少分校连小米也没有了，大家就吃野菜、高粱、黑豆、树皮等。为了打破敌人的封锁，党中央发出大生产运动的号召，抗大积极响应，开荒种地，纺线织布，自己动手，丰衣足食，将教育学习与生产劳动相结合，不仅解决了吃饭穿衣问题，而且培养了劳动精神。抗大一分校胶东支校的学员李本文回忆自己当年参加大生产运动的经历时说："开荒很艰苦，我记得捡石子，十个手指头都磨破了，医疗条件也差，弄一点布一包，继续干"，"除了开荒之外，最艰苦的一件事就是积肥"，"肥料运到开荒的地里，也有十里路，谁攒的肥谁来挑，用担子挑或者两个人抬。大家都很积极，你挑的多，我比你还要多。我在一次挑肥中晕倒了，醒过来以后，发现在医院。他们还在挑肥，我怎么能躺着，我说不行，我要走了"①。经历了抗大的锻炼，一位学员这样说："后来我什么都不怕，再苦再累再难也不怕。"朱德总司令1943年5月5日在延安八路军大礼堂给抗大二分校附中全体师生讲话时，把抗大生活总结为："拿起锄头，开荒种地，建设校舍；拿起枪杆，练好杀敌本领，保卫边区；拿起笔杆，学习马列主义和科学知识。"

第三，灵活机动的战略战术。

毛泽东在抗大第四期第三大队开学典礼上的讲话中，要求抗大学员要学战略战术。"抗大是军事学校，……你们要学做一个军人，要学军事，要学战略战术——灵活的战略战术。我们这里的战略战术不是呆板的，而是灵活的，就是无论敌人用什么方法来进攻，我们都有一种办法对付，敌人用这一种方法打

---

① 中国延安干部学院：《抗大》，中共党史出版社，2015，第257页。

图5-13　从延安到达山东的部分干部

过来，我们用另一种方法打过去。运用灵活的战略战术，等到敌人技穷了，我们便可以打胜它。"①根据这个教育方针，在抗大，政治教育是中心，军事教育是重点。军事教育的内容是学习基本的军事理论，各种战术、战法等，而军事教育的灵魂则是使学员掌握灵活机动的战略战术。1936年秋，毛泽东在红军大学作了《中国革命战争的战略问题》讲演，全面、系统地总结了土地革命战争的经验。1938年5月，又发表了《抗日游击战争的战略问题》《论持久战》两篇重要的军事著作，明确了抗日战争必将胜利的光明前景，分析了游击战争在其中的战略地位。这些重要的军事著作都成为抗大教学的最好教材。

从教学理念上，抗大完全遵循理论联系实际的教学方针，军事教员在讲授理论科目时，都会联系实际的战斗案例，讲一些战斗故事，让大家讨论和总结成功的经验和失败的教训，旨在使抗大学员在战争中一切从实际出发，实事求是，审时度势，达到"保存自己，消灭敌人"的目的。抗大三分校学员李昌华回忆当年上军事理论课的情景："那时候学得津津有味，一方面讲理论，一方面搞实习。不是利用地形地物嘛，就让你去看这个地方应该怎样利用，比如这个大树，应该是利用左边还是利用右边，利用左边你身子暴露，因为你枪在右边啊，应该利用右边，拿树挡着。理论联系实际的教学方法，结合实际在那

---

① 毛泽东：《毛泽东文集》第2卷，人民出版社，1993，第116-117页。

图5-14 干部学校的学员在开荒

教，所以印象就深刻。"①为了切实提高实战能力，抗大让一部分军事教员下部队代职，通过参加实战，总结经验，然后再回到抗大授课。抗大总校第四期学员高锐对聂凤智给他们上的军事课印象深刻："军事课是聂凤智讲，他没文化，但很聪明，课讲得很好。他不光在教室里面讲，还到野外演习、班进攻、排进攻、连进攻。"通过理论联系实际的教学，抗大学员的军事素质大大提高，抗大给各部队输送了大批战斗骨干。

邓小平在抗大五周年校庆的献词中高度评价抗大的功绩："数万个革命青年，经过抗大熔炉的锻炼，一批一批的输送到抗日战争的最前线，抗大的威力已经在全国各地每个角落里显示出来，几万干部在各方面所起的作用，是不可估计的。"抗大办学的巨大成功，抗大学员的英勇善战，引起了对手的高度重视以至于恐慌。冈村宁次曾经扬言道："消灭了抗大，就是消灭边区的一半"，"宁肯牺牲10个日本兵换一个抗大学员，牺牲50个日本兵换一个抗大干部。"侵华日军对抗大的恨之入骨由此可见一斑。日军曾经多次进攻和偷袭深入敌后办学的抗大总校和分校，都以失败告终，不但没能够消灭抗大，反而令抗大在抗日烽火中日渐壮大。刘伯承元帅当年就骄傲地说："抗大越抗越大，雄赳

---

① 中国延安干部学院：《抗大》，中共党史出版社，2015，第282页。

赳、气昂昂，讲讲唱唱，歌声嘹亮，走到哪里，哪里变了样。"[1]

抗大诞生于抗日战争的烽火硝烟中，壮大于人民战争的汪洋大海中。它的历史功绩不仅在于培养了10余万军政干部，而且培养了成千上万名党的知识分子干部，为革命战争的胜利作出了历史性贡献，为新中国成立和建设，作出了不可替代的贡献。抗大的功绩还在于，它培育并形成了延安精神的原生形态之一——抗大精神，作为党的宝贵精神财富被代代传承，成为一代代年轻人报效祖国的强大精神动力。

[1] 李志明：《革命熔炉》，中共党史资料出版社，1985，第327页。

延安精神：滋养初心、淬炼灵魂

第六章

06

| 延安精神的主要内涵 |

延安精神培育了一代代中国共产党人，是我们党的宝贵精神财富。要坚持不懈用延安精神教育广大党员、干部，用以滋养初心、淬炼灵魂，从中汲取信仰的力量、查找党性的差距、校准前进的方向。[①]

——习近平

[①] 《习近平在陕西考察时强调 扎实做好"六稳"工作落实"六保"任务 奋力谱写陕西新时代追赶超越新篇章》，《人民日报》，2020年4月24日。

　　伟大的延安精神教育滋养了几代中国共产党人，始终是凝聚人心、战胜困难、开拓前进的强大精神力量。弘扬延安精神，要把坚定正确的政治方向放在第一位，牢记全心全意为人民服务的宗旨，坚持解放思想、实事求是、与时俱进，始终牢记"两个务必"，保持延安时期那么一种忘我精神、那么一股昂扬斗志、那么一种科学精神，为建设和发展中国特色社会主义不懈奋斗。[①]

——习近平

一　坚定正确的政治方向

　　政治方向是党生存发展第一位的问题，事关党的前途命运和事业兴衰成败。红军过草地的时候，伙夫同志一起床，不问今天有没有米煮饭，却先问向南走还是向北走。这说明在红军队伍里，即便是一名炊事员，也懂得方向问题比吃什么更重要。如果在方向问题上出现偏离，就会犯颠覆性错误。对此，我们必须有十分清醒的认识。[②]

——习近平

　　坚定正确的政治方向是延安精神的灵魂。马克思主义政党的政治领导不是抽象的，而是在带领广大人民群众为实现共产主义长远目标奋斗的过程中，通过制定和执行正确的政治路线，通过共产党员的先锋模范作用，在对中国人民的革命和建设事业发挥引领作用的过程中实现的。延安时期，中国共产党不仅始终坚持为共产主义事业不懈奋斗的崇高理想，而且制定出切实可行的现实奋斗目标，把党的最高纲领与最低纲领统一起来，从而为中国革命指明了正确方向。毛泽东说："革命党是群众的向导，在革命中未有革命党领错了路而革命

---

①　《习近平在陕西调研时强调结合新的实际弘扬延安精神　坚持求真务实推进党的建设》，《人民日报》2009年11月17日。

②　习近平：《习近平谈治国理政》第3卷，外文出版社，2020，第93页。

不失败的。"①为了不领错路，中国共产党一方面必须坚定不移地为实现共产主义这一最终目标而不懈奋斗，另一方面，必须根据历史发展的客观要求和广大人民群众的愿望，从实际出发确定不同历史阶段的主要任务及实现这些任务的有效途径，作为团结全国人民共同奋斗的现实目标，把党的最高纲领和最低纲领统一起来、把最终目标和现实目标有机结合，这就是正确的政治方向。

延安时期，中国共产党把实现共产主义的长远目标和抗战建国的现实目标统一起来，高举抗日民族统一战线的旗帜，坚持全面持久的抗战路线，使全党和全国人民在实际斗争中坚持了正确的政治方向。延安时期，以毛泽东为代表的中国共产党人，坚持推动马克思主义中国化，在准确把握中国国情的基础上，确立并坚持了新民主主义革命总路线的正确方向，科学地解决了最高纲领和最低纲领的统一，实现了共产主义崇高理想与新民主主义社会奋斗目标的有机结合。

（一）积极倡导、推动建立并坚决维护抗日民族统一战线

中国共产党落脚陕北之时，正值日本帝国主义灭亡中国的狂妄计划步步推进之际，中华民族面临生死存亡的严重危机。当此民族存亡之际，中国共产党适时调整政治路线，从《八一宣言》到瓦窑堡会议，及时纠正了党内长期存在的"左"倾关门主义，确立"组织千千万万的民众，调动浩浩荡荡的革命军"，建立广泛的抗日民族统一战线，反对日本帝国主义的政治路线，推动建立并坚决维护了抗日民族统一战线，在坚持敌后抗战的同时，积极调整政治、经济、文化纲领和各项方针政策，实施"三三制"的政权组织形式，切实推行民主政治，实行减租减息的土地政策，推动实施精兵简政的政策，开展轰轰烈烈的大生产运动，把陕甘宁边区打造成人民战争的指挥中心和模范的抗日民主根据地，从而最大限度地动员、团结千千万万中华儿女为挽救民族危亡而聚集在中国共产党的旗帜之下，投身抗战洪流。开辟了中华民族团结一致、同仇敌忾、共御外侮的崭新局面，为中国共产党在抗日战争中发挥中流砥柱作用指明

---

① 毛泽东：《毛泽东选集》第1卷，人民出版社，1991，第3页。

了正确的政治方向。

（二）创立并坚持新民主主义革命的方向

延安时期，以毛泽东为代表的中国共产党人，科学地总结党领导民主革命正反两方面经验教训，在提出并推动马克思主义中国化的过程中，系统形成新民主主义革命理论。1939年冬至1940年初，毛泽东写下《中国革命和中国共产党》《新民主主义论》等经典著作，系统地提出新民主主义的完整理论，科学地分析中国社会各阶级现状及其现实关系，指明了当时阶段革命的对象、任务、领导、动力、性质，明确了中国民主革命已经转变为无产阶级领导下的新民主主义革命。毛泽东指出，中国半殖民地半封建社会的性质决定了，中国革命必须分两步走，即民主主义革命和社会主义革命。而中国的民主主义革命在一九一九年五四运动之后，已经不是一般的民主主义革命而是新民主主义革命，是无产阶级领导的人民大众的反帝反封建的革命。这个革命的前途，不是资本主义的，而是社会主义和共产主义的，是要"建立以中国无产阶级为首领的中国各个革命阶级联合专政的新民主主义的社会，以完结其第一阶段。然后，再使之发展到第二阶段，以建立中国社会主义的社会"[①]。"只有经过民主主义，才能到达社会主义，这是马克思主义的天经地义。"[②]这就是中国的历史必由之路。正是在这一科学理论的指导下，中国共产党正确解决了共产主义最高纲领和新民主主义政治、经济、文化纲领的统一，正确指导全体共产党员把为共产主义奋斗的崇高理想落实到打败日本侵略者、建立新中国的现实奋斗中去，最终取得了抗日战争和解放战争的伟大胜利。

①　毛泽东：《毛泽东选集》第2卷，人民出版社，1991，第672页。
②　毛泽东：《毛泽东选集》第3卷，人民出版社，1991，第1060页。

二 解放思想、实事求是的思想路线

　　我们党是靠实事求是起家和兴旺发展起来的。实事求是作为党的思想路线，它始终是马克思主义中国化理论成果的精髓和灵魂，既是毛泽东思想的精髓和灵魂，也是包括邓小平理论、"三个代表"重要思想以及科学发展观在内的中国特色社会主义理论体系的精髓和灵魂；它始终是中国共产党人认识世界和改造世界的根本要求，是我们党的基本思想方法、工作方法和领导方法，是党带领人民推动中国革命、建设、改革事业不断取得胜利的重要法宝。[①]

——习近平

　　解放思想、实事求是是延安精神的精髓，是中国共产党人的思想路线和思想作风，体现了马克思主义的科学世界观。中国共产党解放思想、实事求是的思想路线，是在艰难探索中国革命正确道路的曲折过程中逐步确立的；解放思想、实事求是思想路线的确立，是延安时期中国共产党走向成熟的重要思想基础。早在20世纪30年代，毛泽东就已经认识到正确思想路线的重要性，并进行了初步的探索。1929年12月，毛泽东在主持起草的《古田会议决议》中强调："主观主义，在某些党员中浓厚地存在，这对分析政治形势和指导工作，都非常不利。因为对于政治形势的主观主义的分析和对于工作的主观主义的指导，其必然的结果，不是机会主义，就是盲动主义。"[②]他主张要"教育党员用马克思列宁主义的方法去作政治形势的分析和阶级势力的估量，以代替主观主义的分析和估量"，"使党员注意社会经济的调查和研究，由此来决定斗争的策略和工作的方法，使同志们知道离开了实际情况的调查，就要坠入空想和盲动的深坑"[③]。这可以看作毛泽东对马克思主义基本原理同中国实际相结合的初

---

① 习近平：《坚持实事求是的思想路线》，《学习时报》2012年5月28日。
② 毛泽东：《毛泽东选集》第1卷，人民出版社，1991，第91页。
③ 同上书，第92页。

步思考。

中央红军到达陕北后，特别是1936年下半年至1937年上半年，在深刻反思遵义会议前中国革命经历的两次胜利、两次失败经验教训的基础上，毛泽东从思想路线的高度总结党的历史经验，写出了《〈共产党人〉发刊词》《中国革命战争的战略问题》《实践论》《矛盾论》等重要著作，分析导致中国革命屡屡遭遇挫折的问题所在，批评党内以教条主义为主要特征的"左"倾错误，奠定了实事求是思想路线的理论基础。

1938年，在中国共产党扩大的六届六中全会上，毛泽东旗帜鲜明地提出了"马克思主义中国化"的命题，并指明了坚持正确思想路线应该解决的问题："成为伟大中华民族的一部分而和这个民族血肉相联的共产党员，离开中国特点来谈马克思主义，只是抽象的空洞的马克思主义。因此，使马克思主义在中国具体化，使之在其每一表现中带着必须有的中国的特性，即是说，按照中国的特点去应用它，成为全党亟待了解并亟须解决的问题。洋八股必须废止，空洞抽象的调头必须少唱，教条主义必须休息，而代之以新鲜活泼的、为中国老百姓所喜闻乐见的中国作风和中国气派。"①党的六届六中全会开启了全党范围内第一次系统学习马克思列宁主义的思想教育运动，在提升全党马克思主义理论水平的同时，极大地促进了中国共产党推动马克思主义中国化的历史进程。

1941年开始的延安整风，以反对主观主义、宗派主义、党八股为主要内容，其实质就是在反思历史错误、总结历史经验的基础上，在全党最终确立实事求是思想路线。

1941年5月，毛泽东在《改造我们的学习》中，对实事求是做了最为科学、完整的阐释："'实事'就是客观存在着的一切事物，'是'就是客观事物的内部联系，即规律性，'求'就是我们去研究。我们要从国内外、省内外、县内外、区内外的实际情况出发，从其中引出其固有的而不是臆造的规律性，即找出周围事变的内部联系，作为我们行动的向导。而要这样做，就须不凭主观想象，不凭一时的热情，不凭死的书本，而凭客观存在的事实，详细地占有资料，在马克思列宁主义一般原理的指导下，从这些材料中引出正确的结论。

---

① 毛泽东：《毛泽东选集》第2卷，人民出版社，1991，第534页。

这种结论，不是甲乙丙丁的现象罗列，也不是夸夸其谈的滥调文章，而是科学的结论。这种态度，有实事求是之意，无哗众取宠之心。这种态度，就是党性的表现，就是理论和实际统一的马克思列宁主义的作风。这是一个共产党员起码应该具备的态度。如果有了这种态度，那就既不是'头重脚轻根底浅'，也不是'嘴尖皮厚腹中空'了。"①毛泽东尖锐地指出："共产党不靠吓人吃饭，而是靠马克思列宁主义的真理吃饭，靠实事求是吃饭，靠科学吃饭。"②"我们所要的是香的马克思主义，不是臭的马克思主义；是活的马克思主义，不是死的马克思主义。"③

1942年底，在西北局高级干部会议上，毛泽东在表扬延安县同志们的精神时，说他们没有一件事不是实事求是的，他们对于他们领导的延安县人民的情绪、要求和各种具体情况是充分了解的，他们完全和群众打成一片，因此他们完全没有了主观主义、宗派主义和党八股，再次向全党倡导实事求是思想路线。党的六届六中全会之后开始的学习运动，包括其后开展的整风运动，其本质上就是宣传马克思主义基本原理，解放思想、实事求是思想路线的学习教育运动。全党本着对人民事业高度负责的态度，深入学习和研究马克思列宁主义理论，运用马克思主义基本原理分析和解决中国革命的实际问题，从中国革命的曲折历程中汲取经验、总结教训，"坚持真理，修正错误"，以自我革命的勇气推动党的建设伟大工程，树立了实事求是思想路线，形成了马克思主义中国化的第一个理论成果——毛泽东思想，推进了全党思想上、政治上、理论上的成熟，极大地加速了中国革命胜利的进程，也开启了中国共产党在马克思主义中国化基础上不断推动理论创新的历史进程。实事求是因此成为了延安精神的精髓。

---

① 毛泽东：《毛泽东选集》第3卷，人民出版社，1991，第801页。

② 同上书，第835–836页。

③ 毛泽东：《毛泽东文集》第3卷，人民出版社，1996，第332页。

三 全心全意为人民服务的根本宗旨

> 人民立场是中国共产党的根本政治立场，是马克思主义政党区别于其他政党的显著标志。党与人民风雨同舟、生死与共，始终保持血肉联系，是党战胜一切困难和风险的根本保证，正所谓"得众则得国，失众则失国"。①
>
> ——习近平

全心全意为人民服务是延安精神的本质和核心，是中国共产党人的唯一宗旨和终极价值追求。中国共产党从走上中国政治舞台的那一天开始，就把自己的命运同民族和人民的命运紧密地联系在一起，义无反顾地投入到为人民服务的伟大事业之中，成为中华民族和中国最广大人民根本利益的忠实代表。延安时期，伴随实事求是思想路线的确立，以毛泽东同志为代表的中国共产党人进行了卓有成效的理论探索，提出并逐步完善全心全意为人民服务的观点，并在党的第七次全国代表大会上，把为人民服务写进了党章。党章的总纲部分规定："中国共产党人必须具有全心全意为人民服务的精神，必须与工人群众、农民群众及其他革命人民建立广泛的联系，并经常注意巩固和扩大这种联系。每一个党员都必须理解党的利益与人民利益的一致性，对党负责与对人民负责的一致性。每一个党员都必须用心倾听人民群众的呼声和了解他们的迫切需要，并帮助他们组织起来，为实现他们的需要而斗争。每一个党员都必须决心向人民群众学习，同时以革命精神不疲倦地去教育人民群众，启发和提高人民群众的觉悟。中国共产党必须经常警戒自己脱离人民群众的危险性，必须经常注意防止自己内部的尾巴主义、命令主义、关门主义、官僚主义和军阀主义等

---

① 《习近平关于"不忘初心、牢记使命"重要论述摘编》，中央文献出版社、党建读物出版社，2019，第235页。

脱离群众的错误倾向。"①延安时期，全心全意为人民服务被确立为中国共产党人的根本宗旨。

延安时期，系统形成中国共产党的群众路线、群众观点和群众工作方法。群众路线是中国共产党的根本政治路线和组织路线，是战胜敌人、克服困难、赢得胜利的一大法宝。刘少奇在党的七大关于修改党章的报告中说，党的群众路线，"就是要使我们党与人民群众建立正确关系的路线，就是要使我们党用正确的态度与正确的方法去领导人民群众的路线，就是要使我们党的领导机关和领导人与被领导的群众建立正确关系的路线。"②党的七大把群众路线的基本精神载入党纲和党章之中。毛泽东等党的老一辈革命家对群众路线进行了理论上的深刻论述和行动上的彻底实践，以人民是历史的创造者为出发点，认为人民群众是真正的英雄，如果党脱离了人民群众，就像是鱼没有了水，是没有可能生存下来的。

无论面对抗日战场以弱胜强的困难局面，还是面对陕甘宁边区严重的财政经济困难，毛泽东等中央领导同志反复强调，只要我们依靠群众，坚决地相信群众，和人民打成一片，那就任何困难都能克服，任何敌人都压不倒我们，而只能被我们打败。从这一点出发，党中央要求全体共产党员无论做任何工作，都要放手发动群众，善于把群众组织起来，让群众自己来解放自己，共产党员只做引导者和向导。同时，毛泽东要求共产党员要虚心向群众学习，永远做群众的学生。刘少奇这样阐述群众观点："一切为了人民群众的观点，一切向人民群众负责的观点，相信群众自己解放自己的观点，向人民群众学习的观点，这一切，就是我们的群众观点，就是人民群众的先进部队对人民的观点。我们同志有了这些观点，有了坚固的明确的这些群众观点，才能有明确的工作中的群众路线，才能实行正确的领导。"③以群众路线为基础的群众工作方法，可以有效提高群众执行党的路线、方针、政策的自觉性，又可以保证党的路线、方针、政策符合群众利益从而具有科学性和正确性。

---

① 本书编写组：《中国共产党章程汇编》（从一大—十六大），中共中央党校出版社，2006，第47-49页。

② 刘少奇：《刘少奇选集》上卷，人民出版社，1981，第348页。

③ 同上书，第354页。

美国学者杰克·葛雷，从领导方法的角度对中国共产党的群众路线进行了一番分析，表达了高度认同与钦佩："在这个过程中，具有政治觉悟的领导层与当地社区中那些目不识丁、远离政治的大众保持着直接的联系，直接从他们那里了解他们的想法、他们的见识和他们的疑难；并在此基础上，依据各地的经验及相应的理论，将大众的意见进行归纳总结。接着，又将这些总结出来的意见拿回到大众中去进行实践和检验，及时发现新问题。最后取得多数人的同意，作出决议，指导实践。这种政治方法的优点是可以防止命令主义和上层分子的虚饰主义倾向，使全体民众都积极投身政策的决定与执行。这同时也是一个教育过程，广大民众在这个过程中逐步克服他们的政治沉默、对变革的疑虑、对现代技术及组织效能的无知、对外界的无知、对政府的恐惧，以及他们狭隘的家庭宗族观念和短视的经济观点。"①

延安时期，中国共产党把为人民谋利益作为一切政策的出发点和立足点，在实践中彻底践行了全心全意为人民服务的根本宗旨。党不但制定了符合人民利益的新民主主义总路线以及抗日民族统一战线政策，还制定了把这些路线政策落到实处的具体措施，并在实践中将其变为现实。诸如全面持久抗战、"三三制"、精兵简政、减租减息的土地政策，等等，并在执行过程中，密切联系群众，随时听取群众意见作为政策调整的依据。为解决边区"鱼大水小"的问题，边区政府采纳党外人士李鼎铭的建议，推行精兵简政。为了切实收到精兵简政的效果，在中央和毛泽东的直接领导下，连续三次在边区和各根据地实施这一政策，调整机构，使党政机关工作人员减少四分之一。在抗战相持阶段，边区遭受重重困难的情况下，为了减轻民众负担，党中央号召党政机关工作人员包括军队将士、学校学生，"自己动手，丰衣足食"，开展大生产运动，解决了边区严重的财政经济困难。这些政策措施的提出和实施，都是以维护人民利益为根本出发点，极大地减轻了边区人民的负担，使边区出现繁荣昌盛、兵强马壮的大好局面，开创了党的历史上党群关系、干群关系最好的时期之一，为党赢得了全国绝大多数人民的衷心拥护，为中国革命的胜利奠定了牢固的群众基础，造就了中国共产党真正的力量之源、胜利之本。

---

① 马克·塞尔登：《革命中的中国——延安道路》，魏晓明、冯崇义译，社会科学文献出版社，2002，第259页。

四 自力更生、艰苦奋斗的创业精神

"宝剑锋从磨砺出，梅花香自苦寒来。"人类的美好理想，都不可能唾手而得，都离不开筚路蓝缕、手胼足胝的艰苦奋斗。我们的国家，我们的民族，从积贫积弱一步一步走到今天的发展繁荣，靠的就是一代又一代人的顽强拼搏，靠的就是中华民族自强不息的奋斗精神。[①]

——习近平

自力更生、艰苦奋斗是延安精神的显著特征，也是中国共产党人的政治本色。中华民族历来就有勤俭之风，留下了"历览前贤国与家，成由勤俭败由奢"，"忧劳可以兴国，逸豫可以亡身"等名句以警示后人。中国共产党人将中华民族这一传统美德继承并发扬光大，与共产主义崇高理想和为人民谋幸福的初心使命相结合，在艰苦卓绝的革命历程中，排除千难万险、克服重重困难，以坚忍不拔的品质和不屈不挠的毅力，创造了一个又一个辉煌成就，从而使自力更生、艰苦奋斗成为了这支政治力量最为鲜明和显著的特征。

陕甘宁边区本就是一个经济社会十分落后的地区，陕北地处黄土高原腹地，地瘠民贫、交通不便。中共中央落脚陕北之后，一方面要面对中华民族生死存亡的严重危机，一方面还要面对恶劣的自然环境和严重的物资短缺，中国共产党依靠自力更生、艰苦奋斗的精神从容应对。1935年12月，毛泽东在瓦窑堡的窑洞里发出了民族的最强音："我们中华民族有同自己的敌人血战到底的气概，有在自力更生的基础上光复旧物的决心，有自立于世界民族之林的能力。"[②]1936年，到访延安的美国记者埃德加·斯诺形容道："陕北是我在中国见到的最贫困的地区之一。"他在陕北见到了毛泽东在简陋的窑洞里胸怀天下，见到了儒雅的周恩来坐在土炕上谈笑风生，见到了彭德怀穿着降落伞制作

---

① 习近平:《习近平谈治国理政》，外文出版社，2014，第52页。
② 毛泽东:《毛泽东选集》第1卷，人民出版社，1991，第161页。

的背心指挥若定，也见到了财政部长林伯渠戴着一条腿的眼镜访贫问苦。他认为这些共产党人身上具有独特的"东方魔力"和"兴国之光"，他对这些人代表的政治力量将在中国成就伟业再无怀疑。

无论是初到陕北时的艰苦创业，还是复杂战争环境下的严重困难，自力更生、艰苦奋斗始终是共产党人战胜一切困难险阻的基本保证，也是中国共产党能够坚持正确政治方向的基本保证。1938年3月，毛泽东在陕北公学毕业典礼上发表讲话时说："我们陕公的方向是要打倒日本帝国主义，建立新中国，这个方向我们要坚持下去。""走这个方向便须有坚定的意志和在艰难困苦的奋斗中不怕牺牲一切的精神。"①1938年4月，在抗大开学典礼上，毛泽东明确提出抗大学生必须学习"达到及完成这种政治方向的工作作风——艰苦奋斗的工作作风"。抗战进入相持阶段，国力、民力、物力都承受着巨大压力，中共中央更加强调自力更生、艰苦奋斗的重要性。1939年9月，毛泽东同中央社、《扫荡报》和《新民报》的3位记者谈话时指出："中国抗战主要地依靠自力更生。如果过去也讲自力更生，那末，在新的国际环境下，自力更生就更加重要。"②在陕甘宁边区，党中央号召"自己动手，丰衣足食"，边区党政军民全部参加生产劳动，一时间形成了边区军民都参战、男女老幼齐动员的壮观景象，从中国共产党最高领导人到边区原来不参加生产劳动的妇女们，全部成为这场全民抗战中的重要一员，在实现丰衣足食的同时，更为坚持持久抗战打下了坚实的物质基础。

围绕大生产运动，美国学者马克·塞尔登进行了一番国共两党军队的政治比较："军队在经济方面所起的不同作用，正好典型地体现了中共军队与国民党军队之间的不同。其他军队都骑在农民头上作威作福，中共的军队则通过共同抵抗日军的侵略和共同战天斗地、改善生活来建立军民鱼水情。在陕甘宁边区，军队为自给自足所进行的努力，大大减轻了维持庞大军队的负担。""包括毛泽东在内，党政军领导人都要参加某种形式的生产劳动。这不是孤立的举措，而是一种新的领导方式的有机组成部分：在政治经济活动中干部既是领导者，又是参加者。正像整风运动中在小组会上的批评与自我批评使领导干部不

---

① 毛泽东：《毛泽东文集》第2卷，人民出版社，1993，第104、105页。
② 毛泽东：《毛泽东选集》第2卷，人民出版社，1991，第588页。

再高高在上而是直接面对不同的意见与行动一样，生产运动也旨在通过体力劳动与脑力劳动的相结合来增强领导与被领导者之间、干部与人民之间的团结。"①马克·塞尔登的评析是深刻的，他不仅看到了中国共产党面对困难的从容不迫，也看到了中国共产党开展大生产运动背后深厚的为民情怀，更看到了大生产运动在中国共产党和民众之间建立的深厚感情纽带。延安时期的大生产运动所彰显的，不仅仅是中国共产党自力更生、艰苦奋斗解决经济困难的决心与举措，更是国共两党在抗日战争大环境下不同的政治理念与政治追求。这场伟大运动使中华民族自力更生、艰苦奋斗的优良传统在中国共产党人身上得到了弘扬和升华，成为中国共产党人不变的政治本色。

---

① 马克·塞尔登：《革命中的中国——延安道路》，魏晓明、冯崇义译，社会科学文献出版社，2002，第241、239页。

第七章
07

延安精神的时代传承

　　延安精神是中华民族优良传统的继承和发展，是我们党的性质和宗旨的集中体现。弘扬延安精神，对于推进中国特色社会主义事业、实现中华民族伟大复兴具有重要意义。①

——习近平

① 《人民日报》2010 年 5 月 19 日。

一　从延安精神中汲取信仰力量，做新时代筑梦者

　　新时代中国青年要树立对马克思主义的信仰、对中国特色社会主义的信念、对中华民族伟大复兴中国梦的信心，到人民群众中去，到新时代新天地中去，让理想信念在创业奋斗中升华，让青春在创新创造中闪光！①

——习近平

（一）"有高尚的理想，正是青年的优点"

　　中国共产党从成立之日起，就将为中国人民谋幸福、为中华民族谋复兴作为自己的初心和使命，并一以贯之地体现到党的全部奋斗之中。延安时期，中国共产党秉持对理想信念的执着追求、对中华民族的责任担当、对人民群众的无限热忱，将以延安为中心的陕甘宁边区打造成了抗战圣地、理想圣地、人才圣地。"明镜所以照形，古事所以知今"，中国共产党当年在偏僻的延安古城书写了伟大的成功史诗，实现由弱变强、转败为胜的伟大逆转，形成了光耀千秋的延安精神。回望这一段波澜壮阔的历史，为的是传承延安精神，从中汲取信仰的力量，找寻前进的动力。正如习近平总书记所说，在学思践悟中坚定理想信念，在奋发有为中践行初心使命。延安时期，无数热血青年会聚延河之滨，成长为具有坚定理想信念的抗战先锋、国之栋梁，他们对信仰的执着追求、为理想而献身的精神，跨越岁月变迁，依然闪烁着耀眼的时代光芒，是当代青年为实现中华民族伟大复兴中国梦而努力奋斗的精神基石。

　　2014年5月4日，习近平总书记在北京大学师生座谈会上的讲话中指出："青年的价值取向决定了未来整个社会的价值取向，而青年又处在价值观形成和确立的时期，抓好这一时期的价值观养成十分重要。这就像穿衣服扣扣子一

---

① 习近平：《习近平谈治国理政》第3卷，外文出版社，2020，第334页。

样，如果第一粒扣子扣错了，剩余的扣子都会扣错。人生的扣子从一开始就要扣好。"①当年延安青年人生的第一粒扣子，就是在延安扣好的。他们的锻造提升之路，在特殊的战争环境下完成。

1938年4月，党的重要领导人张闻天在陕北公学做过一次十分著名的演讲，名为《论青年的修养》。他结合当时抗战的形势，从青年与时代关系的高度，论述了抗战初期的革命青年应该怎样树立高尚的理想，怎样将共产主义理想同抗日战争的现实结合起来。张闻天首先就青年在民族战争中的地位做了定位："从全国民族抗战开始到现在这个时期，青年的确占着一个很重要的地位。我们无论从哪一方面来看，不论是军事方面也好，政治方面也好，文化教育方面也好，都可以看到广大青年群众的活跃。他们总是站在抗战的最前线，为中华民族的解放而牺牲奋斗。同时，由于抗战规模扩大和展开，青年的责任也更加重要了。"他赞扬"有高尚的理想，正是青年的优点"，这是青年最可宝贵的东西。陕北公学的学生，为什么不远千里来到荒凉的陕北呢？正是为了寻找高尚的理想。

张闻天谆谆教诲即将奔赴战区、敌后根据地从事抗日武装斗争和统一战线工作的青年：第一，"要有坚定的高尚的理想"。他提醒大家，有高尚的理想是可贵的，但必须分清理想与空想的区别，理想是建筑在现实社会物质基础之上的东西，是适合于人类社会发展的必然趋势的，所以它是可以实现的；离开实现理想的社会力量而空谈理想，那也是一种空想，战胜日本帝国主义的理想，就要依靠各阶级、各党派团体的民族统一战线的力量；理想之为理想，还需要有实现理想的具体方法，每一位共产主义者都必须学习马克思列宁主义的策略与战略，否则理想就会成为空谈。抗日救国，实现民族独立、民权自由、民生幸福是我们今天的理想，共产主义是我们将来的理想。他启发、引导青年，把自己的理想建筑在结实坚固的科学的基础之上。第二，"要为实现自己的理想奋斗到底"。树立了高尚的理想，就要有为实现理想而牺牲奋斗的精神。张闻天指出，在为理想而奋斗的过程中必然要碰到无数困难与波折，无论在任何困难下，坚持为自己的理想而奋斗，是绝对必要的。如果没有这种坚持性，任何理想都不能实现。长征中如果没有为了理想而牺牲奋斗而坚持到底的精神，就

---

① 习近平：《习近平谈治国理政》，外文出版社，2014，第172页。

是一千里的长征也是不可能的。如果不能坚持抗战到底，遭遇挫折就悲观失望，战胜日寇的理想是不可能实现的。张闻天分析了青年身上存在的弱点，即对革命的持久性和困难性估计不足，受不住旧社会思想习惯的压力，经不起物质上的诱惑，以及缺乏足够的忍耐与坚定而往往有动摇性。张闻天告诫青年，要克服这些弱点，坚持理想并为理想奋斗到底，理想就必然能够实现。第三，"要学习实现理想的办法"。有了理想和决心是不够的，还要有实现理想的办法。张闻天要求青年克服"感情用事"和"幼稚病"，学习实现理想的具体办法。他嘱咐青年，为了完成坚持抗战，最后战胜日寇的中心任务，要善于根据不同地区的具体情况，来决定实现这个中心任务的具体办法，并以极大的灵活性、机动性与创造性来实现自己的理想，不能乱干一气。因为情况在变动着，至死不变的东西是没有的。而"一切革命的理论，我们也只能当作行动的指南而不能当作教条。一切先进的革命理论，也要在实践中充实自己与发展自己的"。同时，张闻天强调，在任务规定之后应该立刻开始实际工作，做行动家而不是空谈家，改掉"议而不决，决而不行"的恶习。第四，"要同群众一起去实现自己的理想"。理想的实现要靠千千万万的群众，青年要实现自己的理想，就要能发动群众为自己的理想而奋斗。青年要怎样才能担负领导群众的责任呢？张闻天详细阐述了党的群众路线，勉励青年，要下决心到群众中去，要善于使群众根据自身的经验来了解我们的领导的正确，要向群众学习，在群众斗争中学习，领导群众前进。

张闻天的这篇演讲，紧密结合当时全民族抗战的伟大实践，完整地阐明了树立高尚理想对于青年成长的重要意义，不仅回答了树立什么样的理想和怎样实现理想的问题，而且极大地鼓舞了青年为民族抗战奋斗牺牲的热情与决心。在中国特色社会主义进入新时代的当下，张闻天的这些论述对于新时代青年依然具有十分重要的指导意义。

"每个时代都有每个时代的精神，每个时代都有每个时代的价值观念。"习近平总书记在党的十九大报告中向全世界宣告，中国特色社会主义进入了新时代。这意味着，近代以来饱经磨难的中华民族迎来了从站起来、富起来到强起来的伟大飞跃，迎来了实现中华民族伟大复兴的光明前景，意味着科学社会主义在21世纪的中国焕发出强大的生机与活力，在世界上高高举起了中国特色社会主义伟大旗帜。中国共产党带领人民走出了积贫积弱，开创了一条中国特色社会主义的光明之路，中国人民正在为实现中华民族伟大复兴的中国梦而努力奋斗。习近平总书记说："新时代中国青年的使命，就是坚持中国共产党领导，同人民一道，为实现'两个一百年'奋斗目标、实现中华民族伟大复兴的中国梦而奋斗。"[①]与当年的延安青年相比，新时代的青年所处的环境、面临的任务、奋斗的目标都有了很大不同，没有了炮火硝烟，也不需要出生入死，但是同样需要崇高的理想与奋斗的精神。习近平总书记在2019年纪念五四运动100周年大会上的讲话中教导所有青年，"新时代中国青年要树立对马克思主义的信仰、对中国特色社会主义的信念、对中华民族伟大复兴中国梦的信心，到人民群众中去，到新时代新天地中去，让理想信念在创业奋斗中升华，让青春在创新创造中闪光！"[②]

对比1938年张闻天对延安青年的谆谆教诲，结合习近平总书记对新时代青年的期许，其中的核心是完全相同的，那就是要求青年树立共产主义崇高理想并为之奋斗到底。区别之处在于，当年共产主义崇高理想要落实在抗战建国的实际奋斗中；而新时代中国青年对共产主义的崇高理想，则要与践行中国特色社会主义共同理想统一起来，落实到为实现"两个一百年"奋斗目标而努力工作的过程当中。实现中华民族伟大复兴中国梦，是一项具有开创性、复杂性和艰巨性的伟大事业，前进道路上面临无数的艰难险阻，实现理想的过程绝不可能是一条坦途，新时代中国青年要与延安时期的革命青年一样，克服自身种种弱点，抵御身边种种诱惑，树立崇高理想并为之奋斗到底。理想因其远大而为理想，信念因其执着而为信念。新时代中国青年要保持在理想追求上的政治定力，自觉做共产主义远大理想和中国特色社会主义共同理想的坚定信仰者、忠实践行者，在建设中国特色社会主义现代化国家、实现中华民族伟大复兴的历史进程中充分发挥时代先锋的作用。

---

① 习近平：《习近平谈治国理政》第3卷，外文出版社，2020，第333页。
② 同上书，第334页。

（二）"中国梦是人民的梦"

延安时期，中国共产党始终站在"最大多数劳动者一面"，把全党思想统一到全心全意为人民服务的根本宗旨上来，密切联系群众，给人民以看得见的物质利益，打造了"只见公仆不见官"的模范政府。延安青年追求的理想为什么能够实现？首要的原因是他们追求的理想符合人民利益和历史发展规律。毛泽东曾经说："延安的青年运动是全国青年运动的模范。延安的青年运动的方向，就是全国的青年运动的方向。""延安的青年们干了些什么呢？他们在学习革命的理论，研究抗日救国的道理和方法。他们在实行生产运动，开发了千亩万亩的荒地。""只有我们延安和各敌后抗日根据地的青年们根本不同，他们真是抗日救国的先锋，因为他们的政治方向是正确的，工作方法也是正确的。"① 张闻天说，"要同群众一起去实现自己的理想"，也是要求青年要将自己的理想与人民大众的需要相结合，并善于与人民一起去为理想而奋斗。

2015年9月，习近平总书记出访美国期间，在一次演讲中深情地讲述自己对于中国梦的理解："上世纪60年代末，我才十几岁，就从北京到中国陕西省延安市一个叫梁家河的小村庄插队当农民，在那儿度过了7年时光。那时候，我和乡亲们都住在土窑里、睡在土炕上，乡亲们生活十分贫困，经常是几个月吃不到一块肉。我了解乡亲们最需要什么！后来，我当了这个村子的党支部书记，带领乡亲们发展生产。我了解老百姓需要什么。我很期盼的一件事，就是让乡亲们饱餐一顿肉，并且经常吃上肉。但是，这个心愿在当时是很难实现的。""今年春节，我回到这个小村子。梁家河修起了柏油路，乡亲们住上了砖瓦房，用上了互联网，老人们享有基本养老，村民们有医疗保险，孩子们可以接受良好教育，当然吃肉已经不成问题。这使我更加深刻地认识到，中国梦是人民的梦，必须同中国人民对美好生活的向往结合起来才能取得成功。"② 习近平总书记通过自己的亲身经历阐述了一个所有青年都应该学习的道理，那就是

① 毛泽东：《毛泽东选集》第2卷，人民出版社，1991，第568页。
② 习近平：《习近平谈治国理政》第2卷，外文出版社，2017，第29-30页。

个人的理想追求应该与人民大众和时代的需要联系在一起，才是值得追求并为之奋斗的崇高理想。

延安时期，毛泽东说，评价青年革命与否的标准只有一个："这就是看他愿意不愿意、并且实行不实行和广大的工农群众结合在一块。"①新的时代，人们生活在一个物质极大丰富、信息十分多元化的时代，对于新时代的青年来说，是否也存在一个评价的标准呢？习近平总书记指出："新时代中国青年要树立远大理想。青年的理想信念关乎国家未来。青年理想远大、信念坚定，是一个国家、一个民族无坚不摧的前进动力。青年志存高远，就能激发奋进潜力，青春岁月就不会像无舵之舟漂泊不定。正所谓'立志而圣则圣矣，立志而贤则贤矣'。青年的人生目标会有不同，职业选择也有差异，但只有把自己的小我融入祖国的大我、人民的大我之中，与时代同步伐、与人民共命运，才能更好实现人生价值、升华人生境界。离开了祖国需要、人民利益，任何孤芳自赏都会陷入越走越窄的狭小天地。"②无论是挽救民族危亡的延安时期，还是为实现中华民族伟大复兴中国梦努力奋斗的新时代，青年只有投身中华民族伟大复兴的潮流中才能够树立远大目标和崇高理想，只有与人民群众同呼吸共命运才能开辟广阔的人生天地，在追求理想的过程中实现个人价值与社会价值的完美结合。当代中国青年，要学习老一辈革命家和习近平总书记深厚的家国情怀，扎根民众、胸怀人民，无论何时何地，都能够保持对国家、对人民的赤子之心，扑下身子深入群众，实打实做好每一天的工作。

二　从延安精神中查找党性差距，做新时代奋斗者

现在，我们比历史上任何时期都更接近中华民族伟大复兴的目标，比历史上任何时期都更有信心、有能力实现这个目标。我们这一代人，继承

---

① 毛泽东：《毛泽东选集》第2卷，人民出版社，1991，第566页。
② 习近平：《习近平谈治国理政》第3卷，外文出版社，2020，第334页。

了前人的事业，进行着今天的奋斗，更要开辟明天的道路。①

——习近平

（一）"什么是模范青年，就是要永久奋斗这一条"

延安时期，中国共产党从一个人数不够多、范围不够广的狭小范围内的小团体，发展成为全国范围内的、广大群众性的，思想上政治上组织上完全巩固的布尔什维克化的大党，大批新党员完成了从组织上入党到思想上入党的思想教育过程，成长为具有坚定信念和优良作风的合格党员，并从中走出了大量的党的优秀干部，这是延安时期党的建设取得的辉煌业绩。纵观延安13年，中国共产党是在极其艰苦的条件和极为严酷的斗争环境中发展壮大的。参加共产党不仅不能当官发财，还要过艰苦的生活，甚至要做好随时牺牲生命的思想准备，这就是毛泽东在抗大演讲中所说的"三个决心"：第一个决心是牺牲做官，第二个决心是牺牲发财，第三更要下一个牺牲自己生命的最后的决心！这里最为重要的一点，就是要培养"永久奋斗"的精神，这是延安时期合格共产党人党性修养中必不可少的一点。

1939年5月，毛泽东在延安庆贺模范青年大会上发表了《永久奋斗》的演讲，对这个问题进行了深入阐述，他说："中国的青年运动有很好的传统，这个传统就是'永久奋斗'。我们共产党是继承这个传统的，现在传下来了，以后更要继续传下去。"在演讲中，他以汪精卫、张国焘等从革命队伍中逃跑、变节的分子作为反例，总结他们之所以逃跑就是因为"奋斗比较差，没有'永久奋斗'的精神"。"什么是模范青年？就是要有永久奋斗这一条。其他的当然也要有，……但据我看来，'永久奋斗'才是最主要的一条，没有这一条，什么都是空的。""我们说：永久奋斗，就是要奋斗到死。这个永久奋斗是非常要紧的，如要讲道德就应该讲这一条道德。模范青年就要在这一条上做模范。其他方面要做模范的是非常多的，例如，在政治上要有一个正确的方向，但是光有这个正确的政治方向是不够的，过了三年五年，就把它丢了，那还不是枉

---

① 习近平：《习近平谈治国理政》第2卷，外文出版社，2017，第57页。

然？所以，有了正确的政治方向后，还要坚定，就是说，要有'坚定正确的政治方向'。这个方向是不可动摇的，要有'富贵不能淫，贫贱不能移，威武不能屈'的骨气来坚持这个方向。这样的青年，才是真正的模范青年。这样的道德，才算是真正的政治道德。……有一些人，他们嘴上道德、气节乱喊一阵，但在政治上是不坚定的，中途会变节的，这是无道无德。"在演讲的最后，毛泽东从中国革命前途的高度对青年们提出了充满自信的期许："你们的前途是光明的，你们要代表全国大多数的老百姓，代表一切爱国的人，抗日的人，求中国独立、自由、幸福的人，并且要永远的代表他们。将来你们老了，教育你们的儿子也要代表他们，儿子再告诉儿子，孙子再告诉孙子，这样一代一代传下去，并且是一传十，十传百，百传千，传遍全中国，不达目的不止。我们一定要这样努力去做，长期去做，一定要把革命干成功，干到底。"①

正是在"永久奋斗"精神的感召下，延安时期的中国共产党，有为实现共产主义而奋斗的崇高理想和信念，有全心全意为人民谋幸福、为民族谋复兴的奋斗激情，也有毫不利己专门利人、坚持真理修正错误的价值追求，更有为革命"永久奋斗"的精神和"革命理想高于天"的大无畏精神。延安，成为了一座共产主义的大熔炉，吸引和激励更多的革命者投身其中，抗大越抗越大，中国共产党的队伍也在不断壮大中走向成熟。

刘少奇在《论共产党员的修养》一文中总结了党员身上存在的错误意识，所有错误意识都将是坚持"永久奋斗"路上的绊脚石，也是延安时期开展思想教育、进行党性锻炼主要针对的问题之一。这些错误意识，当时存在于党员之中，今天存在于新时代很多青年身上。新的时代赋予新时代青年以新的使命，中国共产党长期奋斗的"接力棒"传到了新时代青年的手中，"永久奋斗"的精神是否依然需要呢？习近平总书记在纪念五四运动100周年大会上明确指出，"中国青年永久奋斗的好传统一点都不能丢"。他在讲话中说："新时代中国青年要勇于砥砺奋斗。奋斗是青春最亮丽的底色。'自信人生二百年，会当水击三千里。'民族复兴的使命要靠奋斗来实现，人生理想的风帆要靠奋斗来扬起。没有广大人民特别是一代代青年前赴后继、艰苦卓绝的接续奋斗，就没有中国特色社会主义新时代的今天，更不会有实现中华民族伟大复兴的明天。

---

① 毛泽东：《毛泽东文集》第2卷，人民出版社，1993，第190-191、193-194页。

千百年来，中华民族历经苦难，但没有任何一次苦难能够打垮我们，最后都推动了我们民族精神、意志、力量的一次次升华。今天，我们的生活条件好了，但奋斗精神一点都不能少，中国青年永久奋斗的好传统一点都不能丢。在实现中华民族伟大复兴的新征程上，必然会有艰巨繁重的任务，必然会有艰难险阻甚至惊涛骇浪，特别需要我们发扬艰苦奋斗精神。奋斗不只是响亮的口号，而是要在做好每一件小事、完成每一项任务、履行每一项职责中见精神。奋斗的道路不会一帆风顺，往往荆棘丛生、充满坎坷。强者，总是从挫折中不断奋起、永不气馁。"①站在新时代的中国，我们比任何时期都更接近实现中华民族伟大复兴的目标，比历史上任何时期都更有信心、更有能力实现这个目标。习近平总书记告诫所有青年，"行百里者半九十。距离实现中华民族伟大复兴的目标越近，我们越不能懈怠、越要加倍努力，越要动员广大青年为之奋斗。"②

（二）"崇尚英雄才会产生英雄，争做英雄才能英雄辈出"

延安时期，是一个英雄辈出的年代。刘志丹、白求恩、左权、叶挺、王若飞、张思德……他们的名字已经永远写在了中国共产党为中国人民谋幸福、为中华民族谋复兴的伟大旗帜上。

延安时期，又是一个崇尚英雄的时代。毫不利己专门利人的白求恩，全心全意为人民服务的张思德，为民主建国奋斗到底的"四八"烈士，抗日战场上保家卫国的将士们，还有大生产运动中涌现出的各行各业的劳模们，共同构成延安时期中国共产党人的精神风貌和价值追求，引领了延安青年的人生目标与奋斗方向。毛泽东在给陕北公学成立的题词中，将延安青年的人生目标做了这样的概括："要造就一大批人，这些人是革命的先锋队。这些人具有政治远见。这些人充满着斗争精神和牺牲精神。这些人是胸怀坦白的，忠诚的，积极的，与正直的。这些人不谋私利，唯一的为着民族与社会的解放。这些人不怕

---

① 习近平：《习近平谈治国理政》第3卷，外文出版社，2020，第335-336页。
② 习近平：《习近平谈治国理政》，外文出版社，2014，第167页。

困难，在困难面前总是坚定的，勇敢向前的。这些人不是狂妄分子，也不是风头主义者，而是脚踏实地富于实际精神的人们。中国要有一大群这样的先锋分子，中国革命的任务就能够顺利的解决。"①这样的延安是艰苦的，但却是充满了革命激情和奋斗精神的乐园。著名美术家蔡若虹夫妇于1939年抵达延安，延安艰苦的物质生活与充实的精神生活形成的强烈对比深深地震撼了他，他在回忆录里这样记述："延安啊延安，你从艰苦中找到乐观，你从劳动中夺取幸福，你从战斗中获得安乐与发展！延安啊延安，我不能用别的名称叫你，我只能称呼你是个'赤脚天堂'！"②延安的青年不仅仅在学校接受新思想的教育与冲击，他们就如同进入了一个全新的精神世界。延安的革命气息存在于空气之中，每时每刻都在给予每一个置身其中的青年以精神洗礼。延安，是一座锻造革命精神和理想主义的大熔炉。

与延安时期相比，中国社会早已进入了一个新的发展阶段，在完全不同的社会环境中生活。许多人认为延安精神早已是脱离时代需要的过时的东西，更有人将中国历史上不同时期的英雄人物统统丢弃，一些历史虚无主义者热衷于诋毁和颠覆曾经的英雄，对青年人造成了极为恶劣的影响。

2019年9月29日，习近平总书记在国家勋章和国家荣誉勋章称号颁授仪式上发表讲话，他说："崇尚英雄才会产生英雄，争做英雄才能英雄辈出。党和国家历来高度重视对英雄模范的表彰。今天我们以最高规格褒奖英雄模范，就是要弘扬他们身上展现的忠诚、执着、朴实的鲜明品格。"③

2020年9月9日，习近平总书记在全国抗击新冠肺炎疫情表彰大会上的讲话中，对疫情当中涌现出的英雄们尤其是白衣战士予以了高度的褒奖："面对突如其来的严重疫情，广大医务人员白衣执甲、逆行出征，舍生忘死挽救生命。全国数百万名医务人员奋战在抗疫一线，给病毒肆虐的漫漫黑夜带来了光明，生死救援情景感天动地！54万名湖北省和武汉市医务人员同病毒短兵相接，率先打响了疫情防控遭遇战。346支国家医疗队、4万多名医务人员毅然

① 中共中央文献研究室编《毛泽东年谱（1893—1949）》（修订本）中卷，中央文献出版社，2013，第34页。

② 蔡若虹：《赤脚天堂——延安回忆录》，湖南美术出版社，2000，第108页。

③ 《崇尚英雄才能产生英雄，争做英雄才能英雄辈出》，《人民日报》2019年9月29日。

奔赴前线，很多人在万家团圆的除夕之夜踏上征程。人民军队医务人员牢记我军宗旨，视疫情为命令，召之即来，来之能战，战之能胜。广大医务人员以对人民的赤诚和对生命的敬佑，争分夺秒，连续作战，承受着身体和心理的极限压力，很多人脸颊被口罩勒出了血痕甚至溃烂，很多人双手因汗水长时间浸泡发白，有的同志甚至以身殉职。广大医务人员用血肉之躯筑起阻击病毒的钢铁长城，挽救了一个又一个垂危生命，诠释了医者仁心和大爱无疆。"习近平总书记的讲话，就是一曲新时代英雄主义的赞歌，唱响了新时代中华民族崇尚英雄的强音。在讲话的最后，习近平总书记用极富感情的语言特别提到了疫情当中的中国青年："青年是国家和民族的希望。在这次抗疫斗争中，青年一代的突出表现令人欣慰、令人感动。参加抗疫的医务人员中有近一半是'90后''00后'，他们有一句话感动了中国：2003年非典的时候你们保护了我们，今天轮到我们来保护你们了。长辈们说：'哪里有什么白衣天使，不过是一群孩子换了一身衣服'。世上没有从天而降的英雄，只有挺身而出的凡人。青年一代不怕苦、不畏难、不惧牺牲，用臂膀扛起如山的责任，展现出青春激昂的风采，展现出中华民族的希望！"习近平总书记的讲话既是对新时代青年最高的点赞，也是对新时代青年提出的更高要求。从延安时期的革命青年，到新时代的"90后""00后"，从英雄们身上感受高贵与坚持，传承他们的精神接续奋斗，这也是中华民族的精神之所在。

三　从延安精神中校准前进方向，做新时代担当者

新时代中国青年要珍惜这个时代、担负时代使命，在担当中历练，在尽责中成长，让青春在新时代改革开放的广阔天地中绽放，让人生在实现中国梦的奋进追逐中展现出勇敢奔跑的英姿，努力成为德智体美劳全面发展的社会主义建设者和接班人！[①]

——习近平

---

① 习近平：《习近平谈治国理政》第3卷，外文出版社，2020，第335页。

　　坚定正确的政治方向是中国共产党的精神支柱，也是延安时期党和根据地军民进行革命斗争的政治保证。延安时期，党领导人民在尖锐复杂的民族斗争和阶级斗争中，在极其艰苦的条件下，能够始终保持清醒的政治头脑和旺盛的革命斗志，靠的就是正确政治方向的指引和激励。延安时期，抗大之所以能够培养出特别优秀的人才，并且能够越抗越大，就在于它始终坚持了为民族抗战而努力、而奋斗、而牺牲这一坚定正确的政治方向。毛泽东在抗大第四期第三大队开学典礼上说："政治方向可以有许多不同的政治方向，你们要学一个正确的方向，这就是要打日本、怎样打日本、为什么日本帝国主义一定能打倒的正确的政治方向。"[1]就其教学目标而言，曾任抗大政治部主任的张际春说，抗大"帮助与解答了广大革命青年所迫切要求与热望着的人生的真理，正确的政治方向，革命的知识本领的获得与把握，使他们懂得今天国际国内基本的政治动向和一个革命青年今天所处的地位与责任"[2]。就其教学效果而言，抗大奠定了青年学生基本的价值取向和社会认知基础，为他们打开了学习研究马克思主义理论的一扇窗。张际春在抗大成立3周年的文章中对各地青年向往抗大的热情做过记录："国难严重，不可终日，救国无术，均欲来抗大以为快（湘来信）。我一定要来抗大学习（粤来信）。不到抗大誓不休（川来信）。无日不思想来抗大（闽赣间来信）。"[3]抗大学制很短，但学生们收获却非常之大，"无论怎样幼稚的青年，无论是曾被歪曲理论和欺骗宣传所迷惑所蒙蔽的青年，只要在抗大学习过几个月（仅仅是几个月），接受了马列主义的真理，经过了斗争生活的锻炼，就会觉醒过来，就会老练起来，而成为优秀的抗日干部，坚强的革命志士。"

　　由此可见，抗日军政大学为青年学员们指明了人生前行的方向，成为青年们崇高理想的启蒙者和加油站。一曲抗大校歌，书写的正是延安青年立志为理想、为民族奋斗到底的政治方向。"黄河之滨，集合着一群中华民族优秀的子孙。人类解放救国的责任，全靠我们自己来承担。同学们努力学习，团结紧张严肃活泼，我们的作风。同学们积极工作，艰苦奋斗英雄牺牲，我们的传统。

---

① 毛泽东：《毛泽东文集》第2卷，人民出版社，1993，第116页。

② 张际春：《抗大为中华民族与中国人民奋斗的三周年》，《新中华报》1939年6月2日。

③ 同②。

像黄河之水汹涌澎湃，把日寇驱逐于国土之东。向着新社会前进前进，我们是抗日者的先锋。"坚定正确的政治方向，保证了延安青年有能力承担民族解放和民主建国的时代责任。唱着雄壮的抗大校歌，团结在中国共产党的旗帜之下，延安时期的青年完成了属于他们那一代人的历史使命，打败了日本侵略者，建立了新中国，开启了中华民族的复兴之路。

习近平总书记说，每一代青年都有自己的际遇和机缘，都要在自己所处的时代条件下谋划人生、创造历史。今天，我们比历史上任何时期都更接近、更有信心和能力实现中华民族伟大复兴的目标。然而，中华民族伟大复兴，绝不是轻轻松松、敲锣打鼓就能实现的。习近平总书记在党的十九大报告中对于任务的艰巨性有着十分清醒的认识，他说："实现伟大梦想，必须进行伟大斗争。社会是在矛盾运动中前进的，有矛盾就会有斗争。我们党要团结带领人民有效应对重大挑战、抵御重大风险、克服重大阻力、解决重大矛盾，必须进行具有许多新的历史特点的伟大斗争，任何贪图享受、消极懈怠、回避矛盾的思想和行为都是错误的。"①

新时代中国青年处在中华民族发展的最好时期，既面临着难得的建功立业的人生际遇，也面临着"天将降大任于斯人"的时代使命。习近平总书记对于新时代青年坚持正确政治方向、担当时代重任予以高度关注，他在2014年五四青年节与北京大学师生座谈时就向新时代青年提出了明确的要求："实现我们的发展目标，实现中国梦，必须增强道路自信、理论自信、制度自信，'千磨万击还坚韧，任尔东西南北风'。"2019年五四青年节时，总书记再一次强调指出："新时代中国青年要担当时代责任。时代呼唤担当，民族振兴是青年的责任。鲁迅先生说，青年'所多的是生力，遇见深林，可以辟成平地的，遇见旷野，可以栽种树木的，遇见沙漠，可以开掘井泉的'。在实现中华民族伟大复兴的新征程上，应对重大挑战、抵御重大风险、克服重大阻力、解决重大矛盾，迫切需要迎难而上、挺身而出的担当精神。"在讲话中，习近平总书记对青年寄予厚望："只要青年能勇挑重担、勇克难关、勇斗风险，中国特色社会主义就能充满活力、充满后劲、充满希望。青年要保持初生牛犊不怕虎、越是艰险越向前的刚健勇毅，勇立时代潮头，争做时代先锋。""新时代中国青年

---

① 习近平：《习近平谈治国理政》第3卷，外文出版社，2020，第12页。

要珍惜这个时代、担负时代使命，在担当中历练，在尽责中成长，让青春在新时代改革开放的广阔天地中绽放，让人生在实现中国梦的奋进追逐中展现出勇敢奔跑的英姿，努力成为德智体美劳全面发展的社会主义建设者和接班人！"①总书记对青年的谆谆教诲，赋予新时代青年更为光荣的历史责任与使命担当。

传承延安精神，最为重要的一点就是要从延安精神中校准前进的方向，保持政治定力，始终保持坚定正确的政治方向，是新时代青年承担历史使命的根本保证。当然，正确政治方向在不同历史时期的内涵是不同的。今天，青年正确的政治方向，就是坚定道路自信、理论自信、制度自信、文化自信，毫不动摇坚持和发展中国特色社会主义。习近平总书记在庆祝中国共产党成立95周年的讲话中充满自豪地指出："当今世界，要说哪个政党、哪个国家、哪个民族能够自信的话，那中国共产党、中华人民共和国、中华民族是最有理由自信的。有了'自信人生二百年，会当水击三千里'的勇气，我们就能毫无畏惧面对一切困难和挑战，就能坚定不移开辟新天地、创造新奇迹。"②

---

① 习近平：《习近平谈治国理政》第3卷，外文出版社，2020，第335页。
② 习近平：《习近平谈治国理政》第2卷，外文出版社，2017，第36页。